四川师范大学学术著作出版基金资助

光明社科文库
GUANGMING DAILY PRESS:
A SOCIAL SCIENCE SERIES

·经济与管理书系·

数字金融赋能区域技术创新研究

谢正娟 | 著

光明日报出版社

图书在版编目（CIP）数据

数字金融赋能区域技术创新研究 / 谢正娟著 . -- 北京：光明日报出版社，2024.3
ISBN 978-7-5194-7900-8

Ⅰ.①数… Ⅱ.①谢… Ⅲ.①数字技术—应用—金融业—研究—中国 Ⅳ.①F832-39

中国国家版本馆 CIP 数据核字（2024）第 071736 号

数字金融赋能区域技术创新研究
SHUZI JINRONG FUNENG QUYU JISHU CHUANGXIN YANJIU

著　　者：谢正娟	
责任编辑：杨　娜	责任校对：杨　茹　贾　丹
封面设计：中联华文	责任印制：曹　净

出版发行：光明日报出版社
地　　址：北京市西城区永安路 106 号，100050
电　　话：010-63169890（咨询），010-63131930（邮购）
传　　真：010-63131930
网　　址：http：//book.gmw.cn
E - mail：gmrbcbs@gmw.cn
法律顾问：北京市兰台律师事务所龚柳方律师
印　　刷：三河市华东印刷有限公司
装　　订：三河市华东印刷有限公司
本书如有破损、缺页、装订错误，请与本社联系调换，电话：010-63131930
开　　本：170mm×240mm
字　　数：238 千字　　　　　　　　印　张：15
版　　次：2024 年 3 月第 1 版　　　　印　次：2024 年 3 月第 1 次印刷
书　　号：ISBN 978-7-5194-7900-8
定　　价：95.00 元

版权所有　　翻印必究

序 言

　　区域技术创新是新时代下推动中国区域经济高质量发展的关键所在，更是加快构建"双循环"新发展格局的核心动力。区域技术创新既包括技术创新初始研发投入，也包括研发创新成果的产品化、产业化，每个阶段都伴随着不同形态的技术创新活动。不同阶段的技术创新均需要持续、稳定以及充足的资金作为支撑，即高效低成本的金融服务是推动各阶段区域技术创新水平提升的重要因素。数字金融作为一种新金融业态，具有低成本、低门槛、便利化以及高效服务等优势，不仅能拓展金融服务的广度和深度，为区域技术创新活动提供资金支持；还可依托新兴技术，提高各地区金融服务效率和优化金融资源配置，促进产业化阶段区域技术创新水平提升；还能刺激区域居民的消费，进而推动产品化阶段技术创新水平提升。当然也要看到，数字金融是一把"双刃剑"，加速了金融风险的传播速度、扩大了金融风险的波及范围和危害性，在不同的金融监管水平下，数字金融对区域技术创新水平的影响可能会存在差异。此外，数字金融还具有明显的网络化和技术特性，能够打破时空限制，提高金融资源在区域之间的流动性。那么，在空间上各地区数字金融和技术创新是否存在集聚效应？中国数字金融对各阶段区域技术创新的影响是否存在空间溢出效应？为此，全面、系统地探究中国数字金融对各个阶段区域技术创新的作用机制和影响效应，对于提升区域技术创新整体水平具有重要的学术价值。

　　本书遵循从理论分析到实证分析的研究路径，按照"总—分"的逻辑思路研究中国数字金融对区域技术创新水平的影响。总论部分，界定了数字金融与区域技术创新的内涵和特征，并回顾了数字金融和区域技术创新的相关基础理论，将区域技术创新划分为研发阶段、产品化阶段和产业化阶段，分别考察数字金融影响各阶段区域技术创新水平的理论机制；同时，考虑到数字金融不仅具有金融属性，还具有风险和技术特性，将金融监管和空间因素考虑进来分析数字金融对区域技术创新的影响效应，拓展了数字金融影响区域技术创新的理论分析框架。

分论部分，以理论为基础，以省级行政区域为主要研究样本，分别实证考察了数字金融对研发、产品化和产业化阶段区域技术创新的影响效应，以及数字金融影响各阶段区域技术创新的空间溢出效应。第一，数字金融对研发阶段区域技术创新的影响。根据数字金融影响研发阶段技术创新的信贷约束机制，考察了数字金融总体发展水平、数字金融覆盖广度、数字金融使用深度以及数字金融数字化程度对研发阶段区域技术创新影响的直接效应，数字金融总体发展水平对研发阶段区域技术创新影响的机制效应、金融监管门限效应以及地区异质性。第二，数字金融对产品化阶段区域技术创新的影响。根据数字金融影响产品化阶段技术创新的信贷约束机制、消费规模和消费结构机制，考察了数字金融总体发展水平、数字金融覆盖广度、数字金融使用深度以及数字金融数字化程度对产品化阶段区域技术创新影响的直接效应，数字金融总体发展水平对产品化阶段区域技术创新影响的机制效应、金融监管门限效应以及地区异质性。第三，数字金融对产业化阶段区域技术创新的影响。根据数字金融影响产业化阶段技术创新的信贷约束机制和信贷资源配置效率机制，考察了数字金融总体发展水平、数字金融覆盖广度、数字金融使用深度以及数字金融数字化程度对产业化阶段区域技术创新影响的直接效应，数字金融总体发展水平对产业化阶段区域技术创新影响的机制效应、金融监管门限效应以及地区异质性。第四，数字金融发展、空间溢出与区域技术创新。基于理论分析，考察数字金融对各阶段区域技术创新是否存在空间溢出效应。

基于以上研究，得出如下结论：（1）中国数字金融可以通过缓解区域信贷约束，促进研发阶段区域技术创新水平的提升；这种影响存在显著的地区异质性，西部地区数字金融对研发阶段技术创新的促进作用较中东部地区更明显。（2）中国数字金融通过缓解区域信贷约束、改变居民消费行为，促进产品化阶段区域技术创新水平的提升；这种影响存在显著的地区异质性，东部地区数字金融对产品化阶段技术创新的促进作用较中西部地区更明显。（3）中国数字金融能够通过缓解区域信贷约束、优化区域信贷资源配置，进而促进产业化阶段区域技术创新的提升；这种影响也存在显著的地区异质性，东部地区数字金融对产业化阶段技术创新的促进作用较中西部地区更明显。(4)数字金融对区域技术创新的促进作用需要有效的金融监管作为支撑。(5)数字金融与各阶段区域技术创新在空间上呈现集聚效应。其中，数字金融对研发阶段技术创新的影响并不存在空间溢出效应，但对产品化和产业化阶段技术创新存在显著的正向空间溢出效应。

7本书的主要创新点包括以下几个方面：第一，基于技术创新过程，将区域技术创新活动分为了研发阶段、产品化阶段和产业化阶段，全面度量区域技术创新水平。现有研究主要研究的是数字金融对研发阶段技术创新的影响，而对技术创新产品化和产业化阶段的研究相对较少。然而技术创新活动是一个环环相扣、层层递进的多阶段过程，既包括了获取技术价值的阶段，也包括了获取经济效益的阶段。如果仅考虑研发阶段，与技术创新活动的实际情况不相符合，不能全面、真实地衡量区域技术创新能力，也可能会忽略数字金融对区域技术创新全过程的影响。因此，本书基于技术创新过程，将区域技术创新活动分为研发阶段、产品化阶段和产业化阶段，这三个阶段不仅体现了技术创新活动获取技术价值的过程，也包括了技术创新活动获取经济价值的过程，更加全面地阐释了区域技术创新活动。进而，以区域技术创新活动"三阶段"为基础，深入探讨数字金融对研发阶段、产品化阶段、产业化阶段区域技术创新的影响机制。另外，现有研究对区域技术创新水平的评价多采用单一指标，如R&D投入、专利数量、无形资产等，这与复杂的科技创新活动不相符合。本书在技术创新的研发阶段采用专利申请总量、发明专利申请量、专利授权总量等多指标进行衡量；在产品化阶段采用新产品销售收入和新产品生产总数等多指标进行衡量；在产业化阶段采用随机前沿法和数据包络法等多种方法测算全要素生产率用于衡量产业化阶段的技术创新水平。

第二，提出了分析数字金融促进区域技术创新的作用机制及影响效应应从供给和需求两个方面综合研究。现有研究主要从融资约束视角研究数字金融对区域技术创新的影响，忽视了数字金融通过拉动居民消费促进区域技术创新的分析。本书提出从供给侧看，数字金融发展有助于缓解融资约束问题，为区域创新水平的提升提供了资金保障，提升了区域技术创新水平。从需求侧看，区域技术创新活动的进行需要足够多的消费刺激，才能将技术价值转化为经济价值，数字金融可通过降低居民的流动性约束，拉动居民消费，扩大消费规模、改变消费结构，对区域技术创新特别是产品化阶段的技术创新活动具有显著的促进作用。

第三，引入金融监管要素分析数字金融对区域技术创新影响的门限效应。现有研究主要考察的是数字金融对区域技术创新活动的激励效应，对数字金融的风险特性研究较少。然而，数字金融并没有改变金融的本质，传统金融风险依然存在，特别是新技术驱动下，使得风险的传播效应、关联效应、放大效应更为显著。本书认为数字金融是一把"双刃剑"，数字金融对区域技术创新驱动作用的发挥离不开有效的金融监管。将金融监管元素纳入分析框架，通过面板数据门限模型检验发现，在不同金融监管水平下，数字金融对区域技术创新的驱动作用发生显著变化，即金融监管水平越高，数字金融对区域技术创新的驱动作用更明显；金融监管水平越低，数字金融对区域技术创新的驱动作用更小，甚至为负向作用。

第四，引入空间要素分析数字金融与区域技术创新之间的空间效应。现有研究多考察的是数字金融对区域技术创新的直接影响效应，缺乏对数字金融和区域技术创新之间空间相关性的系统和深入研究。基于数字金融和技术创新的特征分析，认识到数字金融和各阶段技术创新均具有较为明显的空间正相关性，引入了空间邻近距离矩阵、空间地理距离矩阵和空间经济距离矩阵，全面考察在不同空间权重矩阵下，数字金融对不同阶段区域技术创新活动的空间溢出效应，为数字金融和区域技术创新的相关研究提供了新视角。

在本书的完成过程中，吴永超、杜江、张红伟、邓玲等人提供了重要指导和帮助，在此表示衷心感谢。

目 录
CONTENTS

第一章 数字金融赋能区域技术创新的价值意蕴 ········· 1
    第一节 数字金融赋能区域技术创新的时代背景 ········· 1
    第二节 数字金融赋能区域技术创新的重要意义 ········· 7

第二章 数字金融赋能区域技术创新的理论述评 ········· 9
    第一节 数字金融的相关研究 ········· 9
    第二节 区域技术创新的相关研究 ········· 14
    第三节 数字金融影响区域技术创新的相关研究 ········· 19
    第四节 文献述评 ········· 21

第三章 相关概念与理论基础 ········· 23
    第一节 相关概念界定 ········· 23
    第二节 数字金融影响区域技术创新的理论基础 ········· 34

第四章 中国数字金融与区域技术创新的特征事实 ········· 41
    第一节 中国数字金融发展的特征事实 ········· 41
    第二节 中国区域技术创新水平的特征事实 ········· 53
    第三节 中国数字金融与区域技术创新的相关性分析 ········· 62

第五章　数字金融对区域技术创新的影响机制 ········ 64
第一节　数字金融对研发阶段区域技术创新的影响机制 ······ 64
第二节　数字金融对产品化阶段区域技术创新的影响机制 ····· 70
第三节　数字金融对产业化阶段区域技术创新的影响机制 ····· 76
第四节　数字金融影响区域技术创新的空间溢出机制 ········ 82

第六章　中国数字金融对研发阶段区域技术创新的影响效应 ······ 85
第一节　研究设计 ···················· 86
第二节　数字金融对研发阶段区域技术创新的直接影响 ····· 95
第三节　机制效应检验 ················· 107
第四节　金融监管下的门限效应检验 ··········· 109
第五节　地区异质性检验 ················ 113

第七章　中国数字金融对产品化阶段区域技术创新的影响效应 ······ 116
第一节　研究设计 ··················· 117
第二节　数字金融对产品化阶段区域技术创新的直接影响 ···· 126
第三节　机制效应检验 ················· 143
第四节　金融监管下的门限效应检验 ··········· 148
第五节　地区异质性检验 ················ 152

第八章　中国数字金融对产业化阶段区域技术创新的影响效应 ······ 155
第一节　研究设计 ··················· 156
第二节　数字金融对产业化阶段区域技术创新的直接影响 ···· 164
第三节　机制效应检验 ················· 175
第四节　金融监管下的门限效应检验 ··········· 179
第五节　地区异质性检验 ················ 183

第九章　中国数字金融、空间溢出与区域技术创新 ·········· 186
第一节　研究设计 ··················· 187

第二节　空间相关性检验结果分析 …………………………… 192
第三节　空间杜宾模型实证结果分析 …………………………… 199

第十章　结论与政策启示 …………………………………… 210
第一节　主要结论 ………………………………………………… 210
第二节　政策启示 ………………………………………………… 212

参考文献 ……………………………………………………………… 215

第一章

数字金融赋能区域技术创新的价值意蕴

区域技术创新是推动区域经济高质量发展和快速发展的主要动力。数字金融作为数字技术与金融业融合发展的产物,具有普惠性、低门槛、低成本以及地理穿透力强等特点。与传统金融服务相比,数字金融具有服务效率高、触及范围广等特征,能够增加金融供给量和缓解金融资源错配问题,弥补传统金融供给的不足,是一种高效低成本的金融服务,为区域开展技术创新活动提供了动力源泉,也为金融支持实体经济发展提供了新的视角。

第一节 数字金融赋能区域技术创新的时代背景

一、现实背景

区域技术创新是推动区域经济持续增长的决定性因素,依托区域技术创新推动经济发展方式转变迫在眉睫,更是迈向高质量发展的关键所在。当下,中国经济由高速增长阶段转向高质量发展阶段,随着劳动力成本上升、能源价格逐渐攀升、资源要素趋紧以及资本边际效率下降等问题的出现,中国经济的增速逐渐放缓,依靠投资、要素以及贸易等推动经济增长的模式已无法满足中国经济持续增长的需要,经济发展亟须寻求新动能。党的二十大报告指出要"加快实施创新驱动发展战略,推动创新链产业链资金链人才链深度融合";我国国民经济和社会发展"十四五"规划提出,"坚持创新在我国现代化建设全局中的核心地位,把科技自立自强作为国家发展的战略支撑"。区域技术创新作为推动经济增长的最主要源泉,不仅是提高本地区生产率和推动经济高质量发展的核心力量,更是促进国家经济发展的基本动力。

中国创新驱动战略进入全面实施阶段,各地区科技创新投入水平不断增长，科技创新活动呈现快速发展的趋势，全国科技创新能力显著提升。《2020年全国科技经费投入统计公报》显示，2020年，中国各类研发经费投入达到24393.10亿元，较2011年增加了15706.10亿元，且连续5年保持两位数增长，表明科技经费投入保持较快增长，位居全球第二；研发经费投入强度达到2.40%，2011年仅为1.84%。《中国科技人才发展报告（2020）》显示2020年中国研发人员全时当量达到509.20万人，研发人员总量连续多年位居世界首位。《国家知识产权局2020年度报告》显示2020年我国发明专利申请量达到149.70万件，实用新型专利申请量达到292.70万件，外观设计专利申请量达到77.00万件。由此可见，中国研发创新水平逐步提升。但是，中投产业研究院发布的《中国区域技术创新发展战略研究报告》表明中国研发成果转化率远低于发达国家的科技成果转化率，且中国各地区科技创新存在研发成果转化率低、创新链与产业链脱节、技术创新金融支持不足等问题，严重制约了区域技术创新水平的提升和研发创新的经济效益形成。中国各地区技术创新能力还有待进一步提升和优化，推动创新型国家建设和经济高质量发展，不仅需要关注各地区研发创新环节，还需要推动各地区研发创新成果的转化，才能衔接好各地区创新链和产业链，实现科技创新可持续性的长效目标，才能达到创新驱动经济高质量增长的预期。

近年来，区块链、人工智能、大数据以及云计算等新兴技术方兴未艾，数字金融快速发展，为区域技术创新注入了新动力、新活力。根据北京大学数字金融研究中心公布的《数字普惠金融指数》可知，2011年以来中国数字金融业务实现了跨越式发展，各省数字普惠金融指数的均值从2011年的40.00增长到2020年的341.22，年平均增长率达到26.89%（如图1-1所示）。

从各省（自治区、直辖市）数字普惠金融发展情况来看，随着时间的推移，数字普惠金融指数在各地区之间的差距正在逐渐缩小。具体而言，2011年各个省份之间的数字普惠金融指数差距较大，得分最高的上海市是得分最低的西藏自治区的4.90倍（如图1-2所示）；而2020年，数字普惠金融指数得分最高的上海市与得分最低的西藏自治区之间仅相差1.40倍（如图1-2所示）。这说明，与传统金融相比，数字金融具有较为明显的普惠性，能够跨越地理距离，使得金融覆盖和触及范围更为广泛，能够为企业和居民提供更便捷的金融服务。

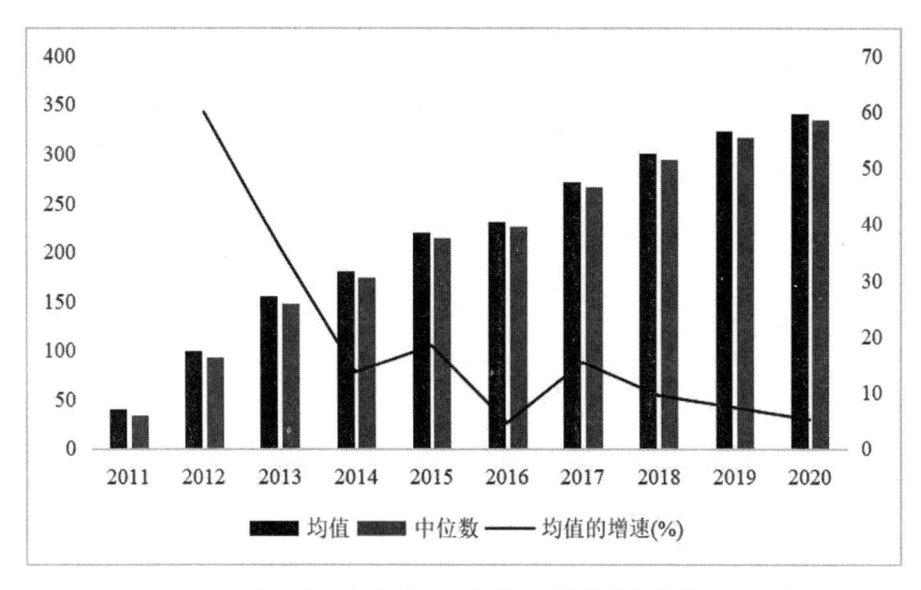

图 1-1　2011—2020 年各省数字普惠金融总指数的均值和中位值

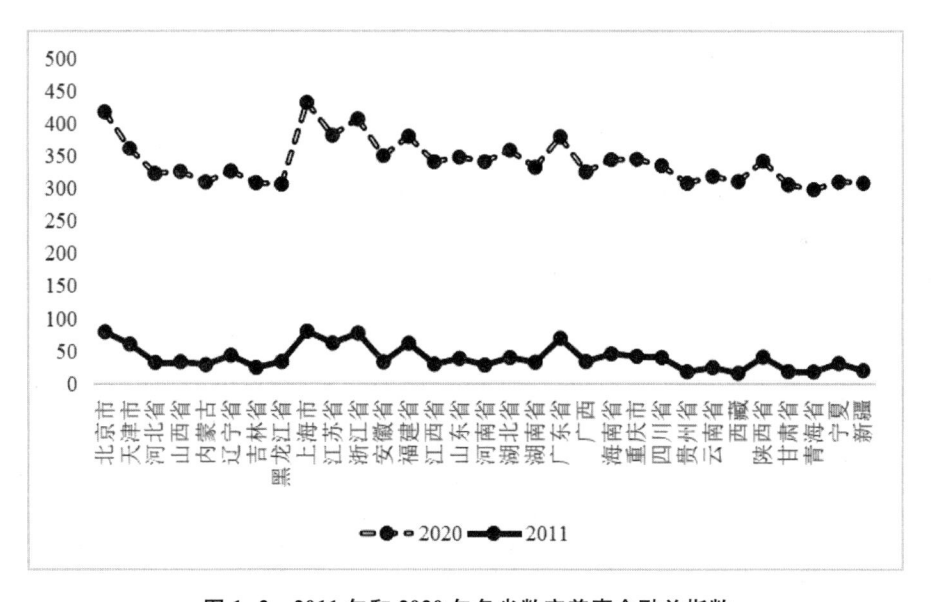

图 1-2　2011 年和 2020 年各省数字普惠金融总指数

党的十九届五中全会提出，"要大幅度地提高科技成果转移转化成效，完善金融支持技术创新的体系建设，促进研发成果产业化规模化应用"。区域技术创新活动需要高效低成本的金融服务支持，才能满足研发阶段、科技成果转化阶段以及新技术产业化应用阶段对资金的需求。中国数字金融的快速发展，拓展了金融服务的广度和深度，弥补了传统金融服务的不足，为被传统金融排斥在外但具有创新潜力的市场主体提供了可以触及的金融服务；新兴技术与金融深度融合的发展，也提高了金融服务的效率和金融资源配置效率，同时还会影响区域居民的消费行为，势必会进一步影响各地区的技术创新水平。

二、理论背景

技术创新主体的内部自有资金有限，通常难以满足技术创新活动对资金的持续需求，开展技术创新活动需要稳定的外部资金才能得以推进[1]。然而，以商业银行为主导的传统金融体系间接融资比例过大和金融供给不足成为制约技术创新活动的关键因素[2]，导致传统金融在支持创新活动时暴露出金融资源错配的结构性问题，如传统金融部门在进行放贷时的盈利准则和风控要求，使得资金需求量大、收益周期长以及风险高的创新项目难以获得充足的放贷，即传统金融机构放贷条件与技术创新活动的实际情况可能违背，使得具有发展潜力的技术创新主体常常被排斥在传统金融体系外，严重制约了区域的技术创新活力。

金融是实体经济的血脉，对区域技术创新水平的提升具有重要作用。一直以来，金融发展与区域技术创新之间的关系都是学术界的热点话题。目前，相关研究成果主要分为以下几个方面：一是金融结构对技术创新的影响。如Brown et al.[3]、Hsu et al.[4]、张一林等[5]、Mehmood et al.[6]、权飞过和王晓

---

[1] 王靖宇，刘红霞，彪华，等. 外部融资依赖与企业创新——基于延付银行高管薪酬的自然实验[J]. 软科学，2020，34（2）：8-1

[2] 黄益平，黄卓. 中国的数字金融发展：现在与未来[J]. 经济学（季刊），2018，17（4）：1489-1502.

[3] Brown J R, Martinsson G, Petersen B C. Law, stock markets, and innovation[J]. The Journal of Finance, 2013, 68（4）：1517-1549.

[4] Hsu P H, Tian X, Xu Y. Financial development and innovation: Cross-country evidence[J]. Journal of Financial Economics, 2014, 112（1）：116-135.

[5] 张一林，龚强，荣昭. 技术创新、股权融资与金融结构转型[J]. 管理世界，2016（11）：65-80.

[6] Mehmood R, Hunjra A I, Chani M I. The impact of corporate diversification and financial structure on firm performance: evidence from South Asian countries[J]. Journal of Risk and Financial Management, 2019, 12（1）：49.

芳[1]认为与银行信贷相比,股权融资对技术创新的促进作用更为显著。Luo et al.[2]、徐飞[3]认为以银行信贷为主导的金融市场会制约企业获取外部资金,进而抑制企业持续性创新;吴尧和沈坤荣[4]研究发现股票市场发展不足或者过度都会抑制企业技术创新,提升企业技术创新能力需要将金融结构保持在一定合理区间。二是金融功能对技术创新的影响。金融的融资功能、风险分散功能、信息功能以及公司治理功能均会对企业技术创新产生影响[5][6]。三是金融发展水平对技术创新的影响。王昱等[7]研究发现金融深化不足或过度扩张均会抑制企业技术创新,而金融效率有助于企业技术创新的提升;姬广林[8]研究发现金融发展能够显著提升区域技术创新水平,且与金融深度相比,金融宽度对区域技术创新水平的促进作用更为明显。四是数字金融对技术创新的影响。王小燕等[9]、聂秀华[10]、万佳彧等[11]、贾俊生和刘玉婷[12]研究发现融资约束是数字金融提升技术创新水平的最终渠道。唐松

---

[1] 权飞过,王晓芳. 财政分权、金融结构与企业创新 [J]. 财经论丛, 2020 (1): 22-32.
[2] Luo S, Zhang Y, Zhou G. Financial structure and financing constraints: evidence on small- and medium-sized enterprises in China [J]. Sustainability, 2018, 10 (6): 1774.
[3] 徐飞. 银行信贷与企业创新困境 [J]. 中国工业经济, 2019 (1): 119-136.
[4] 吴尧,沈坤荣. 最优金融结构与企业创新产出质量 [J]. 宏观质量研究, 2020, 8 (2): 95-109.
[5] Aghion P, Bloom N, Blundell R, et al. Competition and innovation: An inverted-U relationship [J]. The Quarterly Journal of Economics, 2005, 120 (2): 701-728.
[6] 孙静,许涛,俞乔. 基于金融功能的金融结构促进技术创新之作用机制研究 [J]. 山东社会科学, 2019 (3): 109-113.
[7] 王昱,成力为,安贝. 金融发展对企业创新投资的边界影响——基于HECKIT模型的规模与效率门槛研究 [J]. 科学学研究, 2017, 35 (1): 110-124.
[8] 姬广林. 中国金融发展对技术创新影响的实证分析 [D]. 长春:吉林大学, 2017.
[9] 王小燕,张俊英,王醒男. 金融科技、企业生命周期与技术创新——异质性特征、机制检验与政府监管绩效评估 [J]. 金融经济学研究, 2019, 34 (5): 93-108.
[10] 聂秀华. 数字金融促进中小企业技术创新的路径与异质性研究 [J]. 西部论坛, 2020, 30 (4): 37-49.
[11] 万佳彧,周勤,肖义. 数字金融、融资约束与企业创新 [J]. 经济评论, 2020 (1): 71-83.
[12] 贾俊生,刘玉婷. 数字金融、高管背景与企业创新——来自中小板和创业板上市公司的经验证据 [J]. 财贸研究, 2021, 32 (2): 65-76, 110.

等[1]、赵晓鸽等[2]认为数字金融可以弥补传统金融发展的不足,改善金融资源错配的程度,从而对技术创新产生显著正向影响。

目前,国内外学者从不同角度探讨了金融市场与技术创新之间的关系。但现有研究大多集中在传统金融对研发创新活动的影响,从数字金融视角探讨金融支持多阶段区域技术创新活动的研究较少。首先,现有研究多以研发创新活动概括整个技术创新活动,这与技术创新活动复杂的多环节过程不相符合,研发创新仅仅是技术创新的前端活动,获取的是技术价值,技术创新获取经济效益的过程主要在研发成果转化和应用阶段。其次,数字金融借助一系列数字技术,拓宽了金融服务渠道,弥补了传统金融供给的不足,为不同阶段技术创新活动提供了资金支持;数字金融对数字技术的应用改变了居民的消费行为习惯,极大地影响了居民对新产品的接受度,对研发成果的转化将会产生一定的影响;数字金融可以依托数字技术,降低了信贷双方信息不对称程度,提高了金融行业的服务效率和金融资源配置效率,也会对成熟研发成果规模化产业化的应用产生影响。再者,数字金融是一把"双刃剑",具有明显的风险性,在分析数字金融与区域技术创新之间的关系时,不能忽略区域金融监管环境这一重要因素。最后,数字金融是金融与新兴技术深度融合而形成的新金融服务,具有明显的技术特性,其技术溢出效应或示范效应也会推动其他地区进行技术创新活动,在研究数字金融对区域技术创新的影响时,不能忽略空间这一重要因素。随着数字经济时代的到来,中国数字金融的快速发展为各阶段区域技术创新活动提供了契机,势必会影响区域技术创新的整体水平。因此,深入探讨中国数字金融对各个阶段区域技术创新的作用机制和影响效应,对于提升区域技术创新整体水平具有重要的学术价值。

本书从以下方面对现有研究进行拓展:第一,区域技术创新是一个多阶段的复杂过程,包括了从技术研发到研发成果转化,然后将新技术规模化产业化应用并产生经济效益的整个经济活动过程。因此,本书基于技术创新过程,将区域技术创新活动分为研发阶段、产品化阶段和产业化阶段,分别从

---

[1] 唐松,伍旭川,祝佳. 数字金融与企业技术创新——结构特征、机制识别与金融监管下的效应差异[J]. 管理世界, 2020, 36 (5): 52-66, 9.
[2] 赵晓鸽,钟世虎,郭晓欣. 数字普惠金融发展、金融错配缓解与企业创新[J]. 科研管理, 2021, 42 (4): 158-169.

这三个阶段对区域技术创新活动进行评价。第二，从数字金融视角探究各阶段区域技术创新活动，分别研究数字金融对研发阶段区域技术创新、产品化阶段区域技术创新以及产业化阶段区域技术创新的影响。第三，与传统金融相比，数字金融具有更为明显的风险性，将金融监管因素考虑进来分析了数字金融与区域技术创新之间的关系。第四，考虑到数字金融具有较强的技术特性，从空间视角探讨了数字金融对各阶段区域技术创新水平影响的空间相关性。

第二节　数字金融赋能区域技术创新的重要意义

在中国经济高质量发展阶段，提高区域技术创新能力既重要又紧迫。随着数字经济时代的到来，金融与新兴技术深度融合发展的数字金融在中国快速发展，并在全世界都处于领先地位，弥补了传统金融服务的不足，为各地区技术创新活动提供了基础和保障。在此背景下，如何利用数字金融的优势，更好地服务于研发阶段区域技术创新、产品化阶段区域技术创新以及产业化阶段区域技术创新，进而推动中国技术创新水平的整体提升，具有重要的现实意义和理论价值。

一、理论意义

第一，丰富和拓展了区域技术创新能力评价理论。区域技术创新是一个环环相扣、层层递进的多阶段过程，既包括了以研发要素投入为起点、以技术专利为核心产出的研发阶段，还包括了以研发产出为起点以新产品获取销售收入为产出的产品化阶段，以及以获取市场认可的新技术进行规模化产业化的应用并实现区域全要素生产率提升的产业化阶段。如果仅从研发投入或研发产出视角对技术创新水平进行评价，反映的是研发阶段技术创新活动，并未反映技术创新的产品化阶段和产业化阶段，与技术创新过程的实际情况不符。本书从研发阶段、产品化阶段和产业化阶段分别对各地区技术创新水平进行衡量，能够更全面完整地反映各地区技术创新能力，为评价各地区技术创新能力提供了有益补充和拓展。

第二，为研究数字金融对区域技术创新的影响起到抛砖引玉作用。随着数字金融在中国的快速发展，大部分学者主要从数字金融的融资功能视角来探讨其对研发投入或者产出的影响。但是，数字金融不仅具有金融的属性还具有技术特性，即除了数字金融的融资功能会影响技术创新，还有其他功能会对技术创新活动产生影响。另外，鲜有学者分别探讨数字金融对各个阶段区域技术创新水平的作用机制。本书从供给侧和需求侧研究数字金融对各区域研发阶段技术创新、产品化阶段技术创新以及产业化阶段技术创新的作用机制，涵盖了技术创新的整个过程，丰富了数字金融对区域技术创新能力的作用机制。

二、现实意义

第一，为金融更好地服务实体经济提供了政策参考，推动产业结构转型升级。金融是实体经济的血脉，金融的本质就是为实体经济服务。中国的金融体系是以银行为主导的，其间接融资比例过大和金融供给不足等问题较为突出，使得传统金融服务于实体经济发展时，常常面临结构性问题，制约了实体经济发展。数字金融是金融与新兴技术深度融合发展而产生的一种新金融服务，借助一系列数字技术创新了金融产品和服务模式；同时，与传统金融相比，数字金融具有较为明显的普惠性，能够提供便捷的金融服务。本书从研发阶段、产品化阶段以及产业化阶段分别对各地区技术创新能力进行衡量，有助于更清楚地掌握各区域技术创新水平在哪个阶段较为薄弱，进而有助于有的放矢性地提供相应的金融产品或金融服务，推动产业转型升级。

第二，有助于政府部门制定支持各阶段区域技术创新活动的金融政策，提升中国整体技术创新能力。本书详细探讨了数字金融对研发阶段、产品化阶段以及产业化阶段区域技术创新的作用机制，掌握了数字金融总体发展水平和数字金融各个维度对各阶段区域技术创新水平的影响效应。基于这些研究结论，方可知道在技术创新的不同阶段应该设计何种高效的金融政策才能推动各地区技术创新水平的提升，达到提升中国技术创新整体能力的预期。

第二章

数字金融赋能区域技术创新的理论述评

本章从数字金融对传统金融行业的影响、数字金融发展的意义、区域技术创新水平的评价、区域计算创新的影响因素、数字金融影响区域技术创新的相关研究进行文献综述，并对现有研究进行评述，总结现有研究不足，进而引出本研究的核心内容和视角，为后文研究提供理论支撑。

第一节 数字金融的相关研究

数字金融指金融与科技深度融合发展而形成的新金融领域，其内涵随着新科技的出现而发生改变，是一个与时俱进的概念，包括了互联网金融和金融科技涉及的领域与金融业务[1]。国外数字金融的发展可以追溯到1998年美国在线支付工具PayPal的诞生，而中国数字金融的发展要晚于发达国家，2013年余额宝的上线才推动了中国数字金融爆发式的发展[2]。随后，学术界迎来了数字金融研究的高潮时期。国内外学者围绕数字金融与传统金融行业之间的关系以及其发展意义等问题进行了大量研究。

一、数字金融对传统金融行业的影响

数字金融作为金融与新兴技术深度融合的产物，是一种新的金融业态，其产品、运营模式以及服务方式与传统金融存在较大的差别，为整个金融行

---

[1] 陈胤默，王喆，张明. 数字金融研究国际比较与展望 [J]. 经济社会体制比较，2021（1）：180-190.
[2] 黄益平，黄卓. 中国的数字金融发展：现在与未来 [J]. 经济学（季刊），2018，17（4）：1489-1502.

业带来了新生命力和新机遇,提高了金融行业的效率[1],但同时也给传统金融行业的发展带来了一定的冲击[2][3][4]。数字金融凭借信息技术和数字技术的优势,一方面,创新金融产品和服务,加剧了金融行业的竞争,对传统金融服务产生了一定的替代效应[5][6][7];另一方面,也可以通过技术溢出效应,为传统金融行业带来"鲇鱼效应",促进传统金融行业数字化转型,提升传统金融服务的效率[8][9]。刘澜飚等[10]认为随着数字金融的发展,促进了其与传统金融服务的融合发展,提高了金融市场的运行效率。目前,在数字化浪潮的推动下,传统商业银行正在利用数字技术带来的机遇,拥抱数字化服务[11]。

现有研究表明,在数字技术与传统金融业融合发展的过程中,会重新配置金融市场上的金融资源,对传统商业银行的效率和风险管理等方面产生重要影响[12]。在传统商业银行效率方面,部分研究表明数字金融与传统商业银行

---

[1] Wang Q, Yang J, Chiu Y, et al. The impact of digital finance on financial efficiency [J]. Managerial and Decision Economics, 2020, 41 (7): 1225-1236.

[2] 李向前,贺卓异. 金融科技发展对商业银行影响研究 [J]. 现代经济探讨, 2021 (2): 50-57.

[3] 孟娜娜,粟勤. 挤出效应还是鲶鱼效应:金融科技对传统普惠金融影响研究 [J]. 现代财经(天津财经大学学报), 2020, 40 (1): 56-70.

[4] Wonglimpiyarat J. FinTech banking industry: a systemic approach [J]. Foresight, 2017, 19 (6): 590-603.

[5] Drasch B J, Schweizer A, Urbach N. Integrating the "Troublemakers": A taxonomy for co-operation between banks and fintechs [J]. Journal of Economics and Business, 2018, 100 (NOV. -DEC.): 26-42.

[6] Lee I, Shin Y J. Fintech: Ecosystem, business models, investment decisions, and challenges [J]. Business Horizons, 2018, 61 (1): 35-46.

[7] 徐岚,徐青松. 从美国经验看"互联网金融"对于国内传统银行业的冲击 [J]. 上海经济研究, 2014 (7): 97-101.

[8] 邱志刚,罗煜,江颖,等. 金融科技会颠覆传统金融吗?——大数据信贷的经济解释 [J]. 国际金融研究, 2020 (8): 35-45.

[9] Winnefeld C H, Permantier A. FinTech - The Digital (R) Evolution in the German Banking Sector? [J]. Business & Management Research, 2017, 6 (3): 65-84.

[10] 刘澜飚,沈鑫,郭步超. 互联网金融发展及其对传统金融模式的影响探讨 [J]. 经济学动态, 2013 (8): 73-83.

[11] 王诗卉,谢绚丽. 经济压力还是社会压力:数字金融发展与商业银行数字化创新 [J]. 经济学家, 2021 (1): 100-108.

[12] 李向前,贺卓异. 金融科技发展对商业银行影响研究 [J]. 现代经济探讨, 2021 (2): 50-57.

之间存在较强的互补性①，大数据、云计算、人工智能以及区块链等新兴技术的应用不仅可以拓展商业银行的中间业务范围，还可以提升传统商业银行的资源配置效率②，从而实现提升商业银行盈利能力的目的③；也有学者将数字金融纳入银行存贷收益模型探讨数字金融对商业银行经营绩效的影响，发现两者之间并不是简单的线性关系，而是一种"倒 U 型"关系，且大中型商业银行的绩效受到的影响相对较大④；还有学者进一步对数字金融与商业银行经营效率之间的关系进行了机制检验，发现数字金融是通过金融创新、技术溢出以及市场竞争等渠道来影响商业银行效率⑤。在商业银行风险方面，一方面，数字技术的应用使得商业银行不仅会面临成本增加的压力⑥，还会面临信息、技术以及监管等方面的特殊风险，从而增加商业银行的风险承担压力⑦⑧；另一方面，商业银行利用数字技术，降低了信息不对称程度⑨，同时，对风险管理流程实行了标准化、动态化处理，提高了商业银行的风险管理效率⑩。

二、数字金融发展的意义

作为新金融模式的数字金融凭借 ABCDI 等数字技术，给整个经济社会发

---

① 封思贤，徐卓. 数字金融、金融中介与资本配置效率 [J]. 改革，2021（3）：40-55.
② 朱太辉，陈璐. Fintech 的潜在风险与监管应对研究 [J]. 金融监管研究，2016（7）：18-32.
③ 刘孟飞，蒋维. 金融科技促进还是阻碍了商业银行效率？——基于中国银行业的实证研究 [J]. 当代经济科学，2020，42（3）：56-68.
④ 刘孟飞，王琦. 金融科技对商业银行绩效的影响——理论与实证研究 [J]. 金融论坛，2021，26（3）：60-70.
⑤ 杨望，徐慧琳，谭小芬，等. 金融科技与商业银行效率——基于 DEA-Malmquist 模型的实证研究 [J]. 国际金融研究，2020（7）：56-65.
⑥ 刘孟飞，蒋维. 金融科技促进还是阻碍了商业银行效率？——基于中国银行业的实证研究 [J]. 当代经济科学，2020，42（3）：56-68.
⑦ 吴桐桐，王仁曾. 数字金融、银行竞争与银行风险承担——基于 149 家中小商业银行的研究 [J]. 财经论丛，2021（3）：38-48.
⑧ 李向前，贺卓异. 金融科技发展对商业银行影响研究 [J]. 现代经济探讨，2021（2）：50-57.
⑨ Lapavitsas C, Dos Santos P L. Globalization and contemporary banking: on the impact of new technology [J]. Contributions to Political Economy, 2008, 27（1）: 31-56.
⑩ 姚婷，宋良荣. 金融科技对商业银行风险的影响及异质性研究 [J]. 云南财经大学学报，2020，36（12）：53-63.

展带来了革命性、颠覆性的变化①,有助于重塑经济发展格局,推动经济高质量发展②③④⑤。学者们主要围绕金融服务的普惠性、居民消费以及贫困等问题探讨了数字金融发展与经济增长之间的关系。

首先,数字金融弥补了传统金融的不足,提高了金融服务的普惠性。⑥⑦⑧小微企业、农户以及低收入人群因抵押资产匮乏、规模小以及分布较为分散等特点,被正规金融机构排除在外,难以满足其正常金融服务的需求⑨⑩。数字金融凭借数字技术的优势,一方面大力发展移动支付和网络借贷服务,不仅丰富了融资渠道,更是打破了传统金融服务面对面的模式,使得金融服务不受时间和空间的限制⑪,不仅方便快捷,更是降低了金融服务的交易成本⑫;另一方面,数字金融借助海量在线数据,建立信贷评分模型,不仅可以挖掘消费者的消费倾向,也可以根据历史消费记录进行信

---

① Goldstein I, Jiang W, Karolyi G A. To FinTech and Beyond [J]. The Review of Financial Studies, 2019, 32 (5): 1647–1661.
② Zhang Y, Chen J, Han Y, et al. The contribution of Fintech to sustainable development in the digital age: Ant forest and land restoration in China [J]. Land Use Policy, 2021, 103 (1): 105306.
③ 宇超逸,王雪标,孙光林. 数字金融与中国经济增长质量:内在机制与经验证据 [J]. 经济问题探索,2020 (7): 1–14.
④ 钱海章,陶云清,曹松威,等. 中国数字金融发展与经济增长的理论与实证 [J]. 数量经济技术经济研究,2020,37 (6): 26–46.
⑤ 王永仓,温涛. 数字金融的经济增长效应及异质性研究 [J]. 现代经济探讨,2020 (11): 56–69.
⑥ Lagna A, Ravishankar M N. Making the world a better place with fintech research [J]. Information Systems Journal, 2022, 32 (1): 61–102.
⑦ Hasan M M, Yajuan L, Khan S. Promoting China's inclusive finance through digital financial services [J]. Global Business Review, 2020 (6): 23.
⑧ 黄益平,陶坤玉. 中国的数字金融革命:发展、影响与监管启示 [J]. 国际经济评论,2019 (6): 24–35,5.
⑨ 梁琦,林爱杰. 数字金融对小微企业融资约束与杠杆率的影响研究 [J]. 中山大学学报(社会科学版),2020,60 (6): 191–202.
⑩ 李建军,韩珣. 普惠金融、收入分配和贫困减缓——推进效率和公平的政策框架选择 [J]. 金融研究,2019 (3): 129–148.
⑪ Lu L. Promoting SME finance in the context of the fintech revolution: A case study of the UK's practice and regulation [J]. Banking and Finance Law Review, 2018, 33 (3): 317–343.
⑫ Zeng M, Reinartz W. Beyond online search: The road to profitability [J]. California Management Review, 2003, 45 (2): 107–130.

用评估，从而实现风险控制①，不需要抵押资产也可以提供金融服务，降低了获取金融服务的门槛，从而使得小微企业以及低收入群体能够获取金融服务，使得金融服务可以受益更多群体。

其次，数字金融凭借其金融属性和新兴技术优势，对居民消费具有平滑效应、保障效应和增值效应②，为居民消费增长和升级提供了可能③④。一是数字金融改变了传统金融服务的支付环境⑤，方便快捷的移动支付方式，降低了市场主体获取金融服务和进行消费的总成本，不仅加速了消费者的消费决策，更是大大提升了消费者的体验感，增加了消费者的消费频率，从而促进居民消费增长⑥；二是数字金融的发展缓解了流动性约束，网络信贷平台的出现简化了借贷的手续和流程，基于大数据的精准放贷模式更是降低了信息不对成程度，提高了客户对于信贷需求的可得性，从而刺激了消费者的消费需求⑦；三是数字保险、数字投资等金融服务的出现，有助于降低家庭面临的风险和损失，增强居民消费的信心，从而提高居民消费水平⑧。

最后，数字金融能够为传统金融机构无法触及的领域或者群体提供金融服务，为低收入群体提供更多金融服务、创业和就业机会⑨，对于缓解相对贫

---

① Frost J, Gambacorta L, Huang Y, et al. BigTech and the changing structure of financial intermediation [J]. Economic Policy, 2019, 34 (100): 761-799.
② 封思贤，宋秋韵. 数字金融发展对我国居民生活质量的影响研究 [J]. 经济与管理评论，2021，37 (1): 101-113.
③ 何宗樾，宋旭光. 数字金融发展如何影响居民消费 [J]. 财贸经济，2020，41 (8): 65-79.
④ 易行健，周利. 数字普惠金融发展是否显著影响了居民消费——来自中国家庭的微观证据 [J]. 金融研究，2018 (11): 47-67.
⑤ 黄凯南，郝祥如. 数字金融是否促进了居民消费升级？[J]. 山东社会科学，2021 (1): 117-125.
⑥ 张勋，杨桐，汪晨，等. 数字金融发展与居民消费增长：理论与中国实践 [J]. 管理世界，2020，36 (11): 48-63.
⑦ Karlan D, Zinman J. Expanding credit access: Using randomized supply decisions to estimate the impacts [J]. The Review of Financial Studies, 2010, 23 (1): 433-464.
⑧ 黄凯南，郝祥如. 数字金融是否促进了居民消费升级？[J]. 山东社会科学，2021 (1): 117-125.
⑨ 张勋，杨桐，汪晨，等. 数字金融发展与居民消费增长：理论与中国实践 [J]. 管理世界，2020，36 (11): 48-63

困、缩小贫富差距等问题有着重要的作用①②③。经济发展水平较低的地区，其数字金融发展的减贫效应更为明显④⑤。在作用机制方面，数字金融主要通过促进居民创业、缓解信贷约束以及化解农业风险等渠道，达到减缓相对贫困的目的⑥。但值得注意的是，数字金融发展的减贫效应对数字基础设施、金融生态以及用户对数字金融知识的认知禀赋有较高的要求，也就是说，要加强数字金融的顶层设计才能更好地达到减贫效果，否则将会增强数字鸿沟⑦⑧。

第二节 区域技术创新的相关研究

区域技术创新不仅是帮助区域内技术创新主体获取竞争优势并提升市场价值的源泉⑨⑩，更是推动区域经济增长的关键动力所在⑪。自1912年约瑟

---

① Abiona O, Koppensteiner M F. Financial Inclusion, Shocks, and Poverty: Evidence from the Expansion of Mobile Money in Tanzania [J]. Journal of Human Resources, 2022, 57 (2): 435-464.
② 孙继国，赵俊美. 普惠金融是否缩小了城乡收入差距？——基于传统和数字的比较分析 [J]. 福建论坛（人文社会科学版），2019 (10): 179-189.
③ Xie P, Zou C W, Liu H E. The fundamentals of internet finance and its policy implications in China [J]. China Economic Journal, 2016, 9 (3): 240-252.
④ 黄倩，李政，熊德平. 数字普惠金融的减贫效应及其传导机制 [J]. 改革，2019 (11): 90-101.
⑤ 龚沁宜，成学真. 数字普惠金融、农村贫困与经济增长 [J]. 甘肃社会科学，2018 (6): 139-145.
⑥ 孙继国，赵俊美. 普惠金融是否缩小了城乡收入差距？——基于传统和数字的比较分析 [J]. 福建论坛（人文社会科学版），2019 (10): 179-189.
⑦ 何宗樾，张勋，万广华. 数字金融、数字鸿沟与多维贫困 [J]. 统计研究，2020, 37 (10): 79-89.
⑧ 王修华，赵亚雄. 数字金融发展是否存在马太效应？——贫困户与非贫困户的经验比较 [J]. 金融研究，2020 (7): 114-133.
⑨ Hall B H, Jaffe A, Trajtenberg M. Market value and patent citations [J]. RAND Journal of Economics, 2005, 36 (1): 16-38.
⑩ Porter M E. Capital choices: Changing the way America invests in industry [J]. Journal of Applied Corporate Finance, 1992, 5 (2): 4-16.
⑪ Aghion P, Harris C, Vickers J. Competition and growth with step-by-step innovation: An example [J]. European Economic Review, 1997, 41 (3-5): 771-782.

夫·熊彼特在其著作《经济发展理论》中对"创新"一词进行阐述后，学者们对创新理论进行了补充和拓展。随后，区域技术创新成为各国学者研究的一个热点话题，形成了大量的研究成果。下面主要从区域技术创新水平的评价和影响因素两个方面进行阐述。

一、区域技术创新水平的评价

随着创新理论的丰富和扩展，学者们对区域技术创新的理解也在不断更新。区域技术创新是指在特定区域范围内技术创新活动的总和，基于对技术创新内涵和过程理解的差异，学者们选用了不同的指标体系对区域技术创新水平进行测算和评价。因此，对技术创新的理解和指标体系的选择是准确评价区域技术创新水平的前提条件和重要环节。20世纪60年代，大部分学者认为技术创新包括从研究新产品理念的提出到产品研发，再到产品的生产，最后到产品销售这一整个过程，该过程具有线性化的特点[1][2]。也就是说，技术创新的投入就决定了技术创新活动的整体水平[3]。基于此理解，学者们通常选择区域内研发经费投入和研发人员投入作为测算区域技术创新水平的指标[4][5][6]。

随后，学者们对技术创新的内涵进行了更为深入的研究，发现技术创新各阶段是循环交叉的，该过程并不是一个从研发到技术扩散的简单线性化过程[7]；还有学者认为技术创新是科研成果或者新产品首次实现商业化转

---

[1] Marquis D G. The anatomy of successful innovation [J]. Innovation Magazine, 1969, 1 (7): 28-37.
[2] Enos J L. Invention and innovation in the petroleum refining industry [M] Princeton: Princeton University Press, 1962: 299-322.
[3] 姬广林. 中国金融发展对技术创新影响的实证分析 [D]. 长春：吉林大学，2017.
[4] Czarnitzki D, Lopes-Bento C. Innovation subsidies: Does the funding source matter for innovation intensity and performance? Empirical evidence from Germany [J]. Industry and Innovation, 2014, 21 (5): 380-409.
[5] Brown J R, Martinsson G, Petersen B C. Law, stock markets, and innovation [J]. The Journal of Finance, 2013, 68 (4): 1517-1549.
[6] Brown J R, Fazzari S M, Petersen B C. Financing innovation and growth: Cash flow, external equity, and the 1990s R&D boom [J]. The Journal of Finance, 2009, 64 (1): 151-185.
[7] Nelson R R, Winter S G. The Schumpeterian tradeoff revisited [J]. The American Economic Review, 1982, 72 (1): 114-132.

化的过程①②，也就是说研发活动不一定是技术创新的起点，研发投入并不能真实地反映区域技术创新水平③。基于以上对技术创新的理解，学者们认为相较于研发投入，区域技术创新产出更能反映区域技术创新水平，多采用专利总量作为衡量技术创新产出的代理变量④⑤⑥，也有学者采用无形资产来衡量技术创新的产出水平⑦⑧。

还有部分学者指出技术创新包括了从新思想的产生到研发再到新产品的商业化这一整过程⑨，但并不是所有的技术创新投入都能带来技术创新的产出⑩，技术创新投入和技术创新产出之间并非线性关系⑪⑫。同时，技术创新投入行为属于一种特殊的投资行为，那么仅仅从技术创新的投入或者产出来衡量技术创新水平是不全面的。而区域技术创新效率既包括了技术创

---

① Lynn G S, Morone J G, Paulson A S, Marketing and discontinuous innovation: the probe and learn process [J]. California Management Review, 1996, 38 (3): 8-37.
② Stoneman P, Diederen P. Technology diffusion and public policy [J]. The Economic Journal, 1994, 104 (425): 918-930.
③ Aghion P, Van Reenen J, Zingales L. Innovation and institutional ownership [J]. American Economic Review, 2013, 103 (1): 277-304.
④ 程广斌，侯林岐. 财政分权视角下的地方政府竞争模式与区域技术创新研究 [J]. 现代经济探讨, 2021 (6): 28-37.
⑤ Acharya V, Xu Z. Financial dependence and innovation: The case of public versus private firms [J]. Journal of Financial Economics, 2017, 124 (2): 223-243.
⑥ Hall B H, Harhoff D. Recent research on the economics of patents [J]. Annu. Rev. Econ. 2012, 4 (1): 541-565.
⑦ Jibril H, Kaltenbrunner A, Kesidou E. Financialisation and Innovation in Emerging Economies: Evidence from Brazil [J]. SSRN Electronic Journal, 2018: 3188021.
⑧ 鞠晓生，卢荻，虞义华. 融资约束、营运资本管理与企业创新可持续性 [J]. 经济研究, 2013, 48 (1): 4-16.
⑨ 陈劲，陈钰芬. 企业技术创新绩效评价指标体系研究 [J]. 科学学与科学技术管理, 2006 (3): 86-91.
⑩ 姬广林. 中国金融发展对技术创新影响的实证分析 [D]. 长春：吉林大学, 2017.
⑪ Schmookler J H G. Patents, invention, and economic change: Data and selected essays [M]. Cambridge: Harvard University Press, 1972: 11-38.
⑫ Scherer F M. Firm size, market structure, opportunity, and the output of patented inventions [J]. The American Economic Review, 1965, 55 (5): 1097-1125.

新投入，也包括了技术创新产出要素，能更准确地评价区域技术创新水平[1][2]。

二、区域技术创新的影响因素

区域技术创新是特定区域内技术创新主体用已有知识创造新技术并对新技术进行应用的总过程，该过程是一个复杂的多阶段过程，受到多种因素的影响。国内外学者对影响区域技术创新的因素做了大量研究，形成了丰富的研究成果。

区域技术创新的影响因素主要包括人力资本、对外开放程度、政府支持以及金融发展水平等方面。在人力资本方面，大部分学者认为人力资本是影响区域技术创新的重要因素[3][4]，能够显著促进区域技术创新水平[5][6][7]，其中，高级人力资本对区域技术创新水平的促进作为最为明显[8][9]；还有部分学者认为人力资本对区域技术创新的影响并非简单的线性效应，而是非线性的[10]。在对外开放方面，对外开放程度越高的区域，通过与其他区域或国家的

---

[1] 绍云飞，唐小我，詹坤，等. 区域技术创新的形成机理与运行机制研究 [M]. 北京：科学出版社，2021：219-222.

[2] Berrone P, Surroca J, Tribó J A. Corporate ethical identity as a determinant of firm performance: A test of the mediating role of stakeholder satisfaction [J]. Journal of Business Ethics, 2007, 76 (1): 35-53.

[3] Romer P M. Endogenous technological change [J]. Journal of Political Economy, 1990, 98 (5): S71-S102.

[4] Squicciarini M P, Voigtländer N. Human capital and industrialization: Evidence from the age of enlightenment [J]. The Quarterly Journal of Economics, 2015, 130 (4): 1825-1883.

[5] 张家峰，赵顺龙. 区域技术创新能力的影响因素分析——以江浙沪两省一市为例 [J]. 国际贸易问题，2009 (7): 56-60.

[6] 倪进峰，李华. 产业集聚、人力资本与区域创新——基于异质产业集聚与协同集聚视角的实证研究 [J]. 经济问题探索，2017 (12): 156-162.

[7] 王春晖. 区域异质性、产业集聚与人力资本积累：中国区域面板数据的实证 [J]. 经济经纬，2019，36 (1): 87-94.

[8] 王艳涛，谷晓莉. 教育人力资本对区域技术创新影响的实证研究 [J]. 科技管理研究，2019，39 (5): 01-07.

[9] 汪芳，高悦娴. 人力资本与区域技术创新效率——基于劳动力市场化的调节作用 [J]. 经济研究参考，2021 (1): 100-116.

[10] 王永水，朱平芳. 中国经济增长中的人力资本门槛效应研究 [J]. 统计研究，2016，33 (1): 13-19.

贸易，更容易吸收其他地区或国家的先进技术，进而推动本区域技术创新活动的开展[1][2]。在政府支持方面，学者们并未得出一致结论，有的学者认为政府对技术创新活动的支持行为可以为市场释放出一种信号，激发区域内市场主体的技术创新积极性[3]，进而促进区域技术创新[4][5]；也有学者认为政府对区域技术创新活动的支持容易导致寻租行为，致使政府的创新资金并未真正投放到技术创新活动中，从而抑制了区域技术创新水平[6][7]；王淑英和常乐[8]认为不同技术创新阶段，政府支持对区域技术创新的影响存在差异性。在金融发展方面，区域内金融发展水平越高，能够为区域内技术创新主体提供更多的融资渠道，缓解其面临的融资约束，从而提升区域技术创新水平[9][10][11][12]。

---

[1] 孙辉煌. 贸易开放与 TFP 增长：技术溢出与国际竞争——基于中国制造行业的经验分析 [J]. 山西财经大学学报, 2008 (10): 57-63.

[2] 王欣, 姚洪兴. 国际 R&D 对区域技术创新的非线性溢出效应——基于长三角数据的 PSTR 模型分析 [J]. 国际经贸探索, 2017, 33 (1): 60-78.

[3] Castellani D, Piva M, Schubert T, et al. R&D and Productivity in the US and the EU: Sectoral Specificities and Differences in the Crisis [J]. Technological Forecasting and Social Change, 2019, 138: 279-291.

[4] 李政, 杨思莹, 路京京. 政府参与能否提升区域创新效率? [J]. 经济评论, 2018 (6): 3-14, 27.

[5] 肖叶, 邱磊, 刘小兵. 地方政府竞争、财政支出偏向与区域技术创新 [J]. 经济管理, 2019, 41 (7): 20-35.

[6] Xu J, Wang X, Liu F. Government subsidies, R&D investment and innovation performance: analysis from pharmaceutical sector in China [J]. Technology Analysis & Strategic Management, 2020: 1-19.

[7] Yi J, Murphree M, Meng S, et al. The More the Merrier? Chinese Government R&D Subsidies, Dependence and Firm Innovation Performance [J]. Journal of Product Innovation Management, 2021, 38 (2): 289-310.

[8] 王淑英, 常乐. 创新投入、政府支持与区域创新——基于创新价值链的视角 [J]. 科技管理研究, 2020, 40 (12): 46-54.

[9] 黄婷婷, 高波. 金融发展、融资约束与企业创新 [J]. 现代经济探讨, 2020 (3): 22-32.

[10] 陈金勇, 舒维佳, 牛欢欢. 区域金融发展、融资约束与企业技术创新投入 [J]. 哈尔滨商业大学学报（社会科学版）, 2020 (5): 38-54.

[11] 胡恒强, 范从来, 杜晴. 融资结构、融资约束与企业创新投入 [J]. 中国经济问题, 2020 (1): 27-41.

[12] Meierrieks D. Financial development and innovation: Is there evidence of a Schumpeterian finance-innovation nexus? [J]. Annals of Economics & Finance, 2014, 15 (2): 1-21.

杨帆和王满仓[①]认为股权融资能够促进技术创新主体对技术创新的投入，但债务融资会抑制技术创新投入。

第三节　数字金融影响区域技术创新的相关研究

数字金融利用人工智能、区块链、云计算、大数据和物联网（简称ABCDI）等数字技术创新了金融产品和金融服务模式，拓展了金融服务的广度和深度，有助于缓解各技术创新主体面临的融资约束问题[②][③][④]。例如：吴晓球[⑤]指出数字金融的使用深度水平越高，那么数字金融提供的金融服务就更具有多样性，在加剧金融行业竞争的同时，有助于提升金融服务效率；王道平和刘琳琳[⑥]指出数字金融的发展增加了金融服务形式，扩大了企业获取融资的机会；Jagtiani and Lemieux[⑦]指出数字金融通过互联网技术，使得被传统金融机构排斥在外的金融需求者能够获取金融服务，拓展了金融服务边界；Fuster et al.[⑧]研究发现数字金融的发展提高了贷款审批速度，节约了融资成本。随着学者们对数字金融与融资约束之间关系的关注，部分学者开始关注数字金融与区域技术创新之间的关系，并认为数字金融可以通过缓解区域面

---

① 杨帆，王满仓. 融资结构、信息技术与创新能力：数理分析与实证检验［J］. 中国科技论坛，2021（1）：73-83，94.
② Ozili P K. Impact of digital finance on financial inclusion and stability［J］. Borsa Istanbul Review，2018，18（4）：329-340.
③ 袁鲲，曾德涛. 区际差异、数字金融发展与企业融资约束——基于文本分析法的实证检验［J］. 山西财经大学学报，2020，42（12）：40-52.
④ Chen H, Yoon S S. Does technology innovation in finance alleviate financing constraints and reduce debt-financing costs? Evidence from China［J］. Asia Pacific Business Review，2021（1）：1-26.
⑤ 吴晓求. 互联网金融：成长的逻辑［J］. 财贸经济，2015（2）：5-15.
⑥ 王道平，刘琳琳. 数字金融、金融错配与企业全要素生产率——基于融资约束视角的分析［J］. 金融论坛，2021，26（8）：28-38.
⑦ Jagtiani J, Lemieux C. Do fintech lenders penetrate areas that are underserved by traditional banks?［J］. Journal of Economics and Business，2018，100（6）：43-54.
⑧ Fuster A, Plosser M, Schnabl P, et al. The role of technology in mortgage lending［J］. The Review of Financial Studies，2019，32（5）：1854-1899.

临的融资约束，进而促进区域技术创新水平[1][2][3][4]。

对于研发阶段的技术创新活动，郑雅心[5]研究发现数字金融的发展可以通过提升区域教育水平、完善基础设施以及增加居民工资等途径提升区域研发创新产出水平，且这种促进作用在东部地区最为明显。刘佳鑫和李莎[6]、杜传忠和张远[7]认为融资约束和居民消费升级是数字金融影响区域研发创新水平的重要机制，且发现区域面临的融资约束越强，数字金融对区域研发创新的促进作用越明显。郑万腾等[8]指出数字金融通过内部因素研发强度和外部因素经济发展水平两条机制激励区域创新活动，且数字金融对区域创新的激励效应存在创新主体异质性、地区异质性以及空间溢出效应，同时受地区劳动者素质、政府支持、产业升级以及对外开放程度的影响，数字金融对区域技术创新水平的激励效应呈现非线性关系。张梁等[9]研究发现数字金融通过对人力要素和金融要素的虹吸对区域创新产生了"马太效应"，增加了技术创新在各区域之间的差距；但是，潘爽等[10]指出数字金融可以帮助中小城市缓解外部虹吸效应，缩小各区域创新水平的差距。

---

[1] Abu Amuna Y M, Abu Naser S S, Al Shobaki M J, et al. Fintech: creative innovation for entrepreneurs [J]. International Journal of Academic Accounting, Finance & Management Research, 2019, 3 (3): 8-15.

[2] 万佳彧，周勤，肖义. 数字金融、融资约束与企业创新 [J]. 经济评论，2020 (1): 71-83.

[3] 聂秀华. 数字金融促进中小企业技术创新的路径与异质性研究 [J]. 西部论坛，2020, 30 (4): 37-49.

[4] 聂秀华，吴青. 数字金融对中小企业技术创新的驱动效应研究 [J]. 华东经济管理，2021, 35 (3): 42-53.

[5] 郑雅心. 数字普惠金融是否可以提高区域创新产出？——基于我国省际面板数据的实证研究 [J]. 经济问题，2020 (10): 53-61.

[6] 刘佳鑫，李莎. "双循环"背景下数字金融发展与区域创新水平提升 [J]. 经济问题，2021 (6): 24-32.

[7] 杜传忠，张远. "新基建"背景下数字金融的区域创新效应 [J]. 财经科学，2020 (5): 30-42.

[8] 郑万腾，赵红岩，范宏. 数字金融发展对区域创新的激励效应研究 [J]. 科研管理，2021, 42 (4): 138-146.

[9] 张梁，相广平，马永凡. 数字金融对区域创新差距的影响机理分析 [J]. 改革，2021 (5): 88-10.

[10] 潘爽，叶德珠，叶显. 数字金融普惠了吗——来自城市创新的经验证据 [J]. 经济学家，2021 (3): 101-111.

对于产品化阶段的技术创新活动，刘佳鑫和李莎①指出数字金融能够显著提升区域研发成果的转化能力；庄旭东和王仁曾②研究发现提升创新意愿和创新能力是数字金融促进区域研发成果转化的重要渠道，且这种促进作用在中西部地区更为明显。

对于产业化阶段的技术创新活动，侯层和李北伟③指出数字金融能够显著提升区域全要素生产率水平；唐松等④研究发现数字金融凭借其优势不仅可以显著提升本地区全要素生产率水平，还会促进周边地区全要素生产率；贺茂斌和杨晓维⑤研究发现数字金融能够通过提高金融服务效率，进而提升区域全要素生产率水平，且数字金融使用深度对区域全要素生产率的促进作用最明显，同时，相比中西部地区，东部地区数字金融对区域全要素生产率的提升效应更明显。聂秀华等⑥研究发现数字金融可以通过缓解融资约束和优化产业结构两条机制提升区域研发成果的市场价值，且受各地区制度环境、人力资本水平以及数字金融发展阶段的影响，数字金融对产业化阶段区域技术创新水平的影响呈现非线性关系。

第四节 文献述评

通过梳理既有相关研究成果可知，数字金融、区域技术创新相关话题引起了国内外学者的广泛关注。现有研究主要集中在数字金融发展的经济增长

---

① 刘佳鑫，李莎. "双循环"背景下数字金融发展与区域创新水平提升 [J]. 经济问题，2021（6）：24-32.
② 庄旭东，王仁曾. 数字金融能促进产业创新成果转化吗 [J]. 现代经济探讨，2021（6）：58-67.
③ 侯层，李北伟. 金融科技是否提高了全要素生产率——来自北京大学数字普惠金融指数的经验证据 [J]. 财经科学，2020（12）：1-12.
④ 唐松，赖晓冰，黄锐. 金融科技创新如何影响全要素生产率：促进还是抑制？——理论分析框架与区域实践 [J]. 中国软科学，2019，4（7）：134-144.
⑤ 贺茂斌，杨晓维. 数字普惠金融、碳排放与全要素生产率 [J]. 金融论坛，2021，26（2）：18-25.
⑥ 聂秀华，江萍，郑晓佳，等. 数字金融与区域技术创新水平研究 [J]. 金融研究，2021（3）：132-150.

效应、区域技术创新的影响因素等方面，也有部分学者对数字金融与区域技术创新水平之间的关系进行了探讨，并形成了一定的研究成果，为本书的研究提供了有益的借鉴。但仍存在一些不足，需要进一步拓展和深入研究。

第一，对区域技术创新的理解和评价角度不够系统。现有研究主要从研发投入、研发产出两个视角评价技术创新水平，如投入角度多采用研发经费投入强度进行衡量，产出角度多采用专利数量和无形资产等进行衡量。但研发投入和产出均反映的是研发阶段的技术创新活动，属于整个技术创新活动的前端行为，并未涵盖技术创新的成果转化和新技术应用阶段。本书认为区域技术创新包括了以研发投入为起点以专利产出为终点的研发阶段、研发成果转化的产品化阶段、新技术规模化应用的产业化阶段。

第二，数字金融影响区域技术创新的作用机制有待进一步深化。现有文献主要从融资约束视角对数字金融与区域技术创新之间的关系进行了研究，研究发现数字金融可以通过多种途径缓解技术创新主体面临的融资约束问题，进而促进其开展技术创新活动。然而，数字金融不仅有金融属性，还具有技术属性。数字金融在影响区域技术创新过程中，除了融资约束这条传导机制，是否还存在其他传导机制，是值得进一步深入研究的问题。在现有研究成果的基础上，进一步深入分析数字金融对区域技术创新的作用机理，有助于更全面地厘清数字金融与区域技术创新之间的关系。

第三，缺乏对金融监管下数字金融与区域技术创新之间关系的探讨。现有研究在探讨数字金融与区域技术创新之间的关系时，多考虑的是数字金融的正向促进效应，忽略了对数字金融风险的考虑。然而，风险性是数字金融一个重要的特征，势必会对数字金融与区域技术创新之间的关系产生影响。本书认为只有在有效的金融监管环境下才能守住金融风险底线，发挥数字金融的优势，因此数字金融对区域技术创新驱动作用的发挥离不开有效的金融监管。

第四，数字金融对区域技术创新的空间溢出效应的研究有待加强。现有研究主要关注的是数字金融对技术创新的直接影响，而从空间视角分析数字金融对区域技术创新影响的研究较少。事实上，数字金融和各个阶段区域技术创新在空间上具有较为明显的关联性。为此，有必要从空间视角探讨数字金融对区域技术创新的影响效应。

第三章

相关概念与理论基础

数字金融和区域技术创新是本研究的两个核心变量。在研究数字金融对区域技术创新影响前,需要弄清楚数字金融和区域技术创新的内涵、构成及特征。同时,还需要对数字金融影响区域技术创新的相关理论进行阐述,为厘清数字金融对区域技术创新的作用机理和影响效应提供理论基础。

第一节 相关概念界定

一、数字金融

（一）数字金融的界定

数字金融是在新一轮科技革命和产业革命大背景的推动下催生出来的,是金融业与"ABCDI"等新兴技术深度融合的新产物,使得金融服务向数字化、网络化以及智能化迈进①。数字金融是一个与时俱进的概念,其内涵具有动态性。国内外学者从不同视角对数字金融的内涵进行了阐释,但对其理解不尽相同,有的学者侧重其金融属性；有的学者侧重其科技属性；也有学者认为数字金融是传统金融行业与互联网技术深度融合产生的新领域,相较传统金融行业包含了更多的新技术、新特征和新形式,既未脱离金融属性,更展现了科技属性。

第一类学者强调数字金融的金融属性,认为数字金融是从事金融业的机

---

① 王馨桐. 数字金融缓解我国中小企业融资约束研究 [D]. 哈尔滨：哈尔滨商业大学, 2019.

构利用互联网技术、信息通信技术以及数字技术，有效降低交易成本、促进市场竞争、解决金融活动中信息不对称问题[1]，提供以移动互联为主要特征的新型金融服务，替代传统金融服务，特别是在支付结算、资源配置、风险管理和网络渠道等金融服务方面发挥着重要作用[2][3][4][5]。该概念与中国人民银行等十部委定义的"互联网金融"的概念较为相似。

第二类学者强调数字金融的技术属性，认为数字金融是利用区块链、大数据、云计算以及人工智能等新型数字技术为金融行业赋能，促进金融服务和新型数字技术的深度融合，改变金融服务模式和金融消费方式[6][7]，拓展传统金融服务边界[8]，从而弥补传统金融服务的不足，是技术驱动的金融创新[9]。该类学者对数字金融的理解与金融稳定理事会（Financial Stability Board）和中国人民银行对"金融科技"的定义较为接近，同时金融科技也是发达国家数字金融的主要表现形态。

第三类学者认为数字金融不仅仅是简单的"互联网+金融"，但也并未脱离传统金融服务的本质，既强调金融本质，也展现了其数字技术属性[10][11]。世界银行和中国人民银行[12]指出数字金融是传统金融机构和新金融服务提供商运

---

[1] Fu J, Liu Y, Chen R, et al. Trade openness, internet finance development and banking sector development in China [J]. Economic Modelling, 2019, 91: 670-678.

[2] Wang K, Tsai S B, Du X, et al. Internet Finance, Green Finance, and Sustainability [J]. Sustainability, 2019, 11 (14): 1-6.

[3] Hou X, Gao Z, Wang Q. Internet finance development and banking market discipline: Evidence from China [J]. Journal of Financial Stability, 2016, 22: 88-100.

[4] 谢平，邹传伟，刘海二. 互联网金融的基础理论 [J]. 金融研究, 2015 (8): 1-12.

[5] 吴晓求. 中国金融的深度变革与互联网金融 [J]. 财贸经济, 2014 (1): 14-23.

[6] 张萌萌，鲁若愚，李广野. 金融创新对科创型企业融资的影响——基于金融科技的视角 [J]. 税务与经济, 2020 (1): 39-43.

[7] Philippon T. The FinTech Opportunity [J]. NBER Working Papers, 2016, No. 22476.

[8] Jagtiani J, Lemieux C. Do fintech lenders penetrate areas that are underserved by traditional banks? [J]. Journal of Economics and Business, 2018, 100 (6): 43-54.

[9] 田新民，张志强. 金融科技、资源配置效率与经济增长——基于中国金融科技门槛作用的分析 [J]. 统计与信息论坛, 2020, 35 (7): 25-34.

[10] 封思贤，徐卓. 数字金融、金融中介与资本配置效率 [J]. 改革, 2021 (3): 40-55.

[11] 万佳彧，周勤，肖义. 数字金融、融资约束与企业创新 [J]. 经济评论, 2020 (1): 71-83.

[12] 世界银行，中国人民银行. 全球视野下的中国普惠金融：实践、经验与挑战 [M]. 北京：中国金融出版社, 2019: 1-30.

用数字技术提供的新金融服务模式,其中新金融服务提供商主要指的是金融科技公司。数字金融是金融与科技融合发展的高级发展阶段,是与数字经济时代相匹配的金融业态,可以借助数字技术的优势为客户提供个性化的金融服务,从而形成智慧金融新生态①。大部分学者认为数字金融泛指金融机构和非金融机构以现代数字信息为载体,通过移动互联网、大数据、云计算、区块链、人工智能以及物联网等一系列数字技术与传统金融服务深度融合发展,创新金融产品、调整金融业务流程、改变金融服务方式等的一种新型金融服务,旨在提升金融服务效率和质量,既包括了互联网企业和金融科技企业利用新技术提供的新金融业务,也包括传统金融机构的数字化转型业务②。

此外,由西南财经大学互联网金融研究中心与中国战略文化促进会共同发布的《中国数字金融发展报告》,对数字金融的内涵、发展历程以及特点等内容进行了介绍,认为数字金融是一系列数字技术与传统金融业务深度渗透与融合发展而产生的新金融领域与服务。

本书采纳北京大学数字金融研究中心课题组对数字金融的理解,将数字金融定义为金融机构和非金融机构利用一系列数字技术实现融资、支付、投资以及其他新型金融服务,与传统金融企业、互联网企业和金融科技企业等非传统金融企业一起构成数字金融的参与主体,涵盖了互联网企业、金融科技企业的金融服务以及传统金融机构的数字化转型服务,主要包括数字支付、数字信贷、数字保险、数字理财以及数字货币等新金融业态,可以通过数字金融覆盖广度、使用深度以及数字化程度来反映数字金融的整体发展水平。

(二) 数字金融的特征

数字金融借助一系列数字技术,为我国金融市场带来了新的血液,弥补了传统金融发展的不足。从我国传统金融发展的现状和数字金融发展的实际

---

① 黄益平,黄卓. 中国的数字金融发展:现在与未来 [J]. 经济学(季刊),2018,17(4):1489-1502.
② 北京大学数字金融研究中心课题组. 数字金融的力量:为实体经济赋能 [M]. 北京:中国人民大学出版社,2018:2-27.

情况来看，数字金融具有以下一些特征。(1) 金融属性。数字金融是金融业与新兴技术深度融合的产物，新兴技术改变的是金融服务模式和方式，但并未改变其金融的本质，仍然属于金融业，也是金融业未来的发展方向。(2) 技术性。数字技术是数字金融的核心技术，移动互联、云计算、区块链、数据处理以及隐私保护等数字技术从规模、速度以及准确度等方面为金融信息服务带来了新的生命力，创新了金融产品和服务，使得金融服务更加数字化和智能化。(3) 普惠性。黄益平和黄卓[1]指出数字金融利用互联网和信息技术弥补传统金融服务的不足，为传统金融无法触及的地区和对象提供金融服务，让更多金融资源需求对象获得更加多样化、合理化的金融服务，具有明显的普惠性。数字金融一方面通过互联网技术，缩短了金融机构与金融需求客户之间的空间距离[2]，扩大了金融服务的覆盖面，提高了金融服务可获得性[3][4]，展现了数字金融的普惠特性，另一方面借助大数据、人工智能、区块链、云计算等新兴技术，金融服务被赋予"数字化"内涵，通过各大社交、电商以及网购平台获取数据，进行大数据分析并做信用和消费潜力评估，从而更容易掌握消费者对金融产品和服务的偏好，降低了获客难度以及金融服务成本，有助于推动普惠金融的发展。(4) 风险性。数字金融的网络性和技术性也为金融业务管理以及数据资源的保护带来了新挑战。一方面数字金融的网络性和技术性打破了金融服务的时空限制，一旦疏忽对借贷人的管理，极易造成违约率的上升；另一方面通过一系列数字技术可以挖掘并获取各大科技平台的客户信息，那么各大科技平台对信息的保护就显得尤为重要，一旦客户信息被盗取，极易造成非法使用客户信息的商业行为[5]。

---

[1] 黄益平，黄卓. 中国的数字金融发展：现在与未来 [J]. 经济学（季刊），2018，17 (4)：1489-1502.

[2] 王栋，赵志宏. 金融科技发展对区域创新绩效的作用研究 [J]. 科学学研究，2019，37 (1)：45-56.

[3] Ryu H S. What makes users willing or hesitant to use Fintech?: the moderating effect of user type [J]. Industrial Management & Data Systems, 2018, 118 (3)：541-569.

[4] Philippon T. The FinTech Opportunity [J]. NBER Working Papers, 2016, No. 22476.

[5] 石光，宋芳秀. 新一轮金融科技创新的主要特征、风险与发展对策 [J]. 经济纵横，2020 (12)：100-108.

二、区域技术创新

（一）区域技术创新的界定

"创新"最先是由奥地利经济学家 Schumpeter 于 1912 年在其著作《经济发展理论》中提出的，Schumpeter 指出创新是在原有生产要素中加入新的生产要素或是通过新的生产方式将原有生产要素重新进行组合，从而建立新的生产函数，帮助企业提高生产率并获取超额利润的过程，该过程是一种史无前例的生产要素或生产条件的"新结合"。随后，Schumpeter[1] 提出创新不仅包括发明创造，而且还应当将发明创造的成果进行大规模生产，并在市场上进行流通，进行产业化、商业化，为经济社会发展做贡献。从 20 世纪中期开始，越来越多的学者更为深入地研究创新理论，对创新理论进行丰富和补充，创新的内涵涵盖了技术、制度、组织、管理以及文化等各个方面，但狭义的创新通常指的是技术创新。

技术创新是创新理论的重要组成部分，是一个多阶段的复杂整体，国内外学者对技术创新进行了广泛研究并提出了不同的理解。Solow[2] 指出技术创新与劳动、资本同等重要，都是推动经济增长的重要因素。LYnn[3] 认为技术创新是一个从技术研发开始到研发成果实现商业化并产生经济效益的整个经济活动过程。Freeman[4] 更强调创新"史无前例"性，认为技术创新是新产品、新过程、新系统和新服务第一次在商业活动中的应用。柳卸林[5]指出技术创新具有新颖性，包括了多种形式的技术创新行为。冯之浚[6]提出技术创新是

---

[1] Schumpeter J A. Business Cycles [M]. Cambridge: Cambridge University Press, 1939: 63-87.
[2] Solow R M. Technical change and the aggregate production function [J]. The review of Economics and Statistics, 1957, 39 (3): 312-320.
[3] Lynn G S, Morone J G, Paulson A S. Marketing and discontinuous innovation: the probe and learn process [J]. California management review, 1996, 38 (3): 8-37.
[4] Freeman C. The Economics of Industrial Innovation [J]. Social Science Electronic Publishing, 1997, 7 (2): 215-219.
[5] 柳卸林. 技术创新经济学的发展 [J]. 数量经济技术经济研究, 1993 (4): 67-76.
[6] 冯之浚. 国家创新系统研究纲要 [J]. 科学学研究, 1999 (3): 1-2.

新思想的萌芽到新产品应用于商业活动中的整个过程。傅家骥[1]认为企业是技术创新的主要主体，而技术创新是指通过重新组织生产条件或生产要素、开辟新市场以及获取新原料等方式，生产出新产品，并帮助企业实现提升生产效率、降低生产成本以及获取高额利润等目标的一系列综合过程。傅家骥[2]还指出技术创新的最终目的是帮助企业获取超额利润并提高生产率，从而在市场上保持竞争优势。董屹宇[3]认为技术创新是企业通过研究开发或买卖等方式获得新技术、新工艺，或是对原有技术进行重新整合获得新的技术组合，并将新技术、新工艺或新技术组合进行商业化的整个过程。此外，中共中央、国务院对技术创新的内涵进行了定义，指出技术创新是通过新的理念和工艺改善现有产品或生产新的产品，从而提高产品质量和扩大市场份额，形成经济效益，是企业实现价值获取超额利润的重要途径，更是区域产业转型升级的重要推动力。[4]

区域技术创新是从区域角度研究技术创新问题，体现的是特定区域范围内的各个技术创新主体开展技术创新活动的总和或集成[5]。学者们在划分区域时，主要依赖于研究的对象和目的。Cooke[6]在理解区域技术创新的内涵时，从分工和联系视角对区域进行划分，并认为区域技术创新是地理上相互分工、相互联系的技术创新主体开展技术创新活动的总和。寻晶晶[7]认为区域技术创新是技术创新的一个重要方面，多从行政和经济区域来界定区域技术创新的地理范围，其目的是推动整个区域的经济发展。曹薇[8]则认为

---

[1] 傅家骥. 技术创新学 [M]. 北京：清华大学出版社有限公司，1998：1-20.
[2] 傅家骥. 中国技术创新理论研究 [J]. 政策与管理，2001（12）：42-42.
[3] 董屹宇. 风险资本、公司治理与企业技术创新 [D]. 太原：山西财经大学，2019.
[4] 中华人民共和国科学技术部. 中共中央国务院关于加强技术创新、发展高科技、实现产业化的决定 [EB/OL]. 中华人民共和国科学技术部，2002-03-15.
[5] 邵云飞，唐小我，詹坤，等. 区域技术创新的形成机理与运行机制研究 [M]. 北京：科学出版社，2021：76-80.
[6] Cooke. Regional Innovation System：An Evolutionary Approach，Regional Innovation System [M]. London：University of London Press，1996：1-58.
[7] 寻晶晶. 我国区域技术创新绩效的空间差异及影响因素研究 [D]. 长沙：湖南大学，2014.
[8] 曹薇. 区域技术创新影响因素、网络特征及空间效应研究 [M]. 北京：知识产权出版社，2018：7-11.

区域技术创新是在特定的区域范围内,技术创新主体对现有技术进行创新或改造,将各种技术创新投入转化为技术创新产出并实现市场化的整个活动过程。

基于现有研究对技术创新的理解,并结合本研究内容,本书将区域技术创新定义为:特定区域的技术创新主体利用现有资源禀赋,通过创意和预期进行研发创新,并将研发出来的新技术引入生产体系中,将新知识转换为新产品、新工艺以及新服务,并实现市场化的一系列活动,进而建立起更为高效的生产系统,推动整个区域经济社会高质量发展,最终表现为对区域经济社会的贡献力,包括了新产品、新工艺或者新服务的研发、生产以及市场应用这一整个过程。本书中的区域主要指省(自治区、直辖市)。

基于此,本书将区域技术创新划分为研发阶段、产品化阶段以及产业化阶段三个阶段。研发阶段的区域技术创新体现的是整个技术创新的前端行为,主要获取的是技术价值;产品化阶段的区域技术创新体现的是整个技术创新的中间过程,是小规模将研发成果转化为新产品并测试市场对新产品的接受情况,是研发成果转化的阶段;产业化阶段的区域技术创新活动体现的是整个技术创新的最终结果,是将成熟的技术进行规模化产业化应用的阶段,也是获取经济价值的阶段。

(二)区域技术创新的构成

区域技术创新活动是一个复杂的、相互关联的多阶段过程,其间产出既是上一个阶段的产出,也是下一个阶段的技术创新投入。从区域技术创新各种要素投入到技术创新的最终产出,包括初始研发创新投入、中间技术创新要素投入、中间产出以及技术创新的最终产出等多个价值形态,每一个阶段都伴随着不同形态的技术创新行为。同时,区域技术创新具有较为明显的阶段特征,即在区域技术创新活动的不同阶段,技术创新的要素投入、面临的风险以及产生的价值存在差异性[1]。Hansen and Birkinshaw[2] 基于价值链理论

---

[1] 齐庆祝,李莹. 企业技术创新阶段性融资模式设计与案例分析 [J]. 科技进步与对策,2013,30 (14):108-111.

[2] Hansen M T, Birkinshaw J. The innovation value chain [J]. Harvard business review, 2007, 85 (6):121.

理解技术创新过程，认为技术创新包括创意的产生、创意的转化以及创意的扩散三个过程。Bernstein and Singh[①]提出了一个创新过程模型，并认为创新包括创意产生、创新的支持、创新的发展和实践等过程。余泳泽和刘大勇[②]基于对创新价值链理论的理解，认为创新应当包含知识创新、研发创新和产品创新三个阶段。齐庆祝和李莹[③]认为技术创新应当包括从研究开发到成果转化，再到工业化大生产三个阶段。刘树林等[④]将技术创新分为技术开发阶段、技术转化阶段和产业化阶段。刘和东和陈文潇[⑤]将创新划分为技术研发阶段和市场转化阶段。实际上，一个完整的技术创新过程，首先需要投入充足的研发资源，将研发资源转化为研发成果；然后，再将研发成果与其他既有资源整合，共同投入生产、制造，形成新项目并产出新产品，即将技术成果转化为新产品；最后，新技术和新产品得到了市场的认可后，将进行大规模生产并投入市场，形成产业并获取经济价值，也就是获取技术创新收益。因此，基于对技术创新过程的理解，本书将区域技术创新活动分为研发阶段、产品化阶段以及产业化阶段三个阶段，分别考察数字金融对不同阶段区域技术创新的影响效应。区域技术创新的过程结构如图3-1所示。

图3-1　区域技术创新过程的结构图

[①] Bernstein B, Singh P J. An integrated innovation process model based on practices of Australian biotechnology firms [J]. Technovation, 2006, 26 (5-6): 561-572.
[②] 余泳泽, 刘大勇. 我国区域创新效率的空间外溢效应与价值链外溢效应——创新价值链视角下的多维空间面板模型研究 [J]. 管理世界, 2013 (7): 6-20, 70, 187.
[③] 齐庆祝, 李莹. 企业技术创新阶段性融资模式设计与案例分析 [J]. 科技进步与对策, 2013, 30 (14): 108-111.
[④] 刘树林, 姜新蓬, 余谦. 中国高技术产业技术创新三阶段特征及其演变 [J]. 数量经济技术经济研究, 2015, 32 (7): 104-116.
[⑤] 刘和东, 陈文潇. 高新技术企业创新系统"黑箱"解构及效率评价 [J]. 科技进步与对策, 2019, 36 (3): 117-122.

1. 研发阶段的区域技术创新。研发阶段的区域技术创新活动是整个技术创新活动的前端行为和必经之路，是获取创新经济效益的技术支撑阶段。在此阶段，以各种研发资金和人员等技术创新要素的投入为起点，以新技术、新工艺等研发产出为终点，主要包括发明专利、实用新型专利以及外观设计专利，即在各种研发资金的支持下，研发人员根据技术创新意图进行研发活动。该阶段具有以下特点：一是需要投入大量研发资金和研发人员，以确保研发活动顺利开展；二是研发产出以专利为代表，体现的是技术价值，而并未转化为经济价值，此阶段的技术创新产出不能为研发创新主体带来明确的经济回报；三是产出不确定极高，一项研发活动是否能够按照创意和预期实现，是不可预知的，主要表现为技术风险，即技术开发成功率具有较大的不确定性。

2. 产品化阶段的区域技术创新。产品化阶段的区域技术创新活动是整个技术创新活动的中间过程，是小规模将研发阶段的技术产出转化为新产品并将新产品推向市场，试验市场对新产品接受度的阶段，也是为下一个阶段做准备的阶段，在整个技术创新过程中起着承上启下的作用，也称为科技成果转化阶段。在此阶段，以研发创新阶段产生的具有实际价值的研发成果为起点，以新产品的形成作为终点，即在各种经费的支持下，科技工作人员以提高生产力水平为目的，对研发阶段的创新产出进行后续试验、开发和成果试制，最后形成新产品。此阶段的核心任务是进行试验和反馈，试验研发成果是否能够顺利转化为产品以及市场对新产品的接收情况。基于以上理解，该阶段具有以下特点：一是此阶段不仅需要继续投入研发资金，新产品的生产也需要投入充足的资金，因此，此阶段仍然需要大量资金支持；二是该阶段是将研发成果进行产品化转化的试验和开发阶段，研发技术尚未成熟，仅仅进行小规模的产品生产，并不能形成规模效应，因此，此阶段的重点在于研发技术是否能够成功转化为新产品，而技术创新的收益效应并不明显；三是此阶段新产品的开发受技术性能、材料情况以及配套设备等的影响，不一定能够成功，同时新产品开发后需要走向市场，产品能否在市场上存活下来，市场的融合度或市场的接受度起着决定性作用。因此，此阶段不仅会面临研发技术是否能成功转化为新产品的风险，更会面临市场是否对新产品能够接受的风险，但面临的技术风险没有第一阶段高，而市场风险是此阶段面临的重要风险。

3. 产业化阶段的区域技术创新。产业化阶段的区域技术创新活动是获取经济价值的过程，是整个技术创新活动的终极结果。在此阶段，以产品化阶段的试验结果为基础，以获取经济价值为目标，表现为生产率的提高、经济效益的获取以及对整个区域经济社会发展的贡献能力。具体来说，该阶段技术创新活动是根据产品化阶段研发技术转化的成功率和新产品市场接受情况，选择科技成果转化率高和市场接受度高的新产品进行大规模、批量化生产，并投入市场，最终获取经济效益、推动经济增长的过程。该阶段具有以下特点：一是该阶段不仅需要大规模生产新产品，还需要提升新产品在市场上的知名度以及市场占有率，需要大量资金作为支撑，对资金的需求量较大。二是在该阶段，大规模的新产品一旦获取了市场的高度认可，将会获得较高且稳定的经济回报，对整个经济社会的发展将产生较大的影响。因此，相比研发阶段和产品化阶段，此阶段技术创新的经济回报是最高的。三是产业化阶段技术创新活动的目的是实现经济价值，新产品在进行大规模生产和交换的过程中，会受到经营管理状态、市场价格以及消费需求波动的影响，进而影响技术创新价值的实现。因此，相比研发阶段和产品化阶段，此过程主要面临的是经济风险，而面临的技术创新风险较低。

（三）区域技术创新的特征

虽然学者们对区域技术创新的理解各有不同，但区域技术创新活动作为区域经济增长的重要动力，通常应具有以下几个方面的特征。

1. 创造性。区域技术创新是技术创新主体以创意为基础研发出新技术，同时企业家创造性地将新技术或新技能应用于企业生产经营活动并获取经济效益的整个过程，是一种具有创造性、技术性的经济活动[①]，不仅是企业保持持续竞争优势的关键所在，更是推动区域经济增长的重要动力。此种新技术具有史无前例的特性，有可能是技术创新主体通过研发创造出来的，也可能是对现有技术进行重新整合或改造的，能够解决以往无法解决的问题，对经济社会发展具有重要影响，曾经被熊彼特称为"创造性破坏"。因此，创造性是区域技术创新活动最根本的特征。

---

① 吴涛. 技术创新风险的几个基本特征及风险管理对策[J]. 科学管理研究，2000（1）：3-5.

2. 收益性。通常来说，技术研发成果一旦转化为新产品并获得了市场的认可，将会为技术创新主体带来意想不到的收益。区域技术创新是优化整个技术创新主体生产经营系统、降低技术创新主体的生产经营成本以及提高其生产率的重要因素[1]，可以为技术创新主体带来比较优势并获取超额利润[2]，提升其市场价值[3][4]，是区域经济高质量发展的根本推动力。因此，高收益也是区域技术创新的主要特征，也是各个技术创新主体开展技术创新活动的主要推动力。

3. 风险性。技术创新就像一把双刃剑，带来高收益的同时也会带来高风险。Arrow、Brown and Petersen[5][6]指出技术创新过程和产出包含了多种可变的不可控因素，具有极大的不确定性。技术创新活动是一个动态的复杂的多阶段过程，不仅包括研发阶段还包括研发成果商业化过程，整个过程周期较长，这也决定了技术创新活动将会受到多种因素的影响，在各个阶段和各个环节均具有不确定性，从而也就增加了技术创新的风险[7]。区域技术创新活动面临的风险主要包括：技术风险、市场风险以及经济风险。

4. 扩散性。技术创新和知识一样具有较强的正外部性，一旦区域内的某个行为主体通过技术创新获得了意想不到的高收益和高效益后，随着时间的推移和知识的扩散或者外溢，将会促进其他区域行为主体对该技术进行学习和模仿，致使行业其他区域行为主体也获得相类似或者更为先进的技术。随

---

[1] 苏敬勤，马欢欢，张帅. 中小制造企业技术创新能力演化机理研究［J］. 科学学研究，2020，38（10）：1888-1898.

[2] Porter, M. E. Capital Disadvantage: America's Failing Capital Investment System［J］. Harvard Business Review，1992，70（5）：65-82.

[3] 韩鹏程，薛珑，汪文健. 企业创新、社会责任与企业价值：以中小企业为例［J］. 中国科技论坛，2020（11）：93-99.

[4] 陈修德，彭玉莲，卢春源. 中国上市公司技术创新与企业价值关系的实证研究［J］. 科学学研究，2011，29（1）：138-146.

[5] Arrow K J. The Economic Implications of Learning by Doing［J］. Review of Economic Studies，1962，29：166-170.

[6] Brown J R, Petersen B C. Why has the investment-cash flow sensitivity declined so sharply? Rising R&D and equity market developments［J］. Journal of Banking & Finance，2009，33（5）：971-984.

[7] 陈华东. 管理者任期、股权激励与企业创新研究［J］. 中国软科学，2016（8）：112-126.

着新技术在市场上运用成熟度的提升,此技术将会扩散到其他各行各业中去,其他行业也会学习并改进此技术,使得此技术获得进一步的改进和完善,进而推动整个区域甚至全社会的技术进步,使得各个市场主体都能享受到技术进步带来的福利。因此,区域技术创新具有较为明显的扩散性。

第二节 数字金融影响区域技术创新的理论基础

一、数字金融相关理论

(一) 金融功能理论

金融功能体现的是金融体系对经济社会发展的作用,是由 Merton[①]、Levine[②] 在探讨金融业的发展状况对区域经济增长作用时提出的。Chakraborty and Ray[③] 还指出金融机构需要不断变革创新、加大竞争才能提高金融服务的效率,才能完善金融服务的功能。Levine[③] 将金融体系发挥的功能总结为以下三大类:第一类金融功能是清算和支付,金融体系提供的金融服务可以为各市场主体完成支付、清算以及结算等功能,使得商品和服务的交易更加便利化,这也是金融体系最基本的功能;第二类金融功能是资源配置功能,金融体系不仅可以为市场主体提供资金使用平台,也可以提供资金聚集平台,吸引社会资金并将闲散资金聚集起来进行再次分配,使得资金使用效率大大提高;第三类金融功能是风险分散功能,金融体系在提供金融服务时也会对体系内的各个环节进行管理和风险管控,守住系统性金融风险底线,风险的管控和配置提高了金融资源需求者的市场福利,使得金融需求者会根据风险负担情况对金融服务进行

[①] Merton R C, Bodie Z. The Design of Financial Systems: Towards a Synthesis of Function and Structure [J]. SSRN Electronic Journal, 2004, 3 (10620): 1388-1389.

[②] Levine R. Financial development and economic growth: views and agenda [J]. Journal of Economic Literature, 1997, 35 (2): 688-726.

[③] Chakraborty S, Ray T. The development and structure of financial systems [J]. Journal of Economic Dynamics and Control, 2007, 31 (9): 2920-2956.

选择，将金融风险控制在可承受范围内或者可控范围内。随后，学者们将不确定性①、信息不对称②等问题引入了金融发展理论中，探讨金融发展的其他功能，提出了内生金融发展理论，认为金融机构在选择投资项目前会对投资项目的状况进行分析，选择适合自己、对自己效益最大的投资项目，进而金融中介具有缓解信贷双方信息不对称程度以及降低信贷风险的作用。

数字金融是依托数字技术而形成的一种新金融业态，数字技术是发挥金融服务的手段，而金融仍然是数字金融的本质。因此，数字金融发挥的主要功能仍然是金融的功能，且使得金融功能更加完善和高效。一是数字金融依托移动互联网、大数据、人工智能等新兴技术可以挖掘更多信贷需求方的信息，有效降低信贷供需方信息不对称程度，促进数字金融能够更好地为资金需求者提供服务；二是移动支付、移动钱包等功能的应用使得各市场主体的消费更加便利化，提高了金融服务的效率；三是数字金融提供的数字保险、数字理财等金融服务将市场上闲散的金融资源聚集起来，再进行重新分配，提高了金融资源的流动性和有效性。

（二）信息不对称和交易成本理论

信息不对称最先是由美国经济学家乔治·阿克尔洛夫（G. A. Akerlof）、迈克尔·斯彭斯（A. M. Spence）以及约瑟夫·斯蒂格利茨（J. E. Stiglitz）于20世纪70年代在研究市场经济时发现的，为研究市场经济提供了新的视角。信息不对称现象是由交易中双方拥有的信息差异造成的。经济学上的信息不对称理论主要从两个方面进行阐释和理解：一是信息优势方诱骗信息弱势方进行交易，导致信息劣势方的选择与实际不符合，从而发生逆向选择问题，是事前发生的行为；二是信息优势方利用投资行为的复杂性，可能会倾向于选择有利于自己而不利于别人的行为追求自身利益最大化，进而产生道德风险，是事后发生的行为。

区域技术创新活动是一个高收益和高风险并存的过程，不仅获取收益的周

---

① Diamond D W. Financial intermediation and delegated monitoring [J]. The Review of Economic Studies, 1984, 51 (3): 393-41.
② Leland H E, Pyle D H. Informational asymmetries, financial structure, and financial intermediation [J]. The Journal of Finance, 1977, 32 (2): 371-387.

期较长，而且是典型的资本密集型投资，需要大量资金支持。当区域技术创新主体为开展技术创新活动寻求融资时，技术创新主体和信贷机构之间就产生了信息不对称问题。金融机构在发放信贷资金时，不仅会考虑到技术创新项目获得收益的周期较长、未来不确定性因素较多，更会考虑到技术创新主体自身的发展状况，放弃为实际上具有发展潜力的创新项目进行放贷，从而产生逆向选择；技术创新主体也可能在获得信贷资金后，为追求自身利益最大化使得信贷资金成为不良贷款，从而产生道德风险。由于信息不对称导致的这些问题存在，使得技术创新项目获取融资资金需要更高的成本，甚至难以获取融资。

交易成本理论是由罗纳德·哈里·科斯（R. H. Coase）于1937年在研究企业性质的时候提出来的，是指交易双方自愿达成交易为之付出的所有费用，也被称为交易费用理论。Williamson于1975年指出交易活动的复杂性、市场的不确定性以及交易双方信息不对称等问题是产生交易成本的原因，并认为交易活动面临的交易成本主要包括搜索成本、信息成本、议价成本、决策成本、监督成本以及违约成本。随后，Williamson[1]对交易成本的影响因素和分类进行了总结，认为人为因素和市场因素是造成交易活动产生交易成本的主要原因，并从事前和事后视角将交易成本进一步归纳为信息成本、谈判成本以及执行成本。

数字金融是依托移动互联网、大数据、人工智能等新兴技术提供的金融服务。那么，数字金融在选择目标客户时，会通过大数据搜索与客户相关的较为精准的信息，根据客户日常行为数据进行信用和风险评估，同时也会剖析并预估投资项目的市场价值和发展潜力，降低信息不对称程度，从而降低逆向选择发生率。此外，数字金融机构也会运用数字化技术对信贷资金的使用和投资项目的运营情况进行实时追踪，降低信息不对称程度，从而降低道德风险发生率[2]。数字金融依托数字技术大大降低了信息不对称程度，从而降低了信息搜寻成本和技术创新项目获取融资的成本。

---

[1] Williamson O E. Transaction-cost economics: the governance of contractual relations [J]. The Journal of Law and Economics, 1979, 22 (2): 233-261.

[2] 聂秀华. 数字金融促进中小企业技术创新的路径与异质性研究 [J]. 西部论坛, 2020, 30 (4): 37-49.

（三）长尾理论

长尾理论是在网络经济时代发展起来的，最先是由克里斯·安德森（C. Anderson）提出的，认为数量较多的"小众市场"与"大众市场"一样，能够激发市场活力，占据市场份额。传统的"二八理论"更加强调畅销品对市场的贡献而忽略了大量销售状况不好但总量较大的商品对市场的贡献，认为对市场具有影响力的商品只占约20%。然而，长尾理论提出了相反的见解，认为小众商品市场才是推动经济发展的主要力量，在商品满足供给量充足、流通速度够快的前提条件时，大量销售状况不理想的商品对市场份额的贡献率可以与少数畅销商品相匹配，甚至超过少数畅销商品对市场份额的贡献。也就是说，大量小众商品汇聚在一起产生的市场力量可以与主流商品不相上下，甚至超过主流商品在市场中发挥的影响力。

通常来说，与传统金融发展水平高的地区相比，传统金融发展水平较低地区的金融资源有限，该地区创新项目往往难以从传统金融机构中获取金融服务，不利于所在区域技术创新活动的开展。数字金融借助移动互联网、大数据以及物联网等新兴技术，拉近了各个市场主体之间的时间和空间距离，加快了商品的流通速度，降低了市场的交易成本，有助于长尾理论的实现，为各个地区技术创新活动的推进提供了机遇。一方面，数字金融依托数字技术创新金融产品，增加了金融服务供给量和市场流通速度，为各地区技术创新项目获取融资需求提供了更多渠道和可能性；另一方面，数字金融可以依据大数据等新兴技术设计个性化、智能化、定制化的金融产品，满足融资需求者的各种需求，满足了小众市场技术创新项目对资金的需求，保证了区域技术创新活动的顺利开展。

二、区域技术创新理论

区域技术创新理论按照时间顺序依次经历了新古典学派、新熊彼特学派、制度创新学派、国家创新系统学派以及创新地理学派，各学派从不同视角对技术创新理论进行了阐释和完善。通过对区域技术创新理论的分析，可以了解到区域技术创新是一个多阶段相互衔接的复杂过程，不仅受数字金融的影响，还受到宏观环境、国家政策、制度等因素的影响，为本书的研究提供了有益借鉴。

(一) 新古典学派的技术创新理论

罗伯特·索洛 (R. M. Solow) 等人是新古典学派技术创新理论的代表学者。罗伯特·索洛认为资本积累和劳动力的增加不能维持长期的经济增长,而技术进步才是长期经济增长的动因。Solow[①]还建立了技术进步索洛模型,用于测算除资本、劳动要素对经济增长贡献之外的剩余贡献,即技术进步对经济增长的贡献率。在构建这个模型时,索洛假定技术进步是外生的,未将技术进步作为与劳动、资本一样的生产要素纳入模型。随后,尼斯·约瑟夫·阿罗 (K. J. Arrow)、保罗·罗默 (P. M. Romer) 提出通过学习获得知识积累可以促进技术进步,且技术进步并不是孤立于经济体系的外生变量,认为技术进步是促进经济增长的内生变量,与资本、劳动等生产要素一样重要。Romer[②]将技术进步内生化,建立了内生经济增长模型。另外,技术创新新古典学派学者认为技术具有公共商品的属性,需要政府采取适当的宏观政策进行干预,才能促进区域技术创新的持续性。

(二) 新熊彼特学派的技术创新理论

约瑟夫·熊彼特 (J. A. Schumpeter) 于 1912 年对"创新"的概念进行了阐释,认为创新是企业家引入新的生产要素或通过新的生产方式将原有生产要素重新进行组合,并最终帮助企业提高生产率或获取超额利润,是一个复杂的过程,受到多种因素的影响。1939 年和 1942 年约瑟夫·熊彼特分别在《经济周期》和《资本主义、社会主义和民主主义》中对技术创新理论进行了补充,对创新理论的形成做出了巨大贡献,为创新相关研究提供了重要的理论基础。爱德温·曼斯菲尔德 (E. Mansfield)、莫尔顿·卡曼 (M. I. Kamien)、南希·施瓦茨 (N. L. Schwartz) 等是新熊彼特学派技术创新理论的代表学者。这部分学者秉承了约瑟夫·熊彼特对技术创新的理解,认为技术创

---

① Solow R M. A contribution to the theory of economic growth [J]. The Quarterly Journal of Economics, 1956, 70 (1): 65-94.
② Romer P M. Increasing returns and long-run growth [J]. Journal of Political Economy, 1986, 94 (5): 1002-1037.

新活动是一个多阶段相互作用的复杂过程，并对技术创新各阶段的作用过程进行了剖析。Mansfield[①]对技术创新的扩散进行了研究，认为技术创新是可以被模仿的，能够促进其他部门技术创新能力的提升，拓展和完善了技术创新理论。

（三）制度学派的技术创新理论

道格拉斯·诺斯（D.C. North）和兰斯·戴维斯（L.E. Davis）等是制度学派技术创新理论的代表学者。Davis and North[②]认为制度创新是对金融组织、公司制度以及工会制度等经济的组织形式和经营管理方式进行改革创新，且认为制度是影响技术创新的重要因素，良好的制度环境能够给技术创新带来优势，而不好的制度环境不仅会增加开展技术创新活动的各项成本，甚至会阻碍技术创新的进展，由此提出了制度创新理论。数字金融是一把"双刃剑"，为区域技术创新主体带来便利的同时，也可能导致金融风险的加剧，数字金融对区域技术创新促进作用的发挥离不开良好的金融监管制度环境。

（四）国家创新系统学派的技术创新理论

国家创新系统学派的学者认为国家为支持技术创新活动形成的创新网络是影响技术创新能力的重要因素。国家创新系统是以国家为单位，各个部门和机构之间相互作用，为推进技术创新而形成的一种网络系统，能够引导创新资源向不同主体或部门流动，从而影响创新资源的配置和利用效率。企业、科研机构等创新主体是在国家创新系统的作用下开展技术创新活动的，如知识的创新、扩散和应用。此外，Freeman[③]还指出技术创新不仅包括技术的发明和创造，还应该包括研发成果的商业化行为，如新产品的销售，国家创新系统会引导创新资源配置到技术创新的研发和商业化过程，对技术创新整个

[①] Mansfield E. Managerial economics: Theory, applications, and cases [M]. New York: WW Norton, 1999: 28-77.

[②] Davis L, North D. Institutional change and American economic growth: A first step towards a theory of institutional innovation [J]. The Journal of Economic History, 1970, 30 (1): 131-149.

[③] Freeman C. The economics of industrial innovation [M]. Cambridge: Cambridge University Press, 1982: 1-3.

过程均产生影响。

(五) 创新地理学派的技术创新理论

创新地理学学派的学者将技术创新活动和地理学相结合，认为技术创新在空间上是有规律的，技术创新的实质在于通过资源、信息和能力的整合，实现价值增值。该学派主要从集聚、扩散两个角度强调了空间因素对技术创新的关键作用，阐述了技术创新集聚和效率必须以地理空间为依据，以多样性的空间要素相互作用为基础，强调了在不同地理空间下，技术创新活动呈现出明显的差异性[1][2]。

数字金融是金融与"ABCDI"等新兴技术深度融合发展的产物，是依托数字技术创新的金融服务，具有较为明显的技术特性。当数字金融机构与技术创新主体在经济活动中进行频繁接触与交流时，数字金融机构运用的新兴技术会对各区域技术创新主体形成示范效应，各技术创新主体会通过吸收、模仿或者改进新兴技术，进而提升各区域技术创新能力，即产生技术溢出效应。所以，无论是数字金融，还是区域技术创新本身，都具有明显的空间集聚和空间溢出特点，创新地理学派的观点主张为研究数字金融对区域技术创新的影响提供了重要理论依据。

---

[1] 曹薇. 区域技术创新影响因素、网络特征及空间效应研究[M]. 北京：知识产权出版社，2018：6.

[2] 宋晓薇. 环境规制下金融资源空间配置对区域技术创新的作用机制研究[D]. 南昌：江西财经大学，2017.

第四章

中国数字金融与区域技术创新的特征事实

首先，本章分析了中国数字金融的演进历程、测度以及发展现状，初步掌握了中国数字金融总指数和不同维度的发展情况，以及区域差异性；然后，分别测算研发阶段、产品化阶段以及产业化阶段技术创新的发展水平，分别从省级、东部地区、中部地区以及西部地区考查不同阶段技术创新发展水平的差异性；最后，测算了中国数字金融总指数、覆盖广度指数、使用深度指数、数字化程度指数与不同阶段区域技术创新水平的相关性，为后文的实证研究提供了初步的事实依据。

第一节 中国数字金融发展的特征事实

一、中国数字金融的演进历程

从全球视角来看，1998年美国在线支付工具PayPal的问世是推动金融与科技快速融合发展的标志性事件。学者们通常将国外金融与科技快速融合发展划分为三个阶段[1]。第一个阶段是金融领域模拟技术到数字技术转换的阶段（1866—1967年），标志性产物是信用卡和ATM机，1967年英国巴克莱银行第一台ATM机的诞生标志着"金融科技（FinTech）2.0"时代的到来，即数字金融第二阶段的开端；第二阶段是传统数字金融服务发展的阶段（1967—2008年），这一阶段的金融业务是以传统金融业为主导，利用互联网技术开展

---

[1] 杨东.监管科技：金融科技的监管挑战与维度建构[J].中国社会科学，2018（5）：69-91，205-206.

线上金融业务，推进金融业务向电子化流程转化①，标志性产物是电子银行；第三阶段是数字金融在全球蓬勃发展的新阶段（2008年至今），该阶段利用人工智能（AI）、区块链（Blockchains）、云计算（Cloud Computing）、大数据（Big Data）以及互联网（Internet）等新兴技术驱动金融业发展，即"ABCDI"技术驱动阶段②，越来越多的非金融企业利用新兴技术开创金融业务，创新了金融产品，改变了传统金融业的服务模式，加速了传统金融业的变革，标志性产物为供应链金融、金融科技企业等。

相比之下，中国数字技术与金融服务的融合发展要晚于国外。中国数字金融发展从第一台ATM机的推出到现在已经有30多年了，但人们通常认为2003年支付宝的诞生是中国数字金融发展的分水岭。2003年前，中国数字金融更多指的是传统金融机构的信息化或者互联网化运营管理，但这并未反映使用数字技术创新金融服务或产品这一核心价值逻辑；2003年以后则是中国数字金融飞速发展的阶段，特别是2013年余额宝的问世，创新了中国金融行业。依据此逻辑，中国数字金融的发展也经历了三个阶段③④。

第一阶段是传统金融机构的互联网化时代，也是金融服务的电子化时代（1988—2003年）。在该阶段，为了降低金融业务运营成本，提高金融服务效率，中国商业银行利用互联网技术和信息技术改变传统金融的存储、支付、咨询以及理财等金融服务，中国商业银行从手工处理业务转向计算机处理模式，将常规金融业务从线下转向线下线上结合发展。如1988年中国工商银行推出第一台ATM机，减低了消费者存取现金类业务的排队等待时间，也减少了金融服务人员的工作量。1997年中国银行推出网上银行业务，使得大量金融业务的办理不需要到银行网点或金融企业进行面对面的处理，可以依托互

---

① Arner D W, Barberis J N, Buckley R P. The Evolution of Fintech: A New Post-Crisis Paradigm? [J]. Social Science Electronic Publishing, 2015, 47（4）：1271-1319.
② Zetzsche D A, Buckley R P, Barberis J N, et al. Regulating a Revolution: From Regulatory Sandboxes to Smart Regulation [J]. Fordham Journal of Corporate & Financial Law, 2017, 23（1）：31.
③ 陈胤默，王喆，张明. 数字金融研究国际比较与展望 [J]. 经济社会体制比较，2021（1）：180-190.
④ 北京大学数字金融研究中心课题组. 数字金融的力量：为实体经济赋能 [M]. 北京：中国人民大学出版社，2018：4-6.

联网技术实现实时线上办理,打破了传统金融服务模式的物理空间和时间限制,提高了金融服务的效率和降低了金融服务成本。该阶段的标志性产物为ATM机、信用卡以及网上银行等。

第二阶段是互联网金融时代(2004—2017年),传统金融机构和金融科技企业借助智能手机普及的东风,大力发展移动支付、网络借贷、互联网保险以及互联网银行等金融服务,促使面对面的物理网点办理金融业务向互联网终端或智能手机办理业务转变,打破了金融服务的空间和时间限制,互联网终端或智能手机成为消费者办理金融业务的主要工具,使得用户与金融平台的联系也更加紧密,大大提高了金融服务的普惠性和便利性,标志性产物为互联网金融企业和金融科技企业。2003年支付宝作为一种新型支付模式的问世,促进了电子商务的快速发展。事实上,支付宝的问世源于解决淘宝网买卖双方线上新人不足而导致无法成交的问题,其最初目的是解决信任问题,通过移动支付实现线上交易,推动了线上金融服务的快速发展。随后,2013年余额宝的诞生,更是进一步推动互联网与传统金融行业的融合发展,涌现了一大批互联网消费金融产品,如京东推出的"京东白条"、阿里巴巴推出的"花呗"以及微众银行推出的"微粒贷"等大家熟知的产品,不仅弥补了传统金融市场金融供给的不足,更是深刻改变了我们的消费行为和习惯。

第三阶段是传统金融机构数字化转型阶段(2017年至今),该阶段不仅仅依赖于互联网技术,更重要的是借助人工智能、区块链、云计算、大数据以及移动互联网等新兴技术,特别是一系列数字技术,推动传统金融机构与金融科技企业深度融合发展,开展更加平台化、移动化、智能化、场景化以及综合化的金融服务,是传统金融机构全面拥抱数字化的时代[1]。在此阶段,不是在传统金融服务的基础上简单加入数字要素,而是以数据作为重要元素,依托数字技术改变信贷模式、保险模式、投资模式以及支付清算模式等,拓展金融服务的深度和广度,弥补传统金融的不足,最终达到重塑金融市场的目的。

总的来说,虽然中国数字金融发展起步较晚,但发展速度相当迅速。中

---

[1] 万建华. 商业银行数字化转型的路径选择 [J]. 清华金融评论, 2020 (11): 87-92.

国数字金融发展如此迅速的主要原因：一是中国传统金融供给不足，获取金融服务的门槛高、成本高，致使小微企业和民营企业难以获得相应信贷服务；二是数字技术的快速发展，推动了智能手机的普及，为数字支付、数字信贷以及数字投资等金融服务的实现提供了更多可能性，提高了金融服务的广度；三是为推动普惠金融的发展和释放数字红利，让那些被传统金融行业排斥在外的群体获取金融服务，国家相关部门出台了相应的政策，鼓励数字金融发展，为数字金融行业的监管提供了相对较松的环境①。事实上，数字金融不仅改变了金融生态环境和金融市场的运行模式，更融入我们的日常生活，改变了人们的生活方式和消费习惯，对我国经济活动产生了重要的影响。

二、中国数字金融发展水平的测度

数字金融是数字技术与金融业融合发展的产物，既具有金融属性，也具有技术属性。要想全面分析中国数字金融发展的现状，需要选取合适的指标对区域数字金融发展水平进行准确度量。目前，关于区域数字金融发展水平的度量方法并未形成统一观点。大部分学者采用北京大学数字金融研究中心发布的"数字普惠金融指数"作为区域数字金融发展水平的代理变量②③。还有部分学者结合金融科技和数字经济发展的政策性文件，整理出与数字金融或金融科技相关的关键词，如移动互联网、大数据、人工智能、区块链、移动支付、数字信贷等，采用文本挖掘的方法测算区域数字金融发展水平④。此外，张红伟等⑤采用P2P网贷年成交量和P2P网贷资金年末余额来代表区域金融科技发展水平。根据关键词进行文本分析测算区域数字金融发展水平不具有稳定性，该方法对数字金融关键词的依赖性较高，但数字金融包括的内

---

① 黄益平，陶坤玉. 中国的数字金融革命：发展、影响与监管启示 [J]. 国际经济评论，2019（6）：24-35，5.
② 刘佳鑫，李莎. "双循环"背景下数字金融发展与区域创新水平提升 [J]. 经济问题，2021（6）：24-32.
③ 杜传忠，张远. "新基建"背景下数字金融的区域创新效应 [J]. 财经科学，2020（5）：30-42.
④ 李春涛，闫续文，宋敏，等. 金融科技与企业创新——新三板上市公司的证据 [J]. 中国工业经济，2020（1）：81-98.
⑤ 张红伟，林晨，陈小辉. 金融科技能影响金融分权吗？——来自金融科技信贷的证据 [J]. 经济与管理研究，2020，41（11）：77-91.

容较为丰富，每一个人对其理解都不一样。相比之下，北京大学数字金融研究中心发布的"数字普惠金融指数"是学者们最常用于衡量中国区域数字金融发展水平的指标[①]。该指数完整性较高，不仅包括数字金融发展的综合指数，还包括了数字金融的覆盖广度、数字金融的使用深度以及数字金融的数字化程度。基于此，本研究也选用该指数来衡量中国数字金融的发展水平。

"数字普惠金融指数"是北京大学数字金融中心联合蚂蚁金服集团，利用蚂蚁金服提供的海量数据，编制并发布的。该指数的指标体系不仅借鉴了传统普惠金融指标体系的设计，还考虑了数字金融的内涵和特征，同时为了展现数字金融的多维度和多层次，从数字金融的覆盖广度、使用深度以及数字化程度三个方面构建一级指标，一级指标下包括 11 个二级指标和 33 个三级指标，具体指标如下表 4-1。目前，该指数发布了 2011—2020 年中国内地各省（自治区、直辖市）、城市和县级三个层面的"数字普惠金融指数"。该指数的具体构成、测算方法和步骤详见郭峰等[②]发布的文章《测度中国数字普惠金融发展：指数编制与空间特征》。其中，数字金融覆盖广度体现的是市场主体使用数字金融服务的前提条件，只有数字金融服务能够全面覆盖用户，才能发挥其功能，北京大学数字金融研究中心在对比分析传统金融服务和数字金融服务区别的基础上，认为电子账户的覆盖率体现数字金融的覆盖广度，采用每万人拥有支付宝账号数量、支付宝绑卡用户比例以及平均每个支付宝账号绑定银行卡数来对其进行衡量；数字金融使用深度体现的是消费者对数字金融服务的实际使用情况，数字金融的覆盖广度只能反映用户可能使用数字金融服务，但不能真实反映用户使用数字金融的情况，也不能真实反映数字金融服务对用户的影响，北京大学数字金融研究中心在编制数字金融使用深度指数时采用数字金融提供的各个服务来对其进行衡量，如数字信贷、数字投资、数字保险等服务；数字金融数字化程度体现的是数字金融提供的金融服务在便利性、低成本和信用化等方面的特性，反映了数字金融服务低成本和低门槛的优势，是用户使用数字金融服务的潜在条件，主要从移动化、

[①] 郭峰，熊云军. 中国数字普惠金融的测度及其影响研究：一个文献综述 [J]. 金融评论，2021，13 (6)：12-23，117-118.

[②] 郭峰，王靖一，王芳，等. 测度中国数字普惠金融发展：指数编制与空间特征 [J]. 经济学（季刊），2020，19 (4)：1401-1418.

实惠化、信用化和便利化四个方面进行考察。

表 4-1 数字金融综合指数评价指标

一级指标	二级指标	三级指标
数字金融服务的覆盖广度	账户覆盖率	每万人拥有支付宝账号数量
		支付宝绑卡用户比例
		平均每个支付宝账号绑定银行卡数
数字金融服务的使用深度	数字支付	人均支付笔数
		人均支付金额
		高频度活跃用户数（年活跃 50 次及以上）占年活跃 1 次及以上比
	货币基金	人均购买余额宝笔数
		人均购买余额宝金额
		每万支付宝用户购买余额宝的人数
	数字信贷 个人消费贷	每万支付宝成年用户中有互联网消费贷的用户数
		人均贷款笔数
		人均贷款金额
	数字信贷 小微经营者	每万支付宝成年用户中有互联网小微经营贷的用户数
		小微经营者户均贷款笔数
		小微经营者平均贷款金额
	数字保险	每万支付宝用户中被保险用户数
		人均保险笔数
		人均保险金额
	数字投资	每万人支付宝用户中参与互联网投资理财人数
		人均投资笔数
		人均投资金额
数字金融服务的使用深度	数字信用	自然人信用人均调用次数
		每万支付宝用户中使用基于信用的服务用户数（包括金融、住宿、出行、社交等）

续表

一级指标	二级指标	三级指标
数字金融服务的数字化程度	移动化	移动支付笔数占比
		移动支付金额占比
	实惠化	小微经营者平均贷款利率
		个人平均贷款利率
	信用化	花呗支付笔数占比
		花呗支付金额占比
		芝麻信用免押笔数占比
	便利化	用户二维码支付的笔数占比
		用户二维码支付的金额占比

资料来源：北京大学数字金融研究中心。

三、中国数字金融发展水平的现状

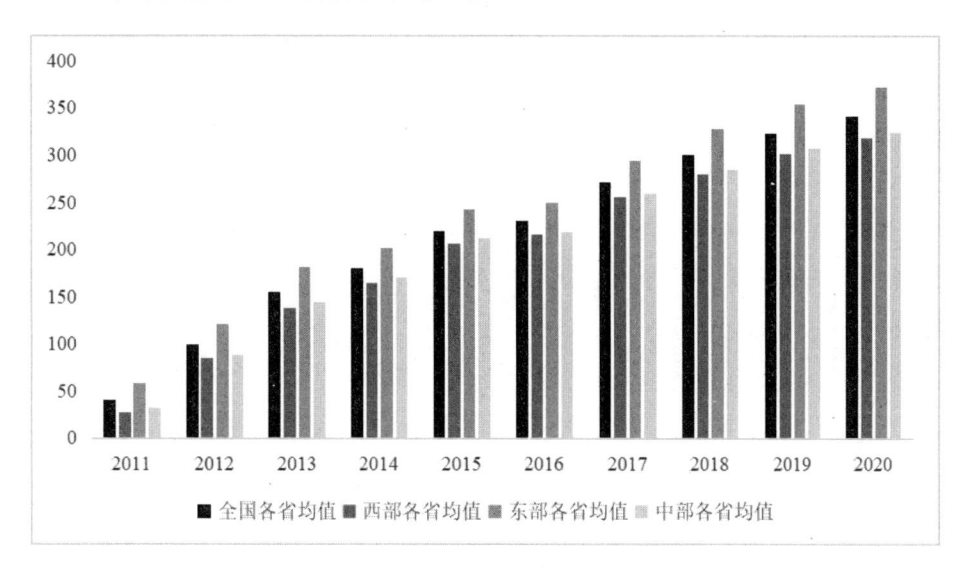

图 4-1　中国省级数字金融总指数的均值

（一）中国数字金融总指数的现状

图 4-1 从时间维度显示了 2011—2020 年中国省级数字金融总指数的均值

和省级数字金融总指数均值的增长率。图4-1显示，中国各省数字金融总指数的均值呈现历年上升的趋势，从2011年的40.00增长到2020年341.22，年平均增长率为26.89%，表明中国数字金融发展相当迅速。即使2020年全球经济面临"新冠肺炎疫情"的冲击，中国数字金融总指数仍然呈现增长的趋势，年增长率为5.12%，表明中国数字金融的发展势头良好，对中国经济影响颇深。我们需要用好数字金融带来的优势，推动中国经济高质量发展。对比东部地区、中部地区以及西部地区的数据可知，总的来说，东部地区的数字金融总体发展水平要高于西部地区，这可能与经济发展水平、互联网基础设施、资源要素等因素有一定的关系。

图4-2从中国各省份维度显示了2011—2020年数字金融总指数的均值。可以看出，上海市、北京市和浙江省数字金融发展总指数位列中国前三位。其中，北京市是我国的政治中心，上海市是我国最大的经济中心城市，其人口规模大、金融资源丰富、传统金融市场较为发达以及互联网基础设施建设完备等优势，为数字金融的快速发展提供了良好的条件和基础。此外，浙江省的省会城市杭州市是阿里巴巴集团的所在地，其集团下的支付宝提供的很多金融服务属于数字金融范畴，是推动数字金融发展的关键。总的来说，目前各省份数字金融总体发展水平仍然存在差异性。

表4-2显示了中国省级数字金融总指数及排名。2011年，数字金融发展

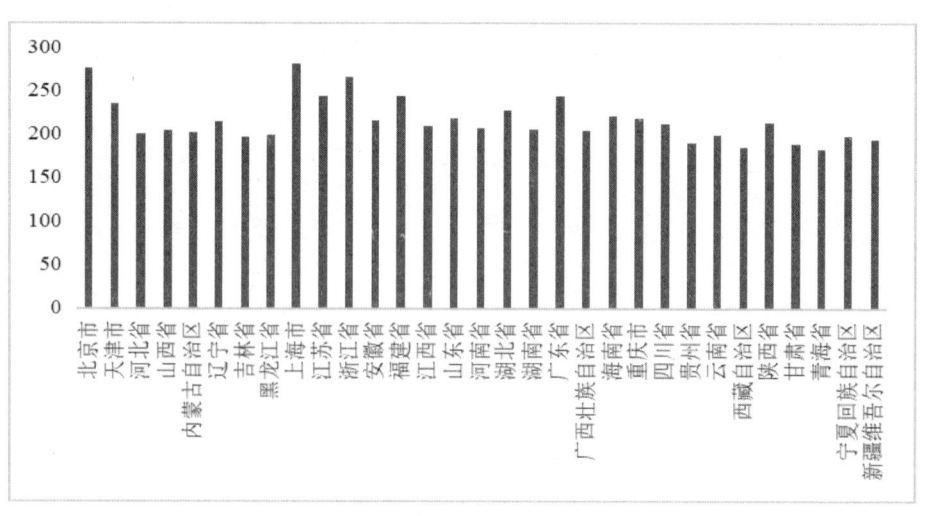

图4-2　中国省级数字金融总指数2011—2020年的均值

总指数上海市以80.19位列全国第一名，北京市以79.41位列全国第二名，浙江省以77.39位列全国第三名，西藏自治区以16.22位列全国最后一名，第一名上海市与最后一名西藏自治区的4.94倍。2020年，上海市以431.93位列全国第一名，北京市以417.88位列全国第二名，浙江省以406.88位列全国第三名，青海省以298.23位列全国最后一名，第一名上海市与最后一名青海省相差1.45倍。从2011—2022年均值来看，上海市仍然以294.68位列全国第一名，北京市以288.82位列全国第二名，浙江省以278.51位列全国第三名，青海省以192.88位列全国最后一名，第一名的上海市是最后一名青海省的1.53倍。由此可知，随着数字金融的发展，虽然各区域数字金融总体发展水平存在差异性，但从2011年和2020年的差异对比来看，这一差距从2011年的4.94倍缩小到1.45倍，充分展现了数字金融的普惠性和地理穿透性，使得数字金融的覆盖范围更广，促进了西部地区数字金融的快速发展。特别是西藏自治区，2011年位列全国最后一名，但是2020年名次上升至全国二十三位，充分说明数字金融的低门槛、低成本和普惠性，弥补了传统金融服务的不足，为更多市场需求者提供了可以触及的金融服务。

表4-2 中国省级数字金融总指数及排名

	2011年	排名	2020年	排名	2011—2020年均值	排名
北京	79.41	2	417.88	2	288.82	2
天津	60.58	7	361.46	7	246.39	7
河北	32.42	20	322.7	21	212.07	21
山西	33.41	17	325.73	19	215.74	19
内蒙古	28.89	23	309.39	25	211.54	22
辽宁	43.29	9	326.29	18	224.91	14
吉林	24.51	26	308.26	27	207.37	26
黑龙江	33.58	16	306.08	29	209.00	24
上海	80.19	1	431.93	1	294.68	1
江苏	62.08	5	381.61	4	256.72	4
浙江	77.39	3	406.88	3	278.51	3
安徽	33.07	18	350.16	9	227.93	12

续表

	2011年	排名	2020年	排名	2011—2020年均值	排名
福建	61.76	6	380.13	5	256.64	5
江西	29.74	22	340.61	15	221.76	16
山东	38.55	14	347.81	10	229.95	11
河南	28.4	24	340.81	14	219.61	17
湖北	39.82	13	358.64	8	239.02	8
湖南	32.68	19	332.03	17	217.12	18
广东	69.48	4	379.53	6	256.32	6
广西	33.89	15	325.17	20	215.71	20
海南	45.56	8	344.05	12	231.86	9
重庆	41.89	10	344.76	11	230.46	10
四川	40.16	12	334.82	16	223.35	15
贵州	18.47	29	307.94	28	200.97	28
云南	24.91	25	318.48	22	210.44	23
西藏	16.22	31	310.53	23	197.24	30
陕西	40.96	11	342.04	13	225.60	13
甘肃	18.84	28	305.5	30	199.81	29
青海	18.33	30	298.23	31	192.88	31
宁夏	31.31	21	310.02	24	208.03	25
新疆	20.34	27	308.35	26	205.06	27

数据来源：根据北京大学数字金融中心发布的数据整理所出。

（二）中国数字金融不同维度的现状

数字金融总指数是一个综合性指标，综合了数字金融发展多方面的内涵。为了更加清楚深刻地理解中国数字金融发展现状，本研究还将从不同维度来分析中国数字金融的发展现状。图4-3显示的是2011—2020年中国省级数字金融覆盖广度指数的均值，分别展现了省级全部区域、东部区域、中部区域以及西部区域的数字金融覆盖广度指数的动态趋势。可以看出，中国省级数字金融覆盖广度指数呈现逐年攀升的趋势，从2011年的34.28增长到2020年的326.44，年平均增长率达到28.46%，表明近10年间我国数字金融覆盖广度发展相当迅速。从区域分布来看，东部地区发展水平明显高于西部地区和中部地区，西部地区和中部地区的发展水平相差不大，且不管是东部地区还是西部地区、中部地区，数字金融覆盖广度均呈现逐年攀升的现象。

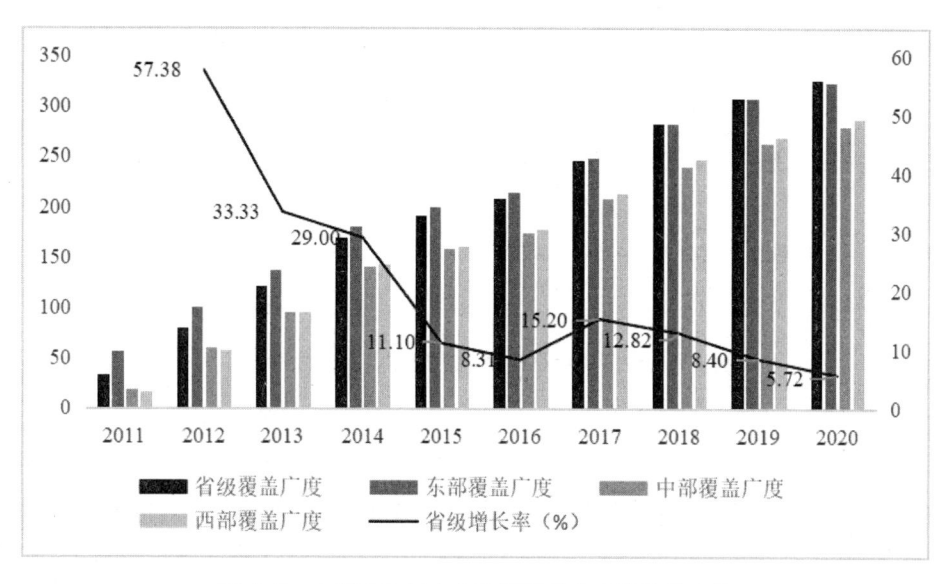

图4-3 中国省级数字金融的覆盖广度指数的均值

图4-4显示的是2011—2020年中国省级数字金融使用深度指数的均值，分别从省级、东部地区、中部地区以及西部地区展现中国数字金融使用深度的发展现状。与总指数和覆盖广度指数呈现逐年上升趋势不一样，中国数字金融使用深度指数呈现一个波动的动态趋势，即先上升再下降再平稳上升再下降再上升的趋势。具体而言，2014年呈现负增长的趋势，随后逐年攀升，到2018年又出现负增长的现象，然后再逐年增加。2014年出现负增长，可能与2013年余额宝上线有一定的关系，余额宝的推出使得消费市场出现了更多数字化金融产品，人们对于新产品的认知和接受度需要一定的时间。2018年出现负增长，可能与2017年国家对网贷行业特别是P2P的整顿有关。从区域分布来看，整个走势与全国走势基本保持一致，但东部地区数字金融使用深度水平仍然高于中部和西部地区，地区差异依然存在。

51

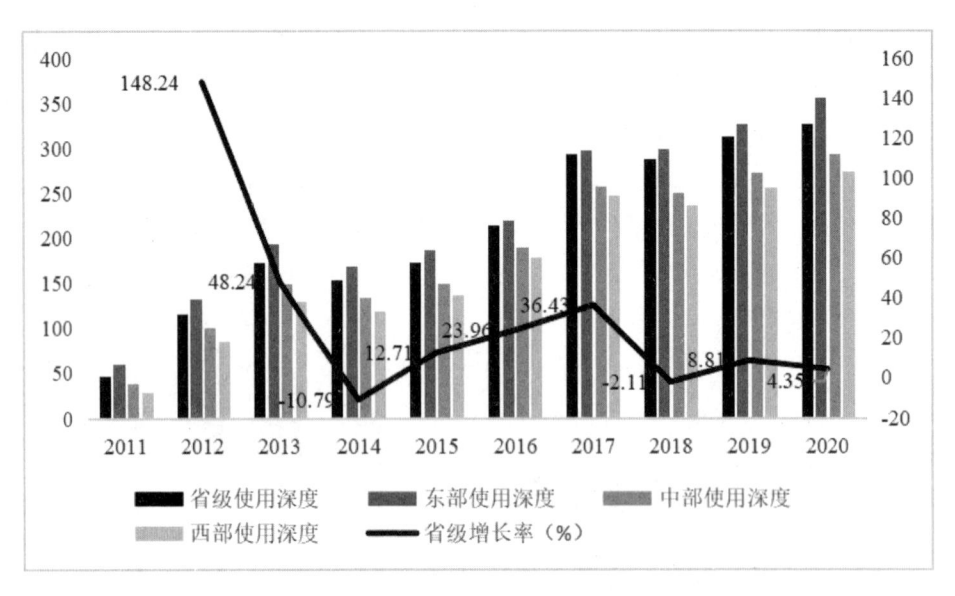

图 4-4　中国省级数字金融的使用深度指数的均值

图 4-5 分别从省级、东部地区、西部地区以及中部地区显示了 2011—2020 年中国省级数字金融数字化程度指数的均值。可以看出，2011 年到 2020 年，中国省级数字金融数字化程度指数呈现先上升再下降再上升再下降的动

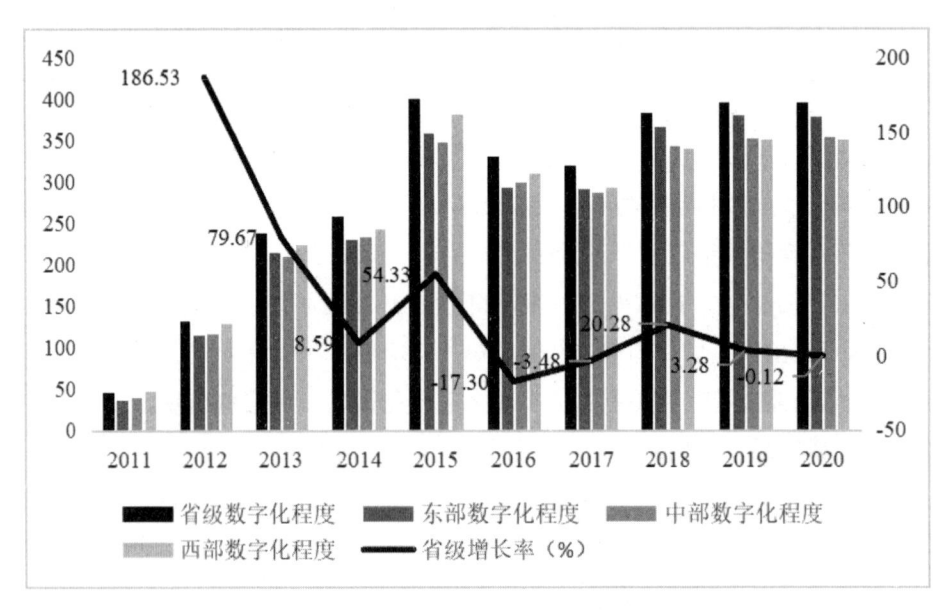

图 4-5　中国省级数字金融的数字化程度指数的均值

态趋势。2016年增速降为-17.30%，2017年为-3.48%，2018年又回到正增长率20.38%，2020年增长率又呈现负数-0.12%，这可能与经济波动有关，影响了市场的消费能力。从区域分布来看，2011—2017年西部地区的数字化程度均高于中部地区和东部地区，从一定程度上说明数字金融具有普惠性，推动了西部地区金融创新和发展，为西部地区经济创造了活力。2017年后，东部地区和中部地区数字化程度高于西部地区，可能是因为相比之下东、中部地区金融资源、基础设施、人力资源等更加丰富和完善，使得数字金融在经济发展水平更高的区域的发展动力更大。

第二节 中国区域技术创新水平的特征事实

一、区域技术创新水平的测度

在描述区域技术创新发展水平的现状前，我们需要准确度量各区域的技术创新水平。根据前文的阐述可知，技术创新是一个相互关联且层层递进的多阶段过程，上一个阶段的产出即为下一个阶段技术创新的要素投入，包括技术价值获取、技术成果转化以及技术成果应用等多个阶段[①]。基于此，本研究将区域技术创新划分为研发阶段、产品化阶段以及产业化阶段三个阶段。因此，在度量各区域技术创新水平时，也需要分别度量研发阶段、产品化阶段以及产业化阶段的技术创新水平，才能更全面和准确地展现不同区域不同阶段技术创新水平的发展情况。这样能够更为直观地展现我国区域技术创新发展水平的优势阶段和薄弱环节。

研发阶段是技术创新的起始阶段，也是整个技术创新活动中的重要环节。该阶段以各种研发资金和人员等创新要素的投入为起点，以专利为主要代表的研发成果作为产出，产出的价值形态是技术价值。现有研究多选用区域研发投

---

① 刘和东，陈文潇.高新技术企业创新系统"黑箱"解构及效率评价[J].科技进步与对策，2019，36（3）：117-122.

入①、研发产出②③等指标来衡量某区域研发阶段的技术创新水平。但是，考虑到研发产出不确定性极高，并不是所有的研发投入都能转换为研发产出，相比之下，研发产出更能真实地反映区域研发阶段的技术创新水平④，同时，考虑到并不是所有的专利申请都能获得授权，且从专利申请到专利授权需要一定的时间，基于此，本研究选用专利申请数量作为衡量研发阶段区域技术创新水平的代理变量。

产品化阶段的技术创新活动以研发阶段的产出为起点，以研发成果小规模转化为新产品并走向市场获取销售收入为终点，即产品化阶段区域技术创新活动体现的是研发成果小规模的试验过程，也是研发成果转化的过程。因此，选用区域新产品销售收入作为衡量区域产品化阶段技术创新水平的代理变量⑤。另外，区域新产品开发项目数一定程度上也体现了产品化阶段的区域技术创新水平，也可以用于分析产品化阶段技术创新的发展情况。

产业化阶段的技术创新活动是以产品化阶段技术创新活动为基础，以市场需求为导向，进行规模化生产和经营，形成规模化、品牌化的生产方式和经营方式，进而获得提高区域全要素生产率的结果。由此可知，推动区域全要素生产力的提升是产业化阶段技术创新活动的目的。因此，本研究选用区域全要素生产率增长率作为产业化阶段技术创新水平的代理变量。

目前关于全要素生产率增长率的测算方法主要有参数估计法和非参数估计法两大类。基于参数法测算全要素生产率增长率的方法主要包括索洛余值法和随机前沿生产函数法（SFA）；非参数法测算全要素生产率增长率的方法主要为各类基于数据包络的DEA-Malmquist指数法。其中，索洛余值法是基

---

① 万佳彧，周勤，肖义．数字金融、融资约束与企业创新［J］．经济评论，2020（1）：71-83．
② 李苗苗，肖洪钧，赵爽．金融发展、技术创新与经济增长的关系研究——基于中国的省市面板数据［J］．中国管理科学，2015，23（2）：162-169．
③ 孙继国，胡金焱，杨璐．发展普惠金融能促进中小企业创新吗？——基于双重差分模型的实证检验［J］．财经问题研究，2020（10）：47-54．
④ 万佳彧，周勤，武小菲．数字金融发展与区域创新绩效差距［J］．经济经纬，2023，40（2）：150-160．
⑤ 庄旭东，王仁曾．数字金融能促进产业创新成果转化吗［J］．现代经济探讨，2021（6）：58-67．

于生产函数测算的除去资本和劳动生产要素带来的产出增长①,但索洛余值法有个潜在假设,即所有个体都处于前沿面,也就是说不存在无效率情况,这与实际情况不太吻合;基于数据包络的DEA-Malmquist指数法最大的优点是无须设定具体的函数形式,避免了模型设定的偏误②,通过输入投入和产出数据来确定前沿,但此方法忽略了随机因素对测算结果的影响,同时无法对模型的设定进行有效性检验③;随机前沿法(SFA)在测算全要素生产率增长率时,既考虑了随机误差对结果的影响,也考虑了技术无效率的情况,同时还可以对模型进行有效性检验,以确保模型设定的正确性④。基于此,本研究采用SFA法来估算中国各区域全要素生产率的增长率作为产业化阶段技术创新水平的代理变量。

在使用SFA法测算全要素生产率增长率的过程中,需要检验随机前沿模型的适用性和模型设定的有效性。第一,采用Frontier4.1软件对技术效率项进行检验,得到的LR统计量显著大于卡方分布临界值,拒绝了不存在无效率项的原假设,可以采用随机前沿法测算全要素生产率增长率;第二,使用超越对数生产函数进行回归估计,估计结果显示大部分估计系数值通过了10%显著性水平检验,表明模型设定合理,同时,LR统计量在1%显著性水平下显著。因此,本章采用超越对数生产函数作为前沿生产函数。

构建如下随机前沿超越对数生产函数的基本模型:

$$\ln Y_{it} = \beta_0 + \beta_L \ln L_{it} + \beta_K \ln K_{it} + \beta_t t_t + 0.5\beta_{LL}(\ln L_{it})2 \\ + 0.5\beta_{KK}(\ln K_{it})2 + 0.5\beta_{tt}t_t^2 + \beta_{LK}(\ln L_{it})(\ln K_{it}) \\ + \beta_{tL}t_t\ln L_{it} + \beta_{tK}t_t\ln K_{it} + (V_{it} - U_{it}) \quad (4-1)$$

$$U_{it} = U_i \times \eta_{it} = U_i \times \exp[-\eta(t-T)] \quad (4-2)$$

---

① Solow R M. Technical change and the aggregate production function [J]. The review of Economics and Statistics, 1957, 39 (3): 312-320.
② 黄大为. 金融发展与城市全要素生产率增长——以长三角城市群26个城市为例 [J]. 经济地理, 2021, 41 (6): 77-86.
③ 唐松, 赖晓冰, 黄锐. 金融科技创新如何影响全要素生产率:促进还是抑制?——理论分析框架与区域实践 [J]. 中国软科学, 2019 (7): 134-144.
④ 余泳泽. 异质性视角下中国省际全要素生产率再估算:1978—2012 [J]. 经济学 (季刊), 2017, 16 (3): 1051-1072.

式（4-1）中 Y 表示产出，采用各地区实际国内生产总值表示，按照 2000 年不变价对 GDP 进行平减得到，数据来源于国家统计局；L 表示劳动要素投入，采用地区就业人数表示，数据来源于国家统计局；K 表示资本要素投入，采用资本存量表示，资本存量的计算方法借鉴 Hall and Jones[①] 的做法 $K_{it} = I_{it}/(g_i + \sigma)$，其中，$K$ 表示区域资本存量，I 表示区域固定资产形成额，g 表示样本期间固定资产形成额的几何平均增长率，σ 表示固定资产折旧率，借鉴单豪杰[②]的做法，采用 10.96% 表示，主要测量数据来源于国家统计局；以时间趋势 t 衡量技术进步程度，取值为 $1, \cdots, n$，x_f 为待估参数；V 是随机误差项，服从独立同分布，即 $f_1(x, t; \beta)$；U 为生产过程的技术无效率项，假定技术无效率指数服从非负截尾独立同分布的正态分布，即 $U_{it} \sim i.i.d.N^+(\mu, \sigma_U^2)$。另外，式（4-2）中 η 为技术无效率指数的变化率；T 为基期的时间。

基于以上估计结果，借鉴 Kumbhakar 和 Lovell[③] 对全要素生产率的分解方法，即将生产函数对时间求导数，为了简化表达式，以下表达式省略了下标 it。

$$\frac{\dot{Y}}{Y} = \frac{\partial \ln f(X, t)}{\partial t} + \sum_j \frac{\partial \ln f(X, t)}{\partial \ln X_j} \frac{\partial \ln X_j}{\partial X_j} \frac{dX_j}{dt} - \frac{\partial U}{\partial t} \quad (4-3)$$

$$= \frac{\partial \ln f(X, t)}{\partial t} + \sum_j \varepsilon_j \frac{\dot{X}_j}{X_j} - \frac{\partial U}{\partial t}$$

$$\dot{TFP} = \dot{TE} + TP + (E - 1)\sum_j \frac{E_j}{E} \dot{X}_j \quad (4-4)$$

$$TP = \frac{\partial \ln Y}{\partial t} = \beta_t + \beta_{tt}t + \beta_{tL}\ln L + \beta_{tK}\ln K \quad (4-5)$$

$$TE_i = E[\exp(-u_i) \mid v_i - u_i] \quad (4-6)$$

[①] Hall R E, Jones C I. Why do some countries produce so much more output per worker than others? [J]. The quarterly journal of economics, 1999, 114 (1): 83-116.

[②] 单豪杰. 中国资本存量 K 的再估算：1952—2006 年 [J]. 数量经济技术经济研究, 2008 (10): 18-32.

[③] Kumbhakar S C, Lovell C A K. Stochastic frontier analysis [M]. Cambridge: Cambridge university press, 2003: 10-58.

$$SE = (E-1) \sum_j \frac{E_j}{E} \dot{X}_{ij}, \ j = 1, 2, \cdots, n \tag{4-7}$$

$$E_j = \beta_j + \sum_{k \geq j} \beta_{jk} k + \beta_{tj} t, \ j = 1, 2, \cdots, n \tag{4-8}$$

其中，j 表示某种生产要素，TFP 为全要素生产率增长率，TE 为生产效率增长率，SE 为技术进步效率。通过以上方法测算得各省（自治区、直辖市）2011—2020 年全要素生产率增长率。

二、中国区域技术创新水平的现状

（一）研发阶段技术创新水平的现状

专利申请包括专利申请总量、发明专利申请总量、实用新型专利申请总量以及外观设计专利申请总量。通常来说，发明专利的技术含量高于实用新型专利和外观设计专利①。因此，本研究除了统计分析中国各区域专利申请总量，还分别对比分析了各区域发明专利申请情况和非发明专利申请情况，其中非发明专利包括实用新型专利和外观设计专利。

图 4-6 分别从各省级全区域、东部地区、中部地区以及西部地区显示了中国省级专利申请总量的均值。从专利申请总量规模来看，中国各省级专利申请总量的均值从 2011 年的 4.77 万项增长到 2020 年 16.11 万项，10 年间增长了约 3.78 倍。从增长率来看，总的来说，2011 年到 2020 年间，中国专利申请总量呈现上升的趋势，年均增长率达到 14.48%。但是，2014 年有轻微的下降，紧接着 2015 年以 16.44% 的增长率快速攀升。这与数字金融使用深度指数 2014 年下降的时间点较为吻合，但还需要进一步分析才能确定数字金融与区域技术创新之间的关系。从区域分布来看，东部地区专利申请总量的均值远高于中部地区和西部地区，且中部地区高于西部地区，这可能是因为研发创新需要大量人力物力资源的投入，而东部地区经济发展水平高、人力资源和金融资源丰富，为研发创新活动提供了支持。

---

① 万佳彧，周勤，武小菲. 数字金融发展与区域创新绩效差距 [J]. 经济经纬，2023，40 (2)：150-160.

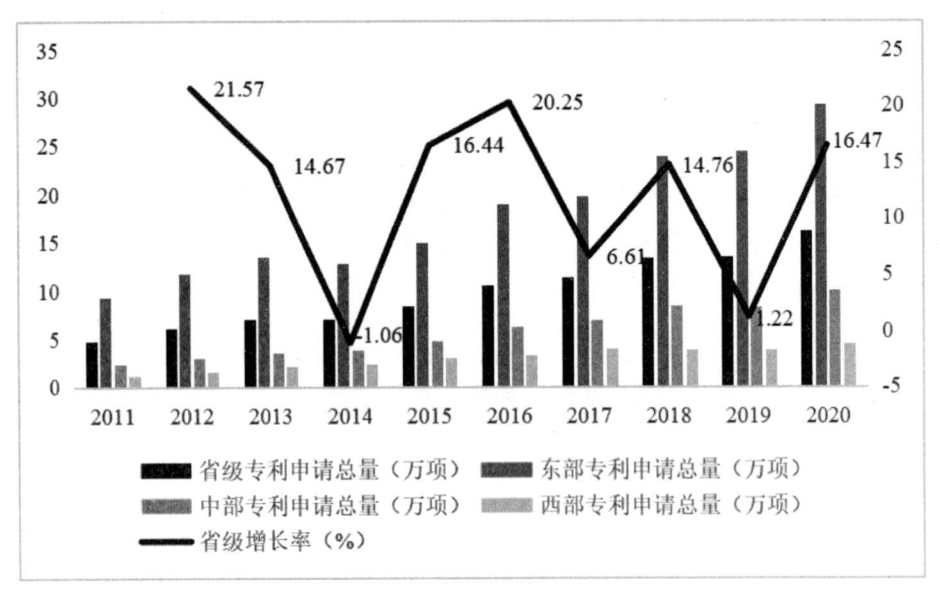

图 4-6　中国省级专利申请总量的均值

图 4-7 分别从各省级全区域、东部地区、中部地区以及西部地区显示了中国省级发明专利申请总量的均值。总的来说，2011—2020 年间，不管是中国省级发明专利申请总量的均值还是东、中、西部地区发明专利申请总量的均值，均呈现一个上升的趋势，但 2019 年有轻微的下降，随后 2020 年又呈现上升趋势。从区域分布来看，与专利申请总量的整体趋势基本保持一致，东部地区、中部地区和西部地区发明专利申请总量的均值依次递减，且东部地区发明专利申请总量的均值远高于中部地区和西部地区。

图 4-8 从各省级全区域、东部地区、中部地区以及西部地区显示了中国省级非发明专利申请总量的均值。2011—2020 年，中国省级非发明专利申请总量的均值呈现上升的趋势，仅在 2014 年有小幅度的下降，但 2014 年后则呈现快速上升的趋势。在区域分布上，同样与专利申请总量和发明专利申请总量一样，呈现出差异性。具体而言，东部地区非发明专利申请总量的均值远高于中部地区和西部地区，而中部地区又高于西部地区。

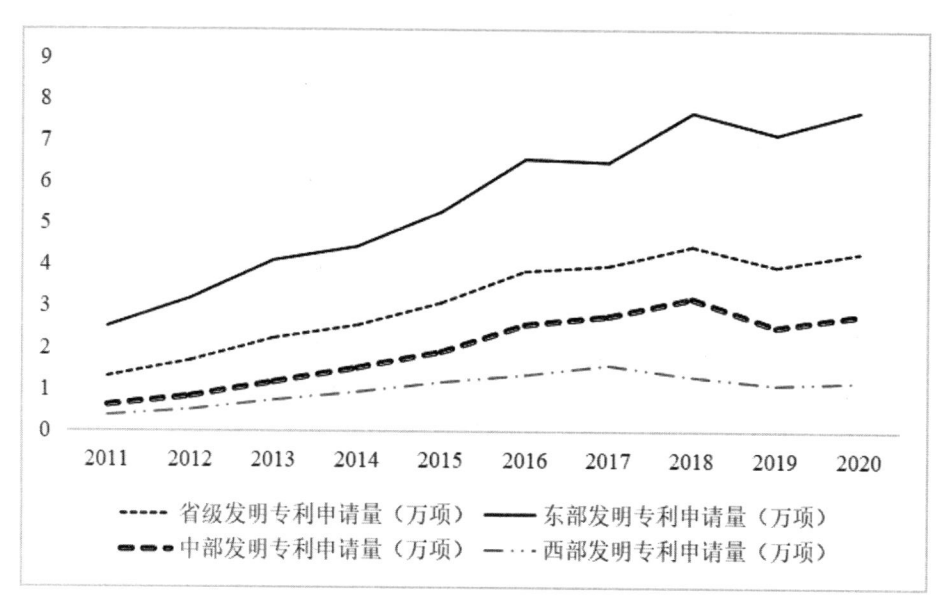

图 4-7　中国省级发明专利申请总量的均值

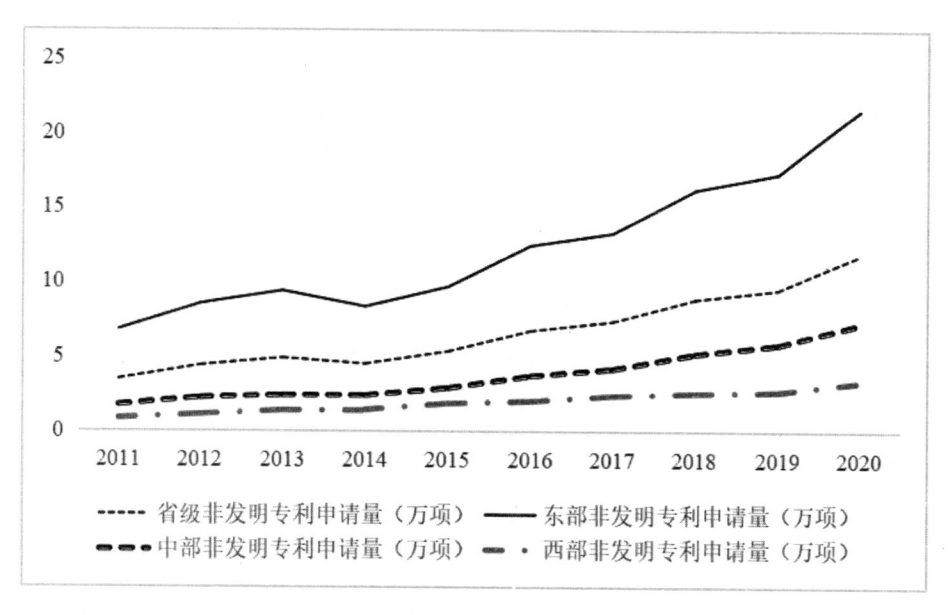

图 4-8　中国省级非发明专利申请总量的均值

（二）产品化阶段技术创新水平的现状

图 4-9 分别从各省级全区域、东部地区、中部地区以及西部地区显示了中

国省级规模以上工业企业新产品销售收入的均值。2011—2020年，中国省级规模以上工业企业新产品销售收入的均值呈现逐年攀升的趋势，从2011年的3244.60亿元增长到2020年的7679.80亿元，年均增长率达到10.05%，表明我国产品化阶段技术创新活跃度较高。从区域分布来看，东部地区、中部地区和西部地区的规模以上工业企业新产品销售收入依次递减，且东部地区远高于中部和西部地区，说明东部地区更有利于为产品化阶段开展技术创新活动。

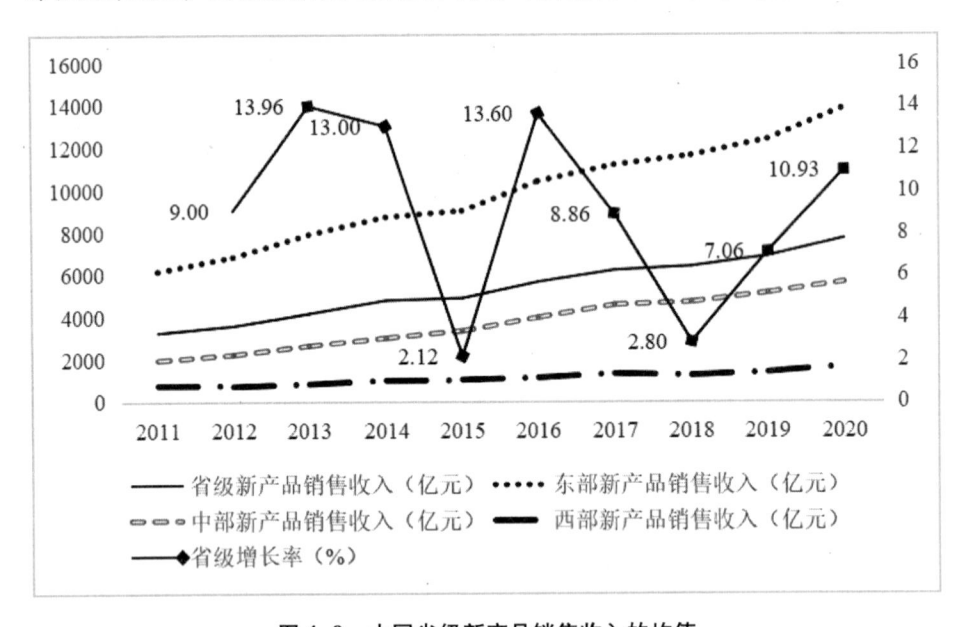

图4-9　中国省级新产品销售收入的均值

此外，新产品开发项目数一定程度也可以反映产品化阶段技术创新水平。图4-10分别从各省级全区域、东部地区、中部地区以及西部地区显示了中国省级规模以上工业企业新产品开发项目数的均值。可以看出，2011—2020年间，除了2015年我国省级规模以上工业企业新产品开发项目数有所下降，其他年份均为正增长率；特别是2015年后，规模以上工业企业新产品开发项目数呈现快速上升的趋势，年增长率超过15%，表明我国新产品开发活动较为活跃。从区域分布来看，仍然显示东部地区远高于中部地区和西部地区。

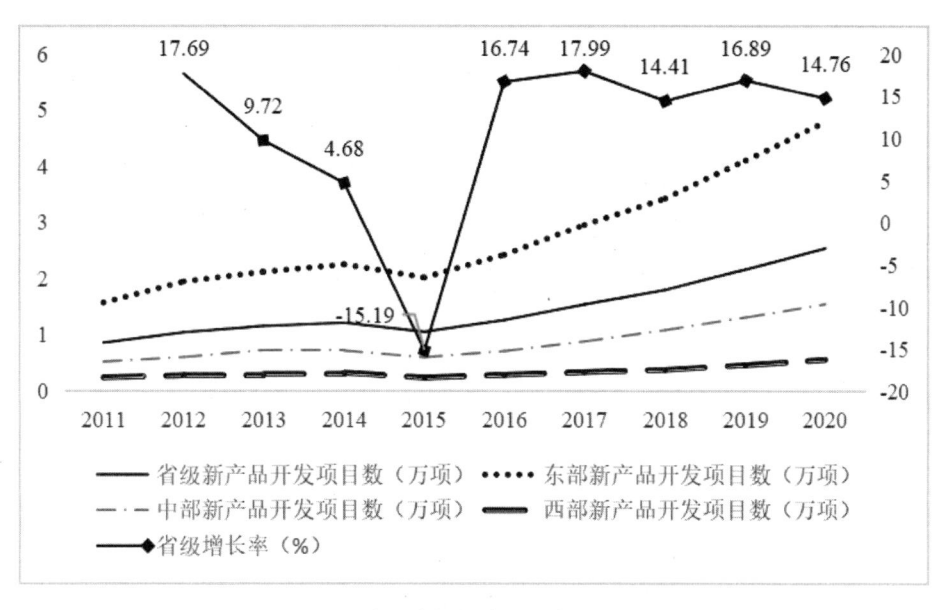

图 4-10 中国省级新产品开发项目的均值

(三) 产业化阶段技术创新水平的现状

图 4-11 分别从各省级全区域、东部地区、中部地区以及西部地区显示了

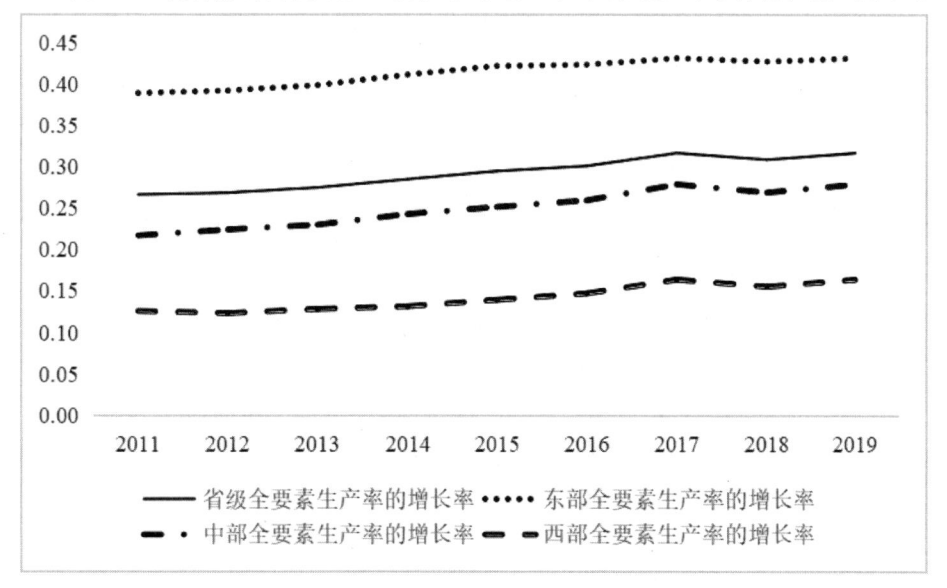

图 4-11 中国省级全要素生产率增长率的均值

中国省级全要素生产率增长率的均值,用以分析产业化阶段的技术创新发展水平的现状。可以看出,2011年到2020年间,中国各省全要素生产率增长率的均值呈现上升的趋势,仅在2018年有轻微的下降,但增长率仍然保持正值,说明中国省级全要素生产率呈现逐年攀升的趋势。从区域分布来看,与研发阶段和产品化阶段的技术创新活动一样,东部地区的全要素生产率增长率的均值远高于中部地区和西部地区,而中部地区又高于西部地区。

第三节　中国数字金融与区域技术创新的相关性分析

前文对中国数字金融发展水平和区域技术创新水平进行了测度。这里分析中国各省（自治区、直辖市）数字金融总指数、覆盖广度指数、使用深度指数、数字化程度指数分别与研发阶段技术创新水平、产品化阶段技术创新水平、产业化阶段技术创新水平之间的相关关系,为后面分析中国数字金融对不同阶段区域技术创新的影响效应做铺垫。表4-3显示了中国数字金融与区域技术创新的相关性,可以看出不管是数字金融总指数,还是各维度数字金融指数（包括覆盖深度、使用深度以及数字化程度）均与各阶段技术创新水平存在显著的正相关关系,初步说明数字金融发展水平高的区域,各阶段技术创新水平也较高。但是,除了数字金融发展水平外,影响区域技术创新水平的因素较多,这种相关性并不能消除其他影响因素的混合效应。因此,有必要进一步控制其他影响区域技术创新水平的因素,进一步探讨数字金融与区域技术创新水平之间的关系。

表4-3　中国数字金融与区域技术创新的相关性

	数字金融总指数	覆盖广度	使用深度指数	数字化程度	研发阶段技术创新	产品化阶段技术创新	产业化阶段技术创新
数字金融总指数	1.0000						
覆盖广度指数	0.9924***	1.0000					

续表

	数字金融总指数	覆盖广度	使用深度指数	数字化程度	研发阶段技术创新	产品化阶段技术创新	产业化阶段技术创新
使用深度指数	0.9633***	0.9455***	1.0000				
数字化程度指数	0.8994***	0.8677***	0.7854***	1.0000			
研发阶段技术创新	0.3819***	0.3782***	0.4506***	0.2200***	1.0000		
产品化阶段技术创新	0.3176***	0.3123***	0.3896***	0.1668***	0.9595***	1.0000	
产业化阶段技术创新	0.2081***	0.2056***	0.2863***	0.0657*	0.7440***	0.8018***	1.0000

备注：***、**和*分别表示在1%、5%和10%水平上显著。

第五章

数字金融对区域技术创新的影响机制

第三章在界定区域技术创新时，基于技术创新过程，将技术创新划分为研发阶段、产品化阶段和产业化阶段。那么，在分析数字金融对区域技术创新的作用机制时，也需要分别厘清数字金融对研发阶段、产品化阶段以及产业化阶段技术创新的作用机制。此外，考虑到数字金融不仅具有金融属性，还具有高技术性，进一步分析了数字金融影响区域技术创新空间溢出的理论机制。

第一节　数字金融对研发阶段区域技术创新的影响机制

区域技术创新的研发阶段是以各种研发资金和人员等创新要素的投入为起点，以技术创新中间产出即研发产出为终点，是技术创新活动的前端过程，在整个技术创新过程中占据着不可忽视的重要地位[1][2]。在研发创新阶段，区域技术创新主体会进行产出不确定性较大的新技术或新产品的研发和试验，需要大量持续稳定的研发资金投入作为支撑研发活动的基本条件。但无论何种研发创新主体，其自有资金均有限，通常难以满足其研发创新活动，需要大量外部资金作为支持[3][4]。然而，一方面研发创新产出不确定性极高、回报

---

[1] 刘和东，陈文潇．高新技术企业创新系统"黑箱"解构及效率评价［J］．科技进步与对策，2019，36（3）：117-122.

[2] Hnsen M T, Birkinshaw J. The Innovation Value Chain［J］. Harvard Business Review, 2007, 85（6）: 121.

[3] Hud M, Hussinger K. The impact of R&D subsidies during the crisis［J］. Research Policy, 2015, 44（10）: 1844-1855.

[4] 王靖宇，刘红霞，王彪华，等．外部融资依赖与企业创新——基于延付银行高管薪酬的自然实验［J］．软科学，2020（2）：8-13.

周期较长等特点，使得研发创新主体难以获取充足的外部融资，不能满足研发创新活动对资金的需求，成为制约研发创新活动顺利进行的重要原因[1]；另一方面，中国传统金融机构提供的间接融资比例较高，信贷资金供给不足等问题较为突出，严重制约了研发创新对资金的需求。同时，我国传统金融体系发展不平衡、不充分等问题较为突出，信贷资源结构性错配问题较为严重[2]。例如，以银行为主的金融机构在进行信贷服务时，忽略了对技术创新主体的创新能力的考察，而重点审查的是信贷需求者可进行抵押的资产和信用等级，致使那些难以提供抵押物，但是技术创新潜力较大的市场主体常常被排斥在正规金融服务的门槛之外，制约了其信贷可得性[3]。因此，在研发阶段，信贷约束问题是影响区域研发创新活动是否顺利开展的重要因素[4]。

数字金融依托一系列新兴技术创新了金融产品、改变了金融生态系统[5]，使得金融服务具有更强的包容性、普惠性以及地理穿透性，能够以较高的效率全方位服务金融需求者，缓解了我国现阶段传统金融供给不足和发展不平衡等问题[6]，为研发创新活动的融资需求提供了新的途径和新模式。由此可见，在研发创新阶段，信贷可得性是推动研发创新活动顺利开展的关键因素，提高信贷资金可得性也是数字金融作用于研发阶段技术创新活动的主要机制。此外，数字金融的三个维度数字金融的覆盖广度、使用深度以及数字化程度从不同层面反映了数字金融的发展状况，进而通过信贷资金可得性作用于研发阶段区域技术创新活动的影响效应也可能存在差异性。对于数字金融的覆盖广度而言，体现的是用户对数字金融产品的拥有情况，但拥有情况并不代

---

[1] Shi Y, Gong L, Chen J. The effect of financing on firm innovation: Multiple case studies on chinese manufacturing enterprises [J]. Emerging Markets Finance and Trade, 2019, 55 (4): 863-888.

[2] 唐松, 伍旭川, 祝佳. 数字金融与企业技术创新——结构特征、机制识别与金融监管下的效应差异 [J]. 管理世界, 2020, 36 (5): 52-66, 9.

[3] 钱雪松, 唐英伦, 方胜. 担保物权制度改革降低了企业债务融资成本吗？——来自中国《物权法》自然实验的经验证据 [J]. 金融研究, 2019 (7): 115-134.

[4] 吴庆田, 朱映晓. 数字普惠金融对企业技术创新的影响研究——阶段性机制识别与异质性分析 [J]. 工业技术经济, 2021, 40 (3): 143-15.

[5] Berman A, Cano-Kollmann M, Mudambi R. Innovation and entrepreneurial ecosystems: fintech in the financial services industry [J]. Review of Managerial Science, 2022, 16 (1): 45-64.

[6] 黄益平, 黄卓. 中国的数字金融发展：现在与未来 [J]. 经济学（季刊）, 2018, 17 (4): 148.

表使用情况，难以真实地展现出数字金融对融资渠道的扩展；对于数字金融的使用深度，展现的是用户通过数字金融平台参与支付、投资、信贷以及消费等行为的活跃度，一定程度上可以体现数字金融发展提供的金融服务和金融产品，也可以体现数字金融平台的信贷资金供给能力；对于数字化程度，既体现了数字金融提供的金融服务，也展现了通过数字金融获取金融服务的便利性和实惠性，能够提升区域信贷资金的可获得性①。数字金融对研发阶段技术创新活动的作用机制，如下图5-1所示。

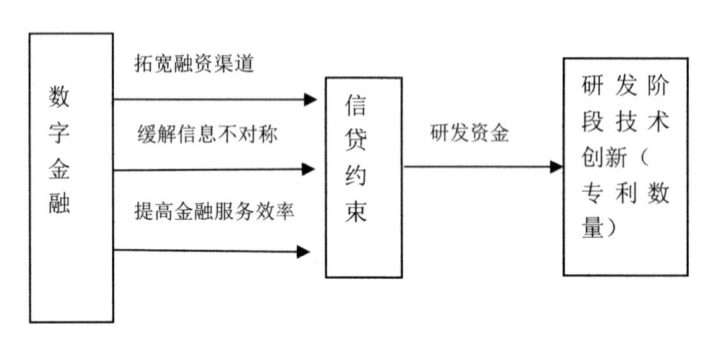

图5-1 数字金融对研发阶段区域技术创新的作用机制

一、信贷约束机制

数字金融是依托数字技术提供的新型金融服务，可以通过拓宽融资渠道、缓解信贷双方信息不对称程度、提高金融服务效率等渠道提高区域信贷资金的可得性，激发研发创新主体的创新活力，进而保证研发资金投入的充足性，推动区域研发创新活动的顺利开展。

首先，数字金融拓宽了信贷资金的来源，扩大了金融服务的覆盖范围。一方面，数字金融利用移动互联网、人工智能、大数据等数字技术，打破了金融资源需求者和金融资源供给者之间的时空限制，使得金融资源供给者能够触及更多金融需求者，金融资源需求者也可以通过线上金融服务，更加便利化获取信贷资金；同时，数字金融通过一系列新兴技术挖掘金融服务需求者的各种历史行为数据，并对其进行全面梳理和分析，形成融资需求者的市

---

① 郑万腾，赵红岩，范宏. 数字金融发展对区域创新的激励效应研究［J］. 科研管理，2021，42（4）：138-146.

场发展潜力和技术创新能力报告,避免了征信报告和抵押物成为获取融资的必需品,降低了信贷市场的融资门槛,让更多被传统金融机构排斥在外的金融资源需求者获得金融服务,扩大了金融服务的覆盖范围。另一方面,金融市场中存在大量"多、小、散"等特征的金融资源,因吸纳成本高、手续繁杂等问题而被传统金融机构排斥在外,而数字金融能以较低成本、快速、便捷的方式吸纳这部分闲散金融资源并转化为市场的金融供给[1],不仅增加了整个金融市场的金融供给量,还丰富了金融产品种类,使得研发创新主体获取信贷资金的可能性大大提高了。数字金融作为传统金融服务的有力补充,在提供金融服务时,还利用一系列数字技术优势,拓展融资渠道,扩大金融覆盖范围[2],实现对研发创新主体的资金支持,推动研发创新活动的开展[3]。

其次,数字金融缓解了信贷双方信息不对称程度,提高了金融服务可得性。信息不对称问题是制约技术创新主体获取信贷资金的重要原因。[4] 中国传统金融市场在发放信贷资金时,由于信贷双方信息不对称问题存在,主要通过可抵押的资产作为发放信贷资金的重要条件。但是,可进行抵押的物品并不能全面真实地反映信贷资金需求者的真实情况。部分学者发现除了传统信贷审批的条件,资金需求者的历史销售情况[5]、社会网络关系[6]等信息均可以作为审批贷款的辅助条件,可以有效降低信贷双方信息不对称程度,提高信贷资金供给和需求双方的匹配程度[7]。数字金融依托信息技术低成本、方便、

---

[1] 唐松,伍旭川,祝佳. 数字金融与企业技术创新——结构特征、机制识别与金融监管下的效应差异[J]. 管理世界,2020,36(5):52-66,9.

[2] Demertzis M, Merler S, Wolff G B. Capital Markets Union and the fintech opportunity [J]. Journal of Financial Regulation, 2018, 4(1):157-165.

[3] 万佳彧,周勤,肖义. 数字金融、融资约束与企业创新[J]. 经济评论,2020(1):71-83.

[4] Kaplan S N, Zingales L. Do investment-cash flow sensitivities provide useful measures of financing constraints? [J]. The Quarterly Journal of Economics, 1997, 112(1):169-215.

[5] Huang Y, Lin C, Sheng Z, et al. FinTech credit and service quality [R]. Working PaPer of the University of HongKong, 2018.

[6] Lin M, Prabhala N R, Viswanathan S. Judging borrowers by the company they keep: Friendship networks and information asymmetry in online peer-to-peer lending [J]. Management Science, 2013, 59(1):17-35.

[7] 黄浩. 数字金融生态系统的形成与挑战——来自中国的经验[J]. 经济学家,2018(4):80-85.

快捷地处理大量数据，全面挖掘信贷资金需求者的历史行为数据，为信贷资金提供方提供更多可供参考的信息，大大提高了金融作为中介的信息搜集能力[1]，不仅缓解了信贷双方信息不对称程度，还提高了信贷资金需求方获取金融服务的可得性。此外，数字金融通过一系列数字技术优势低成本处理海量数据，缓解信息不对称程度，实现信贷资金供给和需求双方的精准匹配，有效缓解了传统金融系统中出现的金融资源错配问题[2][3]，提高了信贷资金需求方获取金融服务的可得性[4]，进而激发了区域研发创新主体的技术创新活力。

最后，数字金融提高了金融服务效率，降低了融资成本。一方面，数字金融依托大数据、人工智能、云计算等新兴技术和海量历史数据为融资项目或者信贷资金需求方构建一个全方位的信用评价体系，并将一系列影响信贷审批流程的因素进行控制，实现信贷审批流程的智能化，减少了信贷审批过程人为的干预，不仅大大节约了信贷审批整个流程的时间，也降低了信贷资金的违约率[5][6]，更精准、高效、快捷地对目标客户进行放贷审批，节约了获取信贷资金的时间成本和资金成本，提高了金融服务效率[7][8]。另一方面，数字金融作为一种新金融服务，改变了金融生态环境，对传统金融行业产生了较大的冲击，可以通过"竞争效应"或"示范效应"加速传统金融的数字化转型，使得传统金融机构的金融服务更加优化，大大提高了目标客户获取金

---

[1] 赵晓鸽，钟世虎，郭晓欣. 数字普惠金融发展、金融错配缓解与企业创新 [J]. 科研管理，2021，42（4）：158-169.

[2] 唐松，伍旭川，祝佳. 数字金融与企业技术创新——结构特征、机制识别与金融监管下的效应差异 [J]. 管理世界，2020，36（5）：52-66，9.

[3] Laeven L, Levine R, Michalopoulos S. Financial innovation and endogenous growth [J]. Journal of Financial Intermediation，2015，24（1）：1-24.

[4] 王馨. 互联网金融助解"长尾"小微企业融资难问题研究 [J]. 金融研究，2015（9）：128-139.

[5] Huang Y, Lin C, Sheng Z, et al. FinTech credit and Service Quality [R]. Working Paper of the University of HongKong，2018.

[6] Fuster A, Plosser M, Schnabl P, et al. The role of technology in mortgage lending [J]. The Review of Financial Studies，2019，32（5）：1854-1899.

[7] Demertzis M, Merler S, Wolff G B. Capital Markets Union and the fintech opportunity [J]. Journal of Financial Regulation，2018，4（1）：157-165.

[8] 刘政，杨先明. 非正规金融促进了本土企业产品创新吗？——来自中国制造业的证据 [J]. 经济学动态，2017（8）：88-98.

融服务的可得性①。

二、金融监管下的效应差异

数字金融具有明显的风险特性。一方面，数字金融虽然依托新兴技术改变了金融服务的模式，但并未改变其金融的本质属性，即并没有改变金融行业伴随着高收益的同时也具有明显的风险性的属性。另一方面，数字金融是新兴技术与金融业深度融合发展的产物，其新兴技术更是加剧了金融风险效应，使得金融风险的传播效应、关联效应、放大效应更为显著。具体而言，数字金融不仅面临着传统金融风险，还因为其技术特性面临着数据安全、金融欺诈等风险，如通过大数据、云计算等新兴技术对金融需求主体进行信用评估或消费需求分析时，积累了大量数据要素，一旦这些数据或信息发生泄露，极易造成非法使用客户信息的商业行为，将会产生意想不到的损失和危害。另外，数字金融的网络性和技术性打破了金融服务的时空限制，打破了时空距离的限制，使得区域间、市场主体间、金融机构间的边界越来越淡化，一旦疏忽对借贷人的管理，极易造成违约率的上升，使得金融风险的扩散更为迅速。由此可见，随着数字金融的快速发展，对金融监管提出了新的要求，金融监管在推动数字金融健康发展过程中起着至关重要的作用②。

数字金融是一把"双刃剑"，金融监管在数字金融影响区域研发技术创新过程中同样也扮演者重要的角色。数字金融不管是发挥拓宽金融覆盖面、提高金融可得性，还是降低融资成本等优势，都需要高水平的金融监管环境，才能守住金融风险底线，提高金融服务效率，保证数字金融尽可能地发挥其优势。唐松等③指出不同区域其金融监管水平存在差异性，而在不同金融监管水平下，数字金融对区域研发创新的影响也会呈现出差异性。还有学者指出完善的金融监管制度可以通过判别研发创新信息、配置研发创新资金、分散

---

① 聂秀华，江萍，郑晓佳，等．数字金融与区域技术创新水平研究［J］．金融研究，2021（3）：132-150．
② 杨东．监管科技：金融科技的监管挑战与维度建构［J］．中国社会科学，2018（5）：69-91，205-206．
③ 唐松，伍旭川，祝佳．数字金融与企业技术创新——结构特征、机制识别与金融监管下的效应差异［J］．管理世界，2020，36（5）：52-66，9．

研发创新风险等方式促进区域研发创新水平的提升①②。也就是说，地区金融监管水平越高，其金融监管职责更加清晰，对金融风险的监控更加精准，有助于降低数字金融风险发生的概率。有效金融监管是确保数字金融驱动区域研发创新活动顺利开展的重要因素。

第二节　数字金融对产品化阶段区域技术创新的影响机制

区域技术创新的产品化阶段以研发阶段的技术产出、资金支持以及技术人员等创新要素的投入为起点，以研发成果小规模转化为新产品并走向市场获取销售收入为终点，是连接研发阶段和产业化阶段技术创新活动的中间环节，是整个技术创新活动的中间过程，是一种技术创新走向另一种技术创新的过程，在整个技术创新过程中起着承上启下的作用③。在产品化阶段，区域技术创新主体不仅需要对研发阶段的技术创新产出进行后续试验、开发和成果试制，还需要将新产品推向市场，试验市场对新产品的认可度或者接受度，此阶段技术创新主体仍然进行的是产出不确定性较大的生产活动。但是，与研发阶段相比，此阶段的技术创新主体不仅会面临研发技术是否能成功转化为新产品的风险，还会面临市场是否能够接受新产品的风险。也就是说，在产品化阶段，区域技术创新产出不仅会受到区域技术创新资金投入的影响，还会受到区域市场居民消费需求情况的影响。除了区域信贷资金可得性，区域市场消费情况是影响产品化阶段区域技术创新活动的另一大重要因素，新产品是否能够被市场所接受，主要与市场消费者对产品的需求状况以及消费情况相关。数字金融作为一种新的金融业态既具有

---

① Schumpeter J A. The Theory of Economic Development: An Inquiry into Profits, Capital, Credit, Interest, and the Business Cycle [M]. Cambridge: Harvard University Pres, 1934: 1-166.
② Levine R. Financial development and economic growth: views and agenda [J]. Journal of Economic Literature, 1997, 35 (2): 688-726.
③ 齐庆祝，李莹. 企业技术创新阶段性融资模式设计与案例分析 [J]. 科技进步与对策, 2013, 30 (14): 108-111.

传统金融的功能,同时依托新兴技术扩展和优化了传统金融功能,可以通过影响区域内居民消费规模和消费结构,进而影响产品化阶段的区域技术创新活动[1][2]。基于以上理解,数字金融对产品化阶段区域技术创新活动的作用机制,如下图5-2所示。

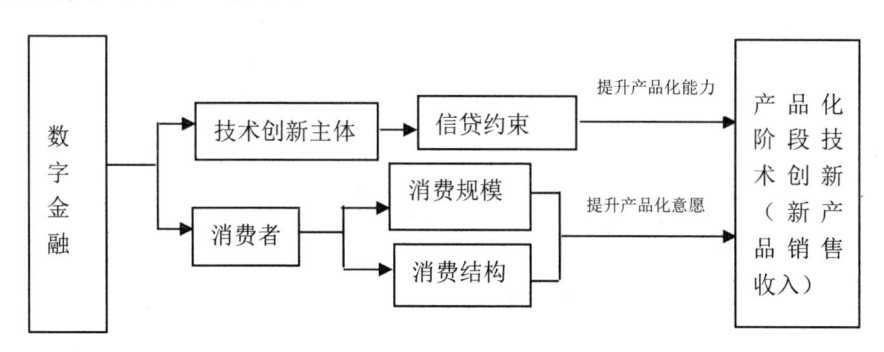

图5-2 数字金融对产品化阶段区域技术创新的作用机制

一、信贷约束机制

在产品化阶段,仍然需要大量资金支持,技术创新资金投入是否充足仍然是影响新产品产出的重要因素。但是,由于信息不对称、融资成本高等问题存在,使得金融资源错配问题较为严重,区域技术创新主体在进行技术创新活动时通常会面临区域融资约束的问题,进而影响区域技术创新主体的信贷可得性。数字金融凭借其金融本质和技术手段,通过拓展融资渠道,缓解了信贷双方信息不对称程度,提高了金融服务效率,缓解了产品化阶段区域技术创新面临的信贷约束,进而推动产品化阶段区域技术创新活动的顺利开展,其作用原理与研发阶段较为相似。详细作用过程在这里不再重述。

二、消费规模机制

现有大量研究证实了金融发展可以发挥合理分配资源的作用,缓解居民

---

[1] 刘佳鑫,李莎."双循环"背景下数字金融发展与区域创新水平提升[J].经济问题,2021(6):24-32.

[2] 谢雪燕,朱晓阳.数字金融与中小企业技术创新——来自新三板企业的证据[J].国际金融研究,2021(1):87-96.

面临的流动性约束，进而促进居民消费①。Gross and Souleles②、Soman and Cheema③、王小鲁和樊纲④、Karlan and Zinman⑤ 在研究银行卡和信用卡普及发展对居民消费行为的影响时发现，银行卡和信用卡的普及不仅促进了金融发展，还可以通过缓解居民面临的流动性约束问题，进而促进居民消费规模的扩展。数字金融是一种依托数字技术发展的新金融业态。一方面，数字金融的本质仍然是金融，可以发挥信贷、风险管理等金融功能，可以通过降低居民面临的流动性约束、增加居民财产性收入以及降低居民家庭面临的不确定性等渠道提升居民的消费积极性；另一方面，数字金融依托各种新兴技术提供了多种移动支付服务，大大便利了居民消费时的支付行为，刺激了居民的消费欲望。已有研究表明消费规模的增加可以促进技术进步，在推动技术创新过程中起到"蓄水池"和"试验地"的作用⑥⑦。符合市场需求的技术创新才能被市场接受和认可，进而发挥技术创新的规模化效益⑧。实际上，居民消费规模的增加，不仅为研发成果转化为新产品提供了市场信息，为新产品的生产指明了方向，也为新产品的消费提供了市场机会，促进了产品化阶段区域技术创新活动的开展。

首先，数字金融降低了居民面临的流动性约束，进而影响居民的消费需求。

根据流动性约束理论可知，当消费者面临预算约束时，将会增加储蓄

---

① Campbell J Y, Mankiw N G. The response of consumption to income: a cross-country investigation [J]. European Economic Review, 1991, 35 (4): 723-756.
② Gross D B, Souleles N S. An empirical analysis of personal bankruptcy and delinquency [J]. The Review of Financial Studies, 2002, 15 (1): 319-347
③ Soman D, Cheema A. The effect of credit on spending decisions: The role of the credit limit and credibility [J]. Marketing Science, 2002, 21 (1): 32-53.
④ 王小鲁，樊纲．中国地区差距的变动趋势和影响因素 [J]．经济研究，2004 (1): 33-44.
⑤ Karlan D, Zinman J. Expanding credit access: Using randomized supply decisions to estimate the impacts [J]. The Review of Financial Studies, 2010, 23 (1): 433-464.
⑥ 产健，许正中．消费结构升级、政府支持与区域科技创新能力：空间视角下的分析 [J]．科技进步与对策，2020, 37 (18): 28-35.
⑦ 谢小平．消费结构升级与技术进步 [J]．南方经济，2018 (7): 19-38.
⑧ 杨天宇，陈明玉．消费升级对产业迈向中高端的带动作用：理论逻辑和经验证据 [J]．经济学家，2018 (11): 48-54.

动机并减少当期消费规模。随着数字金融的发展，一方面发挥其普惠特性，为被传统金融机构排斥在外的偏远地区消费者和低收入消费者提供金融服务，扩大了金融服务对象和范围，降低了这类人群面临的流动性约束[1]，刺激了他们的消费需求，扩大了区域内居民的消费规模[2]；另一方面发挥数字金融的技术特性而提供的金融服务，特别是数字信贷服务可以跨越时间空间阻碍，为更多群体提供低成本的、便利化的信贷服务，提升了更多消费群体的消费需求，进而扩大了消费规模[3]，提升了产品化阶段新产品被市场接受的可能性。

其次，数字投资、保险等服务为居民带来了财富效应，促进了居民消费规模的扩张。一方面，根据持久收入理论和生命周期假说可知，消费者是根据所获得的永久性收入进行当期的消费决策的。而数字金融为消费者提供了多种数字投资服务，帮助消费者投资理财，增加了消费者的未来预期收入和总体收入，从而增加了消费者的财富效应，因此，消费者也会根据预期收入的增加而调整消费规模；另一方面，根据预防性储蓄理论可知，当消费者面临较大的不确定性时，更愿意减少消费支出而进行预防性储蓄[4]。数字金融为消费者提供了多种抵御不确定性风险的数字保险服务，增强了消费者抵御风险的能力，增强了消费者进行消费的信心，促进了消费规模的扩展，进而增加了新产品在市场上的销售收入[5]。

最后，数字金融依托数字技术使得居民支付更加便利化，刺激了居民的消费欲望。与传统支付方式相比，数字金融提供的电子支付、移动支付以及数字支付等新型支付方式，一方面，在很多方面都简化了支付流程和手续，

---

[1] Levine R. Finance and growth: theory and evidence [J]. Handbook of Economic Growth, 2005, 1: 865-934.
[2] Li J, Wu Y, Xiao J J. The impact of digital finance on household consumption: Evidence from China [J]. Economic Modelling, 2020, 86: 317-326.
[3] 刘佳鑫，李莎. "双循环"背景下数字金融发展与区域创新水平提升 [J]. 经济问题，2021 (6): 24-32.
[4] 何宗樾，宋旭光. 数字金融发展如何影响居民消费 [J]. 财贸经济，2020, 41 (8): 65-79.
[5] 黄凯南，郝祥如. 数字金融是否促进了居民消费升级？[J]. 山东社会科学，2021 (1): 117-125.

消除了消费者的支付障碍，激发了居民进行更多消费的欲望[1][2]；另一方面，数字金融提供的新型支付方式改变了支付环境，使得消费跨越了时间和空间上的障碍，降低了消费者支付的时间和资金成本，使得消费者的消费效用大大提升，进而促进了居民消费。

三、消费结构机制

数字金融发展对消费需求的影响不仅体现在消费规模上，还体现在消费结构的优化上[3]。张翼[4]指出随着居民消费规模的扩大，居民消费结构也将发生改变：一是从生存性消费转向发展性消费或者从耐用性消费品转向服务性消费品；二是，消费需求出现多样性和个性化。消费结构的升级并不是简单的消费规模的增加，表现为从生活必需品的消费转向耐用型和高端消费资料的消费，体现的是对不同类型消费品、不同档次消费品消费比例构成情况的变化[5]，更能够满足消费者差异性和多样性的消费需求[6]。由此可见，消费结构的升级伴随着消费产品的多样化，一是为新产品的研发提供了市场需求和方向；二是为新产品的消费提供了市场机会，促进了产品化阶段新产品销售收入的增加，也就是说消费结构升级有助于促进产品化阶段区域技术创新能力的提升[7]。消费结构的升级能够激发区域市场主体进行技术创新活动，生产满足消费者消费多样性的新产品[8]，即促进产品化阶段的区域技术创新活动。

---

[1] 尹志超，公雪，郭沛瑶．移动支付对创业的影响——来自中国家庭金融调查的微观证据[J]．中国工业经济，2019（3）：119-137．

[2] 尹志超，公雪，潘北啸．移动支付对家庭货币需求的影响——来自中国家庭金融调查的微观证据[J]．金融研究，2019（10）：40-58．

[3] 刘佳鑫，李莎．''双循环''背景下数字金融发展与区域创新水平提升[J]．经济问题，2021（6）：24-32．

[4] 张翼．当前中国社会各阶层的消费倾向——从生存性消费到发展性消费[J]．社会学研究，2016，31（4）：74-97，243-244．

[5] 尹世杰．消费经济学[M]．北京：高等教育出版社，2007：774-775．

[6] 颜建军，冯君怡．数字普惠金融对居民消费升级的影响研究[J]．消费经济，2021，37（2）：79-88．

[7] 产健，许正中．消费结构升级、政府支持与区域科技创新能力：空间视角下的分析[J]．科技进步与对策，2020，37（18）：28-35．

[8] 刘佳鑫，李莎．''双循环''背景下数字金融发展与区域创新水平提升[J]．经济问题，2021（6）：24-32．

现有部分学者关注数字金融发展与居民消费结构升级之间的关系，并认为数字金融的快速发展会影响居民的消费行为和习惯[1][2]。颜建军和冯君怡[3]认为数字金融的发展可以为居民带来财富效应，提高居民的总体收入水平，激发居民在消费维持生存需要的必需品后，进一步追求对非必需品、高档品的消费，促进居民消费结构的升级。赵保国和盖念[4]研究发现数字金融可以促进居民消费更高比例的高档型消费品，促进居民消费结构的升级。首先，数字金融缓解了居民面临的"信贷约束"，使得居民拥有充足的资金进行多样化消费和享受型消费。一方面，数字金融具有明显的普惠特性，可以为被传统金融机构排斥在外的低收入人群提供理财性金融服务，如数字保险、数字投资等金融服务不仅成本相对较低且准入门槛也相对相抵，帮助低收入人群实现收入的增值效应，从而促进他们追求更高层次的消费品或进行多样化消费，促进消费结构的升级；另一方面，数字金融还可以通过数字信贷服务为广大消费者提供金融服务，增加居民的资金持有量，进而推动居民从消费生活必需品转向消费发展享受型消费品，从而优化居民消费结构。其次，数字金融的快速发展可以促进电子商务的发展，不仅便利化了居民的消费，还可以为消费者提供多样化的消费途径[5]，促进了居民消费结构的升级。最后，数字支付跨越时间空间的限制，随时随地均可以进行消费支付，极大地便利了居民的消费支付，促进了那些已经满足生存性消费的消费者进行更多消费，加速了此类消费者进行发展性消费的决策，从而促进了消费结构的升级。

四、金融监管下的效应差异

数字金融是一把"双刃剑"，依托新兴技术创新金融产品和金融服务，为

---

[1] 孙成昊，谢太峰. 互联网消费金融影响家庭消费升级的实证检验 [J]. 统计与决策，2020，36 (17)：134-137.

[2] 黄凯南，郝祥如. 数字金融是否促进了居民消费升级？[J]. 山东社会科学，2021 (1)：117-125.

[3] 颜建军，冯君怡. 数字普惠金融对居民消费升级的影响研究 [J]. 消费经济，2021，37 (2)：79-88.

[4] 赵保国，盖念. 互联网消费金融对国内居民消费结构的影响——基于VAR模型的实证研究 [J]. 中央财经大学学报，2020 (3)：33-43.

[5] 谢雪燕，朱晓阳. 数字金融与中小企业技术创新——来自新三板企业的证据 [J]. 国际金融研究，2021 (1)：87-96.

金融市场带来新的局面，推动整个金融业快速发展；同时，数字金融利用新兴技术提供金融服务时，打破了时空限制，弱化了区域间、市场主体间、金融机构间的边界，进而加剧了金融风险效应，使得金融风险的传播效应、关联效应、放大效应更为显著，相比传统金融，更容易诱发更多形式的金融风险。因此，随着数字金融的快速发展，对金融监管提出了更高的要求，有效的金融监管才能守住金融风险底线，发挥数字金融的优势。

在分析数字金融与产品化阶段区域技术创新水平之间的关系时，金融监管依然是不可忽略的重要因素。一方面，数字金融通过缓解区域信贷约束，进而促进产品化阶段区域技术创新水平的机制需要有效的金融监管。具体而言，数字金融发挥拓宽金融覆盖面、提高金融可得性、降低融资成本等优势，都需要高水平的金融监管环境，如此才能守住金融风险底线，保证数字金融尽可能地发挥其优势。另一方面，数字金融通过扩大区域消费规模、优化区域消费结构，进而促进产品化阶段区域技术创新水平的机制，仍然需要有效的金融监管作为支撑。具体而言，数字金融提供的数字信贷、数字保险、数字投资以及数字支付等业务不仅可以降低居民面临的流动性约束、提高居民的财富效应、便利化居民支付，也会诱使居民进行超前消费。超前消费虽然可以满足居民的当前需求，但也增加了风险，一旦居民的资金链断裂，就会使得居民的生活陷入瘫痪。因此，只有在有效的金融监管下，数字金融才能依托新兴技术发挥其优势，守住金融风险底线，促进产品化阶段区域技术创新水平。也就是说，地区金融监管水平越高，越有助于降低数字金融风险发生的概率，使得数字金融对产品化阶段区域技术创新活动的促进作用更明显。

第三节 数字金融对产业化阶段区域技术创新的影响机制

产业化通常体现的是某行业内的行为主体以市场需求为导向，进行规模化生产和经营，形成规模化、品牌化的生产方式和经营方式，最终达到提高生产率、追求超额利润、实现经济效益的结果。高技术产业化是科技成果在市场上进行应用的过程，将成熟的科技成果进行大规模生产，达到提高生产能力和效率的目的。国务院印发实施的《中华人民共和国促进科技成果转化法》指出科技成果转化是科技创新活动产生经济价值的阶段，是对具有实用价值的科技成果进行后续试验、开发、应用直至大规模推广，进而提高生产力水平的阶段。张崛喆和蒋云飞[1]认为自主创新成果产业化是将中国公民、法人或者非法人单位自主研发的具有市场潜力的科技成果进行规模化生产并获得商业利润，达到提高生产力水平、促进产业进步、增强国家竞争优势的目的。齐庆祝和李莹[2]认为技术创新的产业化阶段以产品化阶段新产品获得市场认可、达到大规模生产为前提条件，以产品化阶段获得市场认可的创新研发成果、资金支持以及技术人员等创新要素的投入为起点，以研发成果大规模量产并走向市场获取经济效益、提高生产率为终点，是整个技术创新活动的最终结果。由此可知，开展产业化阶段的技术创新活动，必须满足产品化阶段新产品获得市场认可的前提条件，即只有新产品获得市场的认可或者研发项目已经成熟，才能达到大规模量产的条件，这是技术创新活动进入产业化阶段的前提条件；同时，通过新旧技术的更替、资源优化配置进行大规模的生产，实现生产率的提高和经济效益的获得，这是产业化阶段技术创新活动的结果。

在区域技术创新的产业化阶段，具有市场潜力的研发技术与其他要素资源融合，通过资源优化配置，将产品化阶段获得市场认可的新产品进行规模化、批量化生产，提高新产品的生产率，从而产生更高的经济效益。由此可知，此阶段对资金的需求量不会低于研发阶段和产品化阶段，需要大量的资金作为支持；同时，还需要将各种要素融合，相互补充，优化资源配置，进行大规模的量产，才能获得更高的经济效益。现有研究表明融资约束[3]和信贷资源错配[4][5]是影响全要素生产率的重要因素。也就是说，在产业化阶段，获

---

[1] 张崛喆，蒋云飞. 自主创新成果产业化的内涵和国外实践 [J]. 经济理论与经济管理，2010，4（5）：59-64.

[2] 齐庆祝，李莹. 企业技术创新阶段性融资模式设计与案例分析 [J]. 科技进步与对策，2013，30（14）：108-111.

[3] Caggese A, Cuñat V. Financing constraints, firm dynamics, export decisions, and aggregate productivity [J]. Review of Economic Dynamics, 2013, 16 (1)：177-193.

[4] Hsieh C T, Klenow P J. Misallocation and manufacturing TFP in China and India [J]. The Quarterly Journal of Economics, 2009, 124 (4)：1403-1448.

[5] Restuccia D, Rogerson R. Misallocation and productivity [J]. Review of Economic Dynamics, 2013, 16 (1)：1-10.

取区域经济效益，提高全要素生产率，不仅需要大量技术创新资金投入，更需要优化区域资源配置，提高区域资源配置效率。

然而，数字金融作为金融与科技深度融合发展的新金融业态，凭借其金融本质和技术手段降低信贷双方信息不对称程度，不仅扩大了金融服务范围和规模，缓解了产业化阶段区域技术创新面临的信贷约束[1]，进而促进区域技术创新的产业化[2][3]，还能够打破传统金融服务的"二八定律"，发挥金融服务的普惠性，缓解金融资源错配程度[4]，提高了金融资源配置效率[5]，推动区域技术创新活动的产业化，即提高区域全要素生产率。因此，数字金融可以通过缓解区域信贷约束和提高信贷资源配置效率，进而推动区域技术创新活动的产业化[6]。数字金融对产业化阶段区域技术创新活动的作用机制，如下图5-3所示。

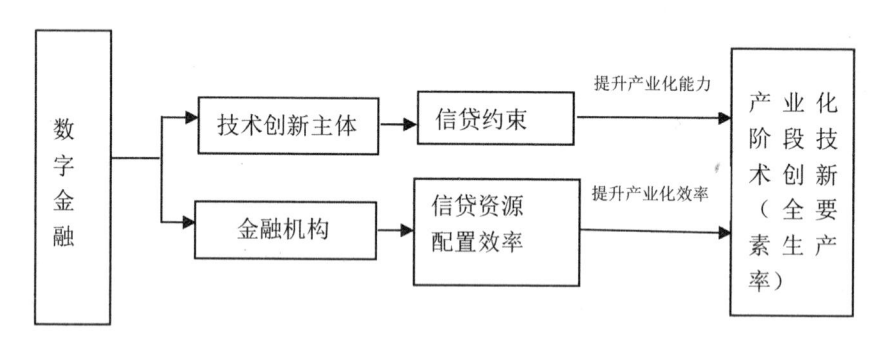

图5-3 数字金融对产业化阶段区域技术创新的作用机制

---

[1] 唐松，伍旭川，祝佳．数字金融与企业技术创新——结构特征、机制识别与金融监管下的效应差异［J］．管理世界，2020，36（5）：52-66，9．

[2] 江红莉，蒋鹏程．数字金融能提升企业全要素生产率吗？——来自中国上市公司的经验证据［J］．上海财经大学学报，2021，23（3）：3-18．

[3] 唐松，赖晓冰，黄锐．金融科技创新如何影响全要素生产率：促进还是抑制？——理论分析框架与区域实践［J］．中国软科学，2019，4（7）：134-144．

[4] 赵晓鸽，钟世虎，郭晓欣．数字普惠金融发展、金融错配缓解与企业创新［J］．科研管理，2021，42（4）：158-169．

[5] 封思贤，徐卓．数字金融、金融中介与资本配置效率［J］．改革，2021（3）：40-55．

[6] 宋敏，周鹏，司海涛．金融科技与企业全要素生产率——"赋能"和信贷配给的视角［J］．中国工业经济，2021（4）：138-155．

一、信贷约束机制

在产业化阶段,要进行大规模、批量化的新产品生产,需要大量的资金投入才能维持产业化过程。因此,技术创新资金投入充足与否仍然是影响技术创新活动产业化的重要因素。Arizala et al.[①]、Han and Shen[②] 研究发现地区金融发展水平越高,产业化阶段技术创新主体获取信贷资金的可能性就越大,进而就能提高全要素生产率。但是,传统金融机构提供的金融服务成本较高、门槛也较高,再加上信息不对称问题的存在,使得技术创新主体在进行大规模、批量化生产具有市场潜力的新产品时通常会面临比较明显的区域信贷约束,影响产业化阶段技术创新活动的资金投入,进而影响产业化阶段区域技术创新活动获取经济效益,即影响区域全要素生产率。

随着移动互联网、大数据、人工智能等新兴技术的出现并渗透到金融行业,与金融业融合发展形成了数字金融。数字金融依托各种新兴技术创新或完善传统金融服务的金融基础设施,创新金融服务模式和流程,推出更多新的金融产品,如数字信贷、数字支付、数字保险以及数字投资等,实现线上金融服务供应,不仅使得金融服务呈现多样化,而且使得客户获取金融服务更加便利化[③]。也就是说,数字金融凭借金融本质和数字技术手段,既能发挥传统金融的融资功能,更能够依托数字技术弥补传统金融服务的不足,通过拓宽融资渠道、缓解信贷双方信息不对称程度、提高金融服务效率等渠道增加了产业化阶段区域技术创新主体获取信贷资金的途径和可能性,进而缓解了产业化阶段区域技术创新主体面临的信贷约束,推动了产业化阶段区域技术创新活动的顺利开展。在产业化阶段,数字金融缓解区域融资约束的作用过程与研发阶段较为相似,详细作用过程在这里不再重述。

---

① Arizala F, Cavallo E, Galindo A. Financial development and TFP growth: Cross-country and industry-level evidence [J]. Applied Financial Economics, 2013, 23 (6): 433-448.
② Han J, Shen Y Z. Financial development and total factor productivity growth: Evidence from China [J]. Emerging Markets Finance and Trade, 2015, 51 (S1): S261-S274.
③ 万佳彧,周勤,肖义. 数字金融、融资约束与企业创新 [J]. 经济评论,2020 (1): 71-83.

二、信贷资源配置效率机制

推动产业化阶段区域技术创新活动顺利进行并实现经济效益,还需要将各种要素资源结合起来,将各种资源配置到更有效率的部门,优化配置各种要素资源,提高资源配置效率。因此,资源配置效率是影响产业化阶段区域技术创新活动顺利开展的另一重要因素。事实上,由于金融服务缺乏公平性、信贷门槛高、物理网点少等限制,传统金融机构将大部分具有市场潜力和成长期的资金需求者排斥在外,导致金融资源错配等问题发生,如金融资源属性错配、领域错配以及阶段错配,导致金融资源配置的低效率[①],进而影响产业化阶段区域技术创新活动的顺利开展,即抑制了区域全要素生产率的提升[②][③]。然而,数字金融是金融与新兴技术深度融合发展而形成的一种新金融业态,不仅可以依托新兴技术缓解借贷双方信息不对称程度,还会加剧金融行业的竞争,完善金融服务体系,优化金融资源配置,进而提高区域全要素生产率[④]。

Fuster et al.[⑤] 研究发现数字金融依托各种新兴技术加快了放贷速度、降低了贷款违约发生率,提高了信贷质量。封思贤和徐卓[⑥]研究发现数字金融可以借助新兴技术发挥信息搜集和处理作用,降低信贷供需双方的信息不对称程度,可以更好地将信贷资金分配给具有发展潜力的资金需求者,降低信贷资源领域错配的概率,进而提高信贷资金的配置效率。由此可知,数字金融可以依托移动互联网、大数据、人工智能等新兴技术,通过缓解信贷双方信息不对称程度,为那些获取传统金融服务不具有优势但具有发展潜力的市场主体

---

① 唐松,伍旭川,祝佳. 数字金融与企业技术创新——结构特征、机制识别与金融监管下的效应差异 [J]. 管理世界,2020,36(5):52-66,9.
② 唐松,赖晓冰,黄锐. 金融科技创新如何影响全要素生产率:促进还是抑制?——理论分析框架与区域实践 [J]. 中国软科学,2019,4(7):134-144.
③ 陈刚,李树,刘樱. 银行信贷、股市融资与中国全要素生产率动态 [J]. 经济评论,2009,4(6):47-56,66.
④ 宋敏,周鹏,司海涛. 金融科技与企业全要素生产率——"赋能"和信贷配给的视角 [J]. 中国工业经济,2021(4):138-155.
⑤ Fuster A, Plosser M, Schnabl P, et al. The role of technology in mortgage lending [J]. The Review of Financial Studies, 2019, 32(5):1854-1899.
⑥ 封思贤,徐卓. 数字金融、金融中介与资本配置效率 [J]. 改革,2021(3):40-55.

提供金融服务，引导信贷资金流向具有发展潜力的市场主体，使得区域内信贷资金在各个市场主体之间进行优化配置，提高区域内信贷资金的配置效率，从而提高区域全要素生产率。具体而言，数字金融凭借新兴技术不仅克服了传统金融服务的时空限制，还可以对金融机构和资金需求者进行信息搜索、分析和匹配，降低了金融机构和信贷资金需求者之间的信息不对称程度[1][2]，识别出那些具有市场潜力和技术创新能力但无法获得传统金融服务的中小企业、成长期的企业等信贷资金需求者，并为其提供金融服务，使得信贷资金可以配置到具有较高生产率的市场主体上，进而提高整个区域信贷资金的配置效率。

此外，数字金融还加剧了金融业的竞争，推动传统商业银行数字化转型[3]，提高了商业银行资源配置效率。盛天翔和范从来[4]、朱太辉和陈璐[5]、沈悦和郭品[6]研究发现数字金融通过移动互联、大数据、人工智能等新兴技术加剧了金融业的竞争，促进了传统商业银行的数字化转型，进而提高了传统商业银行的全要素生产率。杨望等[7]研究发现数字金融可通过金融创新、技术溢出以及市场竞争等渠道来影响商业银行的经营效率。由此可知，数字技术在金融业中的广泛应用，还可以完善区域内金融服务体系，有助于优化区域内信贷资源的配置，进而促进区域内全要素生产率的提升。

---

[1] Lin M, Prabhala N R, Viswanathan S. Judging borrowers by the company they keep: Friendship networks and information asymmetry in online peer-to-peer lending [J]. Management Science, 2013, 59 (1): 17-35.
[2] 盛天翔，范从来. 金融科技、最优银行业市场结构与小微企业信贷供给 [J]. 金融研究，2020, 4 (6): 114-132.
[3] 王诗卉，谢绚丽. 经济压力还是社会压力：数字金融发展与商业银行数字化创新 [J]. 经济学家，2021 (1): 100-108.
[4] 盛天翔，范从来. 金融科技、最优银行业市场结构与小微企业信贷供给 [J]. 金融研究，2020, 4 (6): 114-132.
[5] 朱太辉，陈璐. Fintech 的潜在风险与监管应对研究 [J]. 金融监管研究，2016 (7): 18-32.
[6] 沈悦，郭品. 互联网金融、技术溢出与商业银行全要素生产率 [J]. 金融研究，2015, 4 (3): 160-175.
[7] 杨望，徐慧琳，谭小芬，等. 金融科技与商业银行效率——基于 DEA-Malmquist 模型的实证研究 [J]. 国际金融研究，2020 (7): 56-65.

三、金融监管下的效应差异

数字金融是金融业与新兴技术深度融合的产物，新兴技术改变的是金融服务模式和方式，但并未改变其金融的本质，传统金融风险依然存在；此外，数字金融具有较为明显的技术特性，在新兴技术的驱动下使得数字金融在提供金融服务时，弱化了区域间、市场主体间、金融机构间的边界，使得金融风险的传播速度更快，进一步加剧了金融风险效应。由此可知，如果不加强金融监管、规范金融行为，相比传统金融，数字金融更容易诱发金融风险。高效高质量的金融监管是保证数字金融健康发展、推动数字金融发挥其优势的重要因素。

在分析数字金融与产业化阶段区域技术创新水平之间的关系时，依然不可忽视金融监管这一重要因素。一方面，数字金融通过缓解区域信贷约束，进而促进产业化阶段区域技术创新水平的机制需要有效的金融监管。具体而言，只有在有效监管下，数字金融才能守住金融风险底线，发挥其拓宽金融覆盖面、提高金融可得性、降低融资成本等优势，缓解区域信贷约束，为技术创新主体进行规模化批量化生产提供资金支持。另一方面，数字金融通过优化区域金融资源配置，进而促进产业化阶段区域技术创新水平的机制仍然需要有效的金融监管作为支撑。具体而言，虽然数字金融利用新兴技术可以集聚区域内闲散资金，将闲散资金积聚起来进行再次分配，达到优化资源配置的效果，但是，一旦数字金融脱离金融监管，或者监管环节处于较为宽松的环境下，很容易给不法分子制造金融欺诈等机会，不仅不能达到优化配置金融资源的目的，甚至会扰乱金融市场，造成意想不到的后果。也就是说，一旦数字金融脱离金融监管，其优势很容易转化为劣势，形成风险的叠加效应。因此，只有在有效、高水平的金融监管下，数字金融才能发挥其缓解区域信贷约束、优化区域金融资源配置的优势，提升产业化阶段区域技术创新水平。

第四节 数字金融影响区域技术创新的空间溢出机制

数字金融以现代信息网络为重要载体，以海量数据、信息等作为重要生产要素，是通过数字化技术提供信贷、支付、保险、投资以及证券等金融服务的一种新金融业态[1]。部分学者研究发现中国数字金融发展具有明显的空间相关性或空间集聚效应[2][3],即本区域数字金融的发展会推动邻近区域数字金融的快速发展。具体而言,与传统金融服务相比,数字金融依托移动互联网、大数据、人工智能等技术创新的金融服务高度依赖新兴技术,具有较强的技术和知识特征[4]。一方面,数字金融依托"ABCDI"等新兴技术进行信息搜索、处理以及分析,发挥了网络效应[5],不仅降低了信息的搜索、复制以及运输等成本[6],还增强了要素的流动性、存储性[7],加强了各区域间的联动性。罗珉和李亮宇[8]指出受摩尔定律作用影响,数字技术和信息技术能够降低信息存储、传输以及处理成本,促进要素进行跨时空或区域传播。也就是说,数字金融具有网络化特征,能够打破时空限制,提高数字金融资源在区域之间的流动性。另一方面,根据技术溢出理论可知,技术创新具有较为明显的扩散效应和示范效应,即当某个区域的行为主体通过技术创新获得了高收益后,随着时间的推移和知识的扩散或者外溢,将会促进其他区域的行为主体对该技术或知识进行学习和模仿,推动此技术或者知识在其他区域的应用,产生技术溢出效应[9]。即邻近区域的市场主体可以通过学习或者模仿本区域数字金融的创新技术或知识,通过技术的溢出效应,促进邻近区域数字金融的快速

---

[1] 黄益平,黄卓.中国的数字金融发展:现在与未来[J].经济学(季刊),2018,17(4):1489-1502.

[2] 郭峰,王靖一,王芳,等.测度中国数字普惠金融发展:指数编制与空间特征[J].经济学(季刊),2020,19(4):1401-1418.

[3] 余海华,张静.中国省际数字普惠金融空间关联的测度分析[J].统计与决策,2021,37(9):140-143.

[4] 唐松,赖晓冰,黄锐.金融科技创新如何影响全要素生产率:促进还是抑制?——理论分析框架与区域实践[J].中国软科学,2019,4(7):134-144.

[5] Katz M L, Shapiro C. Network externalities, competition, and compatibility [J]. The American Economic Review, 1985, 75 (3): 424-440.

[6] Goldfarb A, Tucker C. Digital economics [J]. Journal of Economic Literature, 2019, 57 (1): 3-43.

[7] 张焱.数字经济、溢出效应与全要素生产率提升[J].贵州社会科学,2021(3):139-145.

[8] 罗珉,李亮宇.互联网时代的商业模式创新:价值创造视角[J].中国工业经济,2015(1):95-107.

[9] 熊健,张晔,董晓林.金融科技对商业银行经营绩效的影响:挤出效应还是技术溢出效应?[J].经济评论,2021(3):89-104.

发展。

黄漫宇和曾凡惠①研究发现数字金融发展具有较为明显的空间正相关性，对邻近区域技术创新活动也产生了显著的促进效应。巩鑫和唐文琳②研究发现只有在东部地区，数字金融才会对邻近区域技术创新活动产生显著的空间溢出效应，其他地区空间溢出效应不显著，但是中、西部地区的数字使用深度对邻近区域技术创新活动也产生了显著的空间溢出效应。由此可知，数字金融在空间技术溢出作用下，跨越了时间和空间的约束，降低了空间距离对经济活动的影响，使得邻近地区之间的经济联动性更加密切和频繁③，增强了区域间要素资源的流动性，有助于推动周边区域开展技术创新活动④，即数字金融会对邻近区域技术创新活动产生影响。

在研发阶段，数字金融依托数字技术和网络技术，发挥网络效应，不仅增强了各区域之间的信息共享，降低了信息不对称程度，还依托数字金融平台增强了金融资源在区域之间的流动性和可得性，缓解了跨区域研发技术创新面临的信贷约束问题，进而推动关联区域开展研发技术创新活动。在产品化阶段，一方面，数字金融可以缓解关联区域技术创新主体面临的融资约束；另一方面，数字金融可以依托线上平台和数字支付功能，发展电子商务①，使得消费者进行消费更加便利化，促进关联区域消费者的消费欲望，为研发成果转化为新产品供了市场信息，也为新产品的消费提供了新的市场机会，促进了关联区域产品化阶段的技术创新。在产业化阶段，可通过本地区数字金融创新技术的溢出效应，促进关联区域数字金融的发展，通过缓解关联区域信贷约束和提升金融资源配置效率，进而促进关联区域开展产业化阶段技术创新活动。

---

① 黄漫宇，曾凡惠．数字普惠金融对创业活跃度的空间溢出效应分析［J］．软科学，2021，35（2）：14-18，25．
② 巩鑫，唐文琳．数字金融、空间溢出与大众创业［J］．统计与信息论坛，2021，36（5）：71-81．
③ 唐松，伍旭川，祝佳．数字金融与企业技术创新——结构特征、机制识别与金融监管下的效应差异［J］．管理世界，2020，36（5）：52-66，9．
④ 谢雪燕，朱晓阳．数字金融与中小企业技术创新——来自新三板企业的证据［J］．国际金融研究，2021（1）：87-96．

第六章

中国数字金融对研发阶段区域技术创新的影响效应

研发阶段的技术创新是整个技术创新活动的前端行为,是突破关键核心技术和提升自主创新能力的关键步骤,具有较强的技术特性,在整个技术创新活动中占据重要位置。在研发阶段,区域技术创新体现的是在特定区域范围内,各个技术创新主体(企业、高校以及科研机构等)利用该区域现有资源进行研发创新活动,并获取以各种专利为主要代表的研发产出。此阶段属于典型的资本密集型投资,需要大量研发资金和研发人员投入,才能维持研发活动的顺利开展,即研发阶段的技术创新离不开金融资源的支持。然而,一方面,研发产出具有不确定性极高、回报周期较长等特点,同时以专利为代表的研发产出主要体现的是技术价值,而并未转化为经济价值,在此阶段还不能为研发创新主体带来明确的经济回报,使得研发创新主体面临融资难、融资贵等问题,制约了区域研发创新水平的提升[1];另一方面,中国传统金融市场金融排斥现象较为严重,使得具有研发创新潜力的技术创新主体常常面临较为严重的融资约束问题,严重影响了区域研发创新活动的开展[2]。由此可见,推动区域研发创新活动顺利开展需要高效、便利的金融服务作为支撑。

近年来,中国数字金融快速发展,改变了传统金融服务模式和金融生态环境,弥补了传统金融服务的不足,使得中国金融业迎来了新的发展格局。一是数字金融作为一种高效的新金融业态,可以增加整个区域内的金融供给,

---

[1] 刘佳鑫,李莎."双循环"背景下数字金融发展与区域创新水平提升[J].经济问题,2021(6):24-32.
[2] 李晓龙,冉光和,郑威.金融要素扭曲如何影响企业创新投资——基于融资约束的视角[J].国际金融研究,2017(12):25-35.

拓宽信贷资金的来源，为研发创新主体提供更多的信贷渠道①；二是数字金融依托数字技术全面挖掘信贷资金需求者的历史行为数据，分析信贷资金需求者的研发创新潜力，进行精准匹配，为具有研发创新潜力的技术创新主体提供信贷资金服务，提高了信贷资金的可得性②③；三是与传统金融服务相比，数字金融提供的金融服务具有便利性、成本低、门槛低等特性，能够有效提高金融服务的效率，增强金融服务研发创新活动的能力④，进而提高区域研发创新水平。此外，数字金融具有明显的风险特性，对金融监管水平要求较高，有效的金融监管才能推动数字金融健康发展。通常来说，地区金融监管水平越高，其金融监管职责更加清晰，对金融风险监控更加精准，有助于数字金融释放其优势，增强数字金融对区域研发创新的激励效应。因此，受地区金融监管水平差异的影响，数字金融对区域研发创新活动的影响可能存在非线性效应。

基于以上分析，本章主要从省域层面划分区域，构建面板数据模型检验数字金融对研发阶段区域技术创新的直接影响效应，同时，还从城市层面划分区域，对实证结果进行稳健性检验；构建中介效应模型对数字金融和研发阶段区域技术创新之间的关系进行机制检验；构建面板数据门限模型实证检验数字金融与研发阶段区域技术创新之间的非线性关系。

第一节 研究设计

一、模型设定

本章主要研究中国数字金融对研发阶段区域技术创新影响的直接效应、

---

① Demertzis M, Merler S, Wolff G B. Capital Markets Union and the fintech opportunity [J]. Journal of Financial Regulation, 2018, 4 (1): 157-165.
② 唐松，伍旭川，祝佳. 数字金融与企业技术创新——结构特征、机制识别与金融监管下的效应差异 [J]. 管理世界，2020, 36 (5): 52-66, 9.
③ Laeven L, Levine R, Michalopoulos S. Financial innovation and endogenous growth [J]. Journal of Financial Intermediation, 2015, 24 (1): 1-24.
④ 黄益平，黄卓. 中国的数字金融发展：现在与未来 [J]. 经济学（季刊），2018, 17 (4): 1489-1502.

机制效应以及非线性效应。基于前文理论分析,设定如下基准回归面板数据模型、中介效应模型以及面板数据门限模型进行实证检验。

(一) 基准回归面板数据模型

根据前文理论机制分析可知,数字金融可以借助一系列新兴技术创新金融产品,扩大金融服务范围,提高金融服务的效率和质量,为研发创新活动的融资需求提供了新的途径和新模式,从而影响研发阶段区域技术创新水平。此外,根据现有研究可知,区域经济发展水平、金融资源、产业结构、教育水平、政府资助研发情况、城市化水平、基础设施以及对外开放程度等也是影响研发阶段区域技术创新水平的重要因素。因此,本书在构建数字金融影响研发阶段区域技术创新水平的模型中,尽可能地对影响研发阶段区域技术创新水平的因素进行控制,设定如下检验模型:

$$\begin{aligned} rd\_innov_{it} &= \alpha_0 + \alpha_1 df_{it} + \alpha_2 \ln rgdp_{it} + \alpha_3 fin_{it} \\ &+ \alpha_4 stru_{it} + \alpha_5 edu_{it} + \alpha_6 rd_{it} + \alpha_7 gov_{it} + \alpha_8 urbanization_{it} \\ &+ \alpha_9 infrastructure_{it} + \alpha_{10} open_{it} + \mu_t + \nu_i + \varepsilon_{it} \end{aligned} \quad (6-1)$$

在式(6-1)中,rd_innov 为本章的被解释变量研发阶段区域技术创新水平,采用区域内专利申请总量的自然对数($\ln patent$)、发明专利申请总量的自然对数($\ln in\_patent$)、专利授权总量的自然对数($\ln granted\_patent$)表示;df 为本章的解释变量各区域的数字金融发展水平,分别用数字金融总指数($df\_aggregate$)、数字金融覆盖广度($df\_coverage$)、数字金融使用深度(df_usage)、数字化程度($df\_digitization$)表示;控制变量包括 $\ln rgdp$、fin、$stru$、edu、rd、gov、$urbanization$、$infrastructure$、$open$,分别表示各区域经济发展水平、传统金融发展水平、产业结构、教育水平、研发投入强度、政府支持、城市化水平、基础设施、对外开放程度;μ、ν 分别表示时间效应和个体效应;ε 表示随机误差项;i 和 t 分别表示所在区域和年份;α_1、α_2、…、α_{10} 分别为各个变量对应的估计系数。

(二) 中介效应模型

根据前文理论机制分析可知,数字金融主要影响的是研发创新活动获取融资资金的渠道,即主要通过影响区域信贷约束程度,进而影响研发阶段区域技术创新水平。为检验数字金融影响研发阶段区域技术创新的信贷约束机制,本章采用 Baron and Kenny[①] 提出的中介效应分析模型对其进行检验,详细模型设定如下:

$$rd\_innov_{it} = \alpha_0 + \alpha_1 df_{it} + \alpha_2 \ln rgdp_{it} + \alpha_3 fin_{it}$$
$$+ \alpha_4 stru_{it} + \alpha_5 edu_{it} + + \alpha_6 rd_{it} + \alpha_7 gov_{it} + \alpha_8 urbanization_{it} \quad (6-1)$$
$$+ \alpha_9 infrastructure_{it} + \alpha_{10} open_{it} + \mu_t + \nu_i + \varepsilon_{it}$$

$$credit\_constraints_{it} = \beta_0 + \beta_1 df_{it} + \beta_2 \ln rgdp_{it}$$
$$+ \beta_3 fin_{it} + \beta_4 stru_{it} + \beta_5 edu_{it} + \beta_6 rd_{it} + \beta_7 gov_{it} + \beta_8 urbanization_{it} \quad (6-2)$$
$$+ \beta_9 infrastructure_{it} + \beta_{10} open_{it} + \mu_t + \nu_i + \varepsilon_{it}$$

$$rd\_innov_{it} = \gamma_0 + \gamma_1 df_{it} + \gamma_2 credit\_constraints_{it} + \gamma_3 \ln rgdp_{it}$$
$$+ \gamma_4 fin_{it} + \gamma_5 stru_{it} + \gamma_6 edu_{it} + \gamma_7 rd_{it} + \gamma_8 gov_{it} + \gamma_9 urbanization_{it} \quad (6-3)$$
$$+ \gamma_{10} infrastructure_{it} + \gamma_{11} open_{it} + \mu_t + \nu_i + \varepsilon_{it}$$

其中,式(6-2)、(6-3)中的各个变量与式(4-1)保持一致,α_1,α_2,…,α_{10}、β_1,β_2,…,β_{10}、γ_1,γ_2,…,γ_{11} 分别为各变量对应的估计系数。式(6-1)用于检验数字金融对研发阶段区域技术创新的直接影响,若其系数 α_1 显著不为零,则可以继续用式(6-2)检验数字金融(df)对机制变量区域信贷约束(credit_constraints)的影响;如果系数 β_1 显著不为零,则可以进入下一步检验,采用式(6-3)同时加入解释变量数字金融(df)和机制变量区域信贷约束(credit_constraints)进行分析;如果估计系数 γ_2 显著不为零且系数 γ_1 不显著,则区域信贷约束是数字金融影响研发阶段区域技术创新的完全中介效应;如果估计系数 γ_2 显著不为零且系数 γ_1 也显著不为零,则区域信贷约束是数字金融影响研发阶段区域技术创新的部分中介效应;如果估计系数 γ_2 和 γ_1 均不显著,则区域信贷约束不是数字金融影响研发阶段区域技术创新的中介效应。

[①] Baron R M, Kenny D A. The moderator-mediator variable distinction in social psychological research: Conceptual, strategic, and statistical considerations [J]. Journal of Personality and Social Psychology, 1986, 51 (6): 1173.

（三）面板数据门限模型

基准回归面板数据模型检验的是数字金融与研发阶段区域技术创新之间的线性关系，但无法检验数字金融与研发阶段区域技术创新之间的非线性关系。基于前文的理论分析可知，数字金融具有明显的风险特性，数字金融不管是发挥拓宽金融覆盖面、提高金融可得性优势，还是降低融资成本等优势，都需要高水平的金融监管环境，才能守住金融风险底线，提高金融服务效率，保证数字金融尽可能地发挥其优势。也就是说，不同的金融监管环境下，数字金融对研发阶段区域技术创新水平的影响效应存在差异性。因此，本节构建以区域金融监管水平为门限变量的面板数据门限模型检验数字金融与研发阶段区域技术创新之间的非线性关系，详细模型设定如下：

$$\begin{cases} rd\_innov_{it} = \chi_0 + \chi_1 df_{it} + \chi_2 \ln rgdp_{it} \\ \quad + \chi_3 stru_{it} + \chi_4 edu_{it} + \chi_5 rd_{it} + \chi_6 gov_{it} + \chi_7 urbanization_{it} \\ \quad + \chi_8 infrastructure_{it} + \chi_9 open_{it} + \mu_t + \nu_i + \varepsilon_{it}, \ supervise_{it} \le r \\ \\ rd\_innov_{it} = \chi'_0 + \chi'_1 df_{it} + \chi'_2 \ln rgdp_{it} \\ \quad + \chi'_3 stru_{it} + \chi'_4 edu_{it} + \chi'_5 rd_{it} + \chi'_6 gov_{it} + \chi'_7 urbanization_{it} \\ \quad + \chi'_8 infrastructure_{it} + \chi'_9 open_{it} + \mu_t + \nu_i + \varepsilon_{it}, \ supervise_{it} > r \end{cases} \quad (6-4)$$

其中，式（6-4）中各个变量如前文所示，r 为本研究中的待估门限值。式（6-4）是用分段函数形式呈现的面板数据门限模型的详细过程，实际上为了模型更加简洁，可将模型（6-4）中的分段函数合并写为如下常用的面板数据门限模型：

$$\begin{aligned} rd\_innov_{it} &= \xi_0 + \xi_1 df_{it} \times I(supervise_{it} \le r) \\ &\quad + \xi_2 df_{it} \times I(supervise_{it} > r) + \xi_3 \ln rgdp_{it} \\ &\quad + \xi_4 stru_{it} + \xi_5 edu_{it} + \xi_6 rd_{it} + \xi_7 gov_{it} + \xi_8 urbanization_{it} \\ &\quad + \xi_9 infrastructure_{it} + \xi_{10} open_{it} + \mu_t + \nu_i + \varepsilon_{it} \end{aligned} \quad (6-5)$$

式（6-5）中区域金融发展水平（$supervise$）为门限变量，$I(\cdot)$ 表示门限回归模型中的示性函数，如果括号中表达式为真则取值为1，反之取值为0，r

为门限回归模型的具体门限值，ξ_1，ξ_2，$\cdots$，ξ_{10} 为各变量对应的待估系数。

二、变量设定及说明

（一）被解释变量

详细阐述见第四章的第二节，选用专利申请总量作为研发阶段区域技术创新水平的代理变量，为了消除数据趋势波动的影响，对专利申请总量进行取自然对数处理。同时，国家统计局在统计专利数量时，分别统计了发明专利、实用新型专利以及外观设计专利，其中发明专利比实用新型和外观设计专利的研发技术含量更高[①]。本章在评价研发阶段区域技术创新水平时，不仅选用了区域专利申请总量的自然对数（lnpatent）作为代理变量，还在稳健性检验时采用区域发明专利申请总量的自然对数（lnin_ patent）作为代理变量。此外，受一系列不确定性因素的影响，并不是所有的专利申请均能够获得专利授权，且专利授权需要经过严格的审批，需要一定的时间，因此，本章还采用下一期专利授权数量的自然对数（lngranted_ patent）作为研发阶段区域技术创新水平的代理变量进行稳健性检验。

（二）解释变量

本章的解释变量为区域数字金融发展水平。选用北京大学数字金融中心联合蚂蚁金服集团，利用蚂蚁金服提供的海量数据，编制并发布的《数字普惠金融指数》作为区域数字金融发展水平的代理变量，该指数的具体构成、测算方法和步骤详见郭峰等[②]发布的文章《测度中国数字普惠金融发展：指数编制与空间特征》。根据第四章第一节的阐述，本章不仅采用区域数字金融发展总指数（df_ aggregate）来反映区域数字金融的发展水平，还分别从数字金融的覆盖广度（df_ coverage）、数字金融的使用深度（df_ usage）以及数字金融的数字化程度（df_ digitization）三个维度考察区域数字金融的发展水

[①] 姜倩倩. 产业政策、公司治理与技术创新[D]. 武汉：中南财经政法大学，2019.
[②] 郭峰，王靖一，王芳，等. 测度中国数字普惠金融发展：指数编制与空间特征[J]. 经济学（季刊），2020，19（4）：1401-1418.

平，同时，为了消除数据趋势波动的影响，对数字金融各个代理变量做取自然对数处理。

(三) 机制变量

根据前文理论分析可知，本章的机制变量为区域信贷约束水平（credit_constraints）。借鉴聂秀华等[1]的做法，采用区域内金融机构期末贷款余额和存款余额的比值表示。

(四) 门限变量

基于前文理论分析可知，本章的门限变量为区域内金融监管水平（supervise）。借鉴唐松等[2]的做法，采用区域财政金融监管支出占金融业增加值的比重进行衡量。

(五) 控制变量

除了核心解释变量数字金融发展水平对研发阶段区域技术创新存在影响外，其他因素也可能会对研发阶段区域技术创新产生影响，如果遗漏了这些因素，很可能会对估计结果造成偏差。基于此，进行回归估计前，需要对这部分因素加以控制。借鉴现有文献，选用各区域经济发展水平（lnrgdp）、传统金融发展水平（Fin）、产业结构（Stru）、教育水平（Edu）、研发投入强度（Rd）、政府支持（Gov）、城市化水平（Urbanization）、基础设施（Infrastructure）以及对外开放程度（Open）作为本章的控制变量。

经济发展水平（lnrgdp）：区域经济发展水平是影响该区域研发创新活动的重要因素，中国各地区经济发展存在不平衡不充分的现象，各地区经济发展水平的差异性也会影响各地区研发创新活动。本书采用区域人均国内生产总值表示，为剔除通货膨胀的影响，按照国内生产总值指数折算成2011年的不变价；同时，为了消除数据趋势波动的影响，对人均实际生产总值作取自

---

[1] 聂秀华，江萍，郑晓佳，等. 数字金融与区域技术创新水平研究 [J]. 金融研究，2021（3）：132-150.
[2] 唐松，伍旭川，祝佳. 数字金融与企业技术创新——结构特征、机制识别与金融监管下的效应差异 [J]. 管理世界，2020，36（5）：52-66，9.

然对数处理。

传统金融发展水平（fin）：在数字金融快速发展之前，传统金融服务是缓解研发创新融资约束的重要方式。本书采用区域内金融机构期末存款和贷款总额与区域内国内生产总值的比值表示。

产业结构（$stru$）：在中国经济发展过程中，第二、三产业产值占国内生产总值的比重逐年上升，且有利于优化产业结构，也是研发创新活动的重要领域。本书选用第二、三产业增加值之和占国内生产总值的比重来衡量产业结构，用于分析研发创新活动。

教育水平（edu）：教育水平一定程度可以反映区域内创新人才支持度，教育程度越高，拥有的创新型人才也越多，教育水平也是影响区域研发创新的一个重要方面。本书采用区域内普通高校在校生人数的自然对数来表示区域教育水平。

研发投入强度（rd）：区域研发经费投入是影响区域研发创新活动的重要影响因素，本书采用区域内研发经费投入占区域内国民生产总值的比重对其进行衡量。

政府支持（gov）：政府对研发创新活动的支持也有助于推动区域研发创新活动的顺利开展，本书采用政府财政科技支出占政府财政支出总额的比重来进行衡量。

城市化水平（$urbanization$）：城市化水平是影响区域研发创新活动的外在环境，本书采用城镇人口占区域总人口的比重来衡量城市化水平。

基础设施（$infrastructure$）：基础设施越完善，越有助于增强要素的流动性，进而影响研发创新活动。本书采用人均公路里程对区域基础设施水平进行衡量。

对外开放程度（$open$）：地区对外开放程度越高，说明与其他区域之间的联系越密切，可以通过吸收、模仿其他区域的先进技术促进本区域研发创新活动。本书参考现有研究，采用外商直接投资实际使用金额来进行衡量，同时为了消除汇率和经济发展水平的影响，将当年外商直接投资实际使用金额换算为人民币，再除以当年地区生产总值对其进行衡量。

表 6-1 研发阶段的变量选取与说明

变量类别	变量名称	变量符号	变量说明
被解释变量	专利申请总量	lnpatent	专利申请总量的自然对数
	发明专利申请总量	lnin_patent	发明专利申请总量的自然对数
	专利授权总量	lngranted_patent	下一期专利授权总量的自然对数
解释变量	数字金融总指数	df_aggregate	数字金融总指数的自然对数
	覆盖广度	df_coverage	数字金融覆盖广度的自然对数
	使用深度	df_usage	数字金融使用深度的自然对数
	数字化程度	df_digitization	数字金融数字化程度的自然对数
机制变量	信贷约束	credit_constraints	金融机构存贷比
门限变量	金融监管水平	supervise	财政金融监管支出/金融业增加值
控制变量	经济发展水平	lnrgdp	人均实际 GDP 的自然对数
	传统金融发展水平	fin	金融机构存贷余额/GDP
	产业结构	stru	第二、三产业增加值/GDP
	教育水平	edu	普通高校在校人数的自然对数
	研发投入强度	rd	（研发经费投入/GDP）*100
	政府支持	gov	财政科技支出/财政总支出
	城市化水平	urbanization	城镇人口/总人口
	基础设施	infrastructure	人均公路里程
	对外开放程度	open	（实际使用的外商投资额*当年汇率）/GDP

三、数据来源

本章为实证检验数字金融对研发阶段区域技术创新的影响，主要选取中国 2011—2019 年 31 个省（自治区、直辖市）的面板数据作为研究样本。专利申请总量、发明专利申请总量、专利授权总量来源于国家统计局；数字金融总指数、覆盖广度、使用深度以及数字化程度指数来源于北京大学数字金融研究中心发布的历年《数字普惠金融指数》；各区域经济发展水平、传统金融发展水平、产业结构、教育水平、研发投入强度、政府支持程度、城市化水平、信贷约束以及金融监管水平等代理变量数据来源于国家统计局；基础设施和对外开放程度等代理变量数据来源于 Wind 数据库。在各个数据处理过程中，为消除数据中极端值对回归估计结果的影响，本章采用 Winsorize 法对各代理变量进行了 1% 分位及 99% 分位的缩尾处理。各变量的描述性统计结果如下表 6-2 所示。

表 6-2　数字金融对研发阶段区域技术创新影响的估计结果

变量	（1）	（2）	（3）	（4）
$df\_aggregate$	0.1121** (2.35)			
$df\_coverage$		0.1128** (2.53)		
df_usage			0.1134*** (2.85)	
$df\_digitization$				0.0491* (1.76)
$\ln rgdp$	0.3779*** (3.64)	0.3777*** (3.73)	0.3942*** (3.89)	0.4386*** (4.15)
fin	0.2242*** (3.69)	0.2320*** (3.82)	0.2452*** (4.10)	0.2490*** (4.12)
$stru$	8.4021*** (5.44)	8.4264*** (5.47)	8.2321*** (5.35)	8.1994*** (5.25)
edu	0.7392*** (3.16)	0.7126*** (3.05)	0.7615*** (3.25)	0.7275*** (3.05)
rd	7.8824* (1.66)	7.6776* (1.86)	3.9757** (2.33)	5.7987** (2.46)
gov	4.6231** (2.33)	4.7055** (2.39)	4.9569** (2.45)	4.0084** (2.17)
$urbanization$	0.6876 (0.73)	0.9268 (0.98)	0.8274 (0.88)	0.3055 (0.32)

续表

变量	（1）	（2）	（3）	（4）
$infrastructure$	0.0219***	0.0238***	0.0229***	0.0232***
	(4.02)	(4.41)	(4.21)	(4.45)
$open$	4.0583***	4.2929***	4.3745***	4.3406***
	(2.71)	(2.95)	(3.00)	(2.93)
$\_cons$	-6.3070***	-6.0490***	-6.3997**	-6.6291***
	(-4.84)	(-4.59)	(-4.94)	(-5.10)
个体效应	控制	控制	控制	控制
时间效应	控制	控制	控制	控制
$Adj\text{-}R^2$	0.8409	0.8419	0.8424	0.8389
N	279	279	279	279

备注：＊＊＊、＊＊和＊分别表示在1％、5％和10％水平上显著；括号中的数值为t统计量。

此外，根据数据的可得性，本章还选取283个地级市的面板数据作为研究样本对数字金融与研发阶段区域技术创新之间的关系进行稳健性检验。在数据处理方面，首先，剔除了数据缺失严重的城市；其次，考虑到北京市、上海市、天津市、重庆市这四个直辖市的经济规模、制度环境等与其他地级市存在较大差异性，以防对研究结果造成影响，本章的地级市不包括这四个直辖市；最后，为消除极端值对回归估计结果的影响，本章采用Winsorize法对各代理变量进行了1％分位及99％分位的缩尾处理。

第二节 数字金融对研发阶段区域技术创新的直接影响

本节主要分析数字金融对研发阶段区域技术创新的直接影响效应。具体分析思路如下：首先，利用省级层面的数据分析数字金融对区域研发创新水平的影响，包括数字金融总体发展水平、数字金融服务的覆盖广度、数字金融服务的使用深度以及数字金融的数字化程度对区域研发创新水平的影响，不同维度的数字金融指数体现的侧重点也不一样，对区域研发创新水平的影响也可能存在差异性；然后，分别采用更换被解释变量的衡量方法和更换研究样本（采用地级市数据）进行稳健性检验。

一、基准回归估计结果分析

在进行基准回归估计前，为防止伪回归，确保估计结果的有效性，本书采用 ADF-Fisher 检验法对所有变量进行平稳性检验。检验结果显示各变量的 P 值几乎为 0，均通过了 5%显著性水平检验，拒绝存在单位根的原假设，说明各变量是平稳的。此外，通过豪斯曼检验选择了面板固定效应模型进行回归估计。表 6-2 报告了各省（自治区、直辖市）数字金融对研发阶段区域技术创新水平影响的回归结果。其中，模型（1）的解释变量是数字金融总体发展水平，模型（2）的解释变量是数字金融覆盖广度，模型（3）的解释变量是数字金融使用深度，模型（4）的解释变量是数字金融数字化程度，且模型（1）（2）（3）（4）均控制了影响研发阶段区域技术创新的控制变量、个体效应和时间效应。

（一）数字金融总指数的直接作用

从表 6-2 模型（1）的估计结果可知，数字金融总体发展水平的系数估计值为 0.1121，且通过了 5%的显著性水平检验，这表明数字金融能够显著促进研发阶段的区域技术创新水平，数字金融发展水平越高，研发阶段的区域技术创新水平也就越高。在控制变量方面，区域经济发展水平的系数估计值为 0.3779，且通过了 1%的显著性水平检验，这说明区域经济发展水平越高，其研发创新水平就越高；传统金融发展水平的系数为 0.2242，且通过了 1%的显著性水平检验，表明传统金融发展水平越高，区域内用户获取金融资源的概率就越大，区域研发创新活动就更容易获取研发创新资金，进而推动区域研发创新水平的提升；产业结构的估计系数为 8.4021，且通过了 1%的显著性水平检验，这说明产业结构越合理，越有利于区域研发创新水平的提升；教育水平的估计系数为 0.7392，且通过了 1%的显著性水平检验，说明区域教育水平越高，拥有高水平人才的概率就越大，可以满足研发创新活动对高技术人才的需求，进而推动研发创新活动的顺利开展；研发投入强度的系数估计值为 7.8824，且通过了 10%的显著性水平检验，表明区域研发投入强度是影响区域研发创新产出水平的重要因素；政府支持的估计系数为 4.6231，且通过了 5%的显著性水平检验，说明政府对研发创新活动支持力度越大，区域内研发创新总水平就越高；城市化水平的估计系数为 0.6876，但未通过 10%的显著性水平检验；基础设施的估计系数为 0.0219，且通过了 1%的显著性水平检验，这说明基础设施越完善，越容易加快研发创新要素的流动性，进而激发研发创新活动；对外开放程度的估计系数值为 4.0583，且通过了 1%的显著性水平检验，说明加强与其他地区或国家的联系，可以借鉴并吸收其他地区或国家的先进技术，有助于推动本地区研发创新活动的开展。

(二) 各维度数字金融的直接作用

表 6-2 中模型（2）的回归结果显示，数字金融覆盖广度的参数估计值为 0.1128，且在 5%显著性水平下显著，这说明数字金融覆盖广度对区域研发创新水平具有显著的促进作用，数字金融覆盖范围越大，区域内用户使用数字金融服务的可能性就越大，有利于区域研发创新活动的开展。其他控制变量的回归结果基本与模型（1）保持一致，这里不再重复分析。

模型（3）的回归结果显示，数字金融使用深度的参数估计值为 0.1134，且在 1%显著性水平上显著，说明数字金融使用深度能够显著提升区域研发创新水平，即数字金融使用深度越深，区域内用户能够触及和享受到更高质量的数字金融服务，研发阶段的区域技术创新水平也就越高。其他控制变量的回归结果基本与模型（1）保持一致，这里不再重复分析。

模型（4）中的回归结果表明，数字金融数字化程度的参数估计值为 0.0491，且通过了 10%显著性水平的显著性检验，表明数字金融的数字化程度越高，获取金融服务的便利性和可得性越高，越有助于区域研发创新活动的顺利开展。但不管是估计系数还是显著性水平，数字金融数字化程度都低于数字金融覆盖广度和使用深度，这可能是因为目前中国整个金融系统正处于数字化转型阶段，但还未完全实现数字化，数字化基础设施建设还不够完善、制度还不够健全，数字化的潜力还没完全展现出来[1]。因此，我国应当加

---

[1] 汪亚楠，徐枫，郑乐凯. 数字金融能驱动城市创新吗？[J]. 证券市场导报，2020 (7)：9-19.

快"新基建"建设，推动整个金融产业数字化转型，进一步释放数字化活力。其他控制变量的回归结果基本与模型（1）保持一致，这里不再重复分析。

此外，对比模型（2）（3）和（4）中各维度数字金融估计系数和显著性水平可知，数字金融使用深度的估计系数和显著性水平均大于数字金融覆盖广度和数字金融数字化程度的估计系数和显著性水平。也就是说，数字金融使用深度对区域研发创新的促进作用更为明显。这是因为数字金融覆盖广度仅仅体现的是市场主体使用数字金融服务的前提条件，区域内数字金融覆盖广度越高，区域内使用数字金融服务的可能性就越大，但并不是所有数字金融覆盖的市场主体都会使用数字金融服务；数字金融数字化更多体现的是获取数字金融服务的便利性，也不能全面反映区域内使用数字金融服务的情况；而数字金融使用深度体现的是消费者对数字金融各类业务，如数字信贷、数字投资、数字保险等的使用频率，区域内数字金融使用深度指数越高，则表明区域内用户能够触及和享受到更高质量的数字金融服务。总之，不管是数字金融总指数还是各维度数字金融发展水平对研发阶段区域技术创新均存在显著正向影响；同时，从各维度数字金融发展来看，数字金融使用深度对研发阶段区域技术创新水平的促进作用更明显。

二、内生性分析

上文基准回归结果初步反映了数字金融对研发阶段区域技术创新的直接影响效应，但以上估计结果可能会受内生性问题的影响，导致估计结果出现偏差。一方面，数字金融和研发阶段技术创新之间可能存在双向因果关系，即区域数字金融的快速发展会对研发阶段技术创新水平产生促进作用，同时区域研发创新活动也会推动数字金融的快速发展；另一方面，尽管前文基准回归模型已经对影响区域研发创新活动的因素进行了多方面控制，但是影响区域研发创新水平的因素是多方面的，以上模型仍然可能存在遗漏因素，这也可能对估计结果造成偏差。基于此，本节借鉴陈淑云和陶云清[①]、刘佳鑫和

[①] 陈淑云，陶云清."互联网+"、普惠金融与技术创新：影响机制及经验证据[J]. 科技进步与对策，2019，36（4）：17-24.

李莎[1]的做法,选用数字金融发展的滞后一期(L.*df_ aggregate*)和互联网普及率(*internet*)作为工具变量,采用两阶段最小二乘法估计数字金融对区域研发创新活动的影响。一是因为区域互联网的普及情况是数字金融发展的载体,互联网使用情况与数字金融发展存在密切的关联;二是在控制相关因素后,互联网使用情况对区域研发创新活动并不会产生直接作用。详细估计结果如下表6-3,其中,表6-3中模型(5)和(6)是以数字金融总指数的滞后一期为工具变量的估计结果;模型(7)和(8)是以区域互联网普及率作为工具变量的估计结果。

表6-3 研发阶段的内生性问题估计结果

变量	IV-2SLS (L.*df_ aggregate*)		IV-2SLS (*internet*)	
	(5)	(6)	(7)	(8)
	df_ aggregate	lnpatent	*df_ aggregate*	lnpatent
L.*df_ aggregate*	0.4357*** (34.39)			
internet			0.2521*** (3.09)	
df_ aggregate		0.2978* (1.68)		0.7766* (1.91)
lnrgdp	0.2345*** (12.53)	0.2352** (2.32)	0.8918*** (8.37)	0.7416** (2.08)
fin	0.0251*** (3.53)	0.1105*** (2.61)	0.2382*** (5.56)	0.0539 (1.42)
stru	0.5033*** (3.92)	1.0123* (1.71)	3.4221*** (5.63)	3.7658** (1.98)
edu	0.0369*** (3.21)	1.1501*** (19.81)	0.1593*** (4.15)	1.0028*** (8.52)

---

[1] 刘佳鑫,李莎."双循环"背景下数字金融发展与区域创新水平提升[J].经济问题,2021(6):24-32.

续表

变量	IV-2SLS（L. df_aggregate）		IV-2SLS（internet）	
	(5)	(6)	(7)	(8)
	df_aggregate	lnpatent	df_aggregate	lnpatent
rd	2.3019**	4.7113**	3.0514***	5.4267**
	(2.40)	(2.01)	(2.89)	(1.99)
gov	1.3515**	30.6732***	10.3909***	36.2185***
	(2.28)	(8.87)	(3.96)	(7.77)
urbanization	0.1026	0.1114	0.5063*	0.6114
	(1.57)	(0.27)	(1.74)	(0.94)
infrastructure	0.0002	0.0027*	0.0002	0.0025*
	(0.71)	(1.78)	(0.03)	(1.67)
open	0.5136**	2.3367	0.0259	2.2894
	(2.43)	(1.57)	(0.02)	(1.37)
_cons	0.8696***	-1.3014**	-3.7217***	3.8915**
	(5.86)	(-2.16)	(-3.35)	(2.03)
个体效应	控制	控制	控制	控制
时间效应	控制	控制	控制	控制
第一阶段 F 值	953.05		50.22	
N	279	279	279	279

备注：***、**和*分别表示在1%、5%和10%水平上显著；括号中的数值为 t 统计量。

根据表 6-3 中模型（5）和（6）的回归估计结果可知，以数字金融滞后一期为工具变量估计数字金融对区域研发创新的影响效应时，第一阶段的联合 F 值为 953.05，大于 10，说明工具变量选择较为合适；同时，数字金融的估计系数为 0.2978，且在 10%水平下显著，也就是说数字金融对研发阶段区域技术创新的影响系数仍然显著为正，再次验证了表 6-2 中的基准回归估计结果。

模型（7）和（8）的回归估计结果显示，以区域互联网普及率作为工具变量时，第一阶段的联合 F 值为 50.22，大于 10，说明选用的工具变量较为合适；此外，数字金融的估计系数为 0.7766，且通过了 10% 显著性检验，也就是说数字金融对研发阶段区域技术创新的促进作用显著。

三、稳健性检验

前文研究结果显示，数字金融总指数对研发阶段区域技术创新具有显著的促进作用，且各维度数字金融均对研发阶段区域技术创新有显著的促进作用。但这种关系可能是代理变量衡量、样本选择偏差等原因造成的。因此，本节选用更换研发阶段区域技术创新水平的代理变量和研究样本的方式进行稳健性检验。

（一）更换研发阶段区域技术创新评价指标

通常来说，与实用新型专利和外观设计专利相比，发明专利所蕴含的技术含量更高，受到社会的关注和认可更高。因此，本节采用发明专利的自然对数来衡量区域研发创新水平，探讨数字金融对研发阶段区域技术创新的影响效应，回归估计结果如下表 6-4 所示。

表 6-4　数字金融与研发阶段区域技术创新（发明专利申请总量）

变量	（9）	（10）	（11）	（12）
$df\_aggregate$	0.2632*** (4.25)			
$df\_coverage$		0.2399*** (4.23)		
df_usage			0.2771*** (3.35)	
$df\_digitization$				0.2049*** (4.70)
$lnrgdp$	0.4999*** (3.70)	0.5294*** (4.02)	0.6460*** (4.77)	0.4971*** (3.73)
fin	0.2047*** (2.69)	0.2160*** (2.77)	0.2748*** (3.47)	0.2195*** (2.85)

续表

变量	(9)	(10)	(11)	(12)
$stru$	4.0784**	4.0275**	3.4488*	3.9515**
	(2.03)	(2.01)	(1.95)	(1.99)
edu	1.0724***	1.0758***	1.0978***	1.1509***
	(4.07)	(3.96)	(4.18)	(4.01)
rd	10.8801*	12.7966*	22.4671**	2.3001**
	(1.69)	(1.81)	(2.41)	(2.21)
gov	9.6701**	9.6216**	7.6934***	10.6529**
	(2.05)	(2.03)	(4.21)	(2.26)
$urbanization$	0.6538	1.7205	1.6597	2.5471
	(0.81)	(1.13)	(1.01)	(1.02)
$infrastructure$	0.0115	0.0235**	0.0057**	0.0040*
	(1.38)	(2.04)	(1.98)	(1.85)
$open$	4.0672**	3.6858*	3.7280*	4.6159**
	(2.09)	(1.89)	(1.85)	(2.36)
$\_cons$	-2.1680***	-3.5306***	-2.9071*	-2.7819*
	(-2.67)	(-2.95)	(-1.68)	(-1.67)
个体效应	控制	控制	控制	控制
时间效应	控制	控制	控制	控制
$Adj\text{-}R^2$	0.7551	0.7549	0.7588	0.7541
N	279	279	279	279

备注：＊＊＊、＊＊和＊分别表示在1％、5％和10％水平上显著；括号中的数值为t统计量。

表6-4中模型（9）的解释变量是数字金融总体发展水平，其系数估计值在1％水平上显著为正，说明数字金融总体发展水平能够显著提升区域内研发阶段的技术创新水平，即区域数字金融总体水平越高，则其技术创新水平就越高。模型（10）的解释变量是数字金融覆盖广度，其系数估计值为0.2399，且通过了1％的显著性水平检验，这说明数字金融的覆盖广度对研发阶段区域

技术创新水平存在显著的正向影响。模型（11）的解释变量是数字金融使用深度，其系数估计值为0.2771，且通过了1%显著性水平检验，这说明数字金融使用深度越深，则区域内研发阶段的技术创新水平越高；模型（12）的解释变量是数字金融数字化程度，其系数估计值为0.2049，且在1%显著性水平上显著，表明区域数字化程度越高，越有助于促进区域内研发阶段技术创新水平的提升。同时，对比模型（10）（11）和（12）的估计结果可知，数字金融使用深度的系数估计值比数字金额覆盖广度和数字金融数字化程度的系数估计值更大，这是因为数字金融使用深度更能全面、真实反映区域内用户对数字金融的使用情况，进而对区域内研发阶段技术创新的正向促进作用更为明显，估计结果基本与表6-2中的估计结果保持一致。

此外，并不是所有的专利申请均能够获得授权，且从专利申请到专利授权还需要经过各种审批手续，需要一段时间后才能获得专利授权。因此，本节还采用下一期发明专利授权的自然对数作为衡量研发阶段区域技术创新的代理变量，进行稳健性检验。具体检验结果如下表6-5所示。

表6-5 数字金融与研发阶段区域技术创新（下一期专利授权总量）

变量	(13)	(14)	(15)	(16)
$df\_aggregate$	0.1030** (2.15)			
$df\_coverage$		0.0833* (1.90)		
df_usage			0.1047** (2.16)	
$df\_digitization$				0.0631* (1.84)
$lnrgdp$	0.4040*** (3.87)	0.4270*** (4.19)	0.4226*** (4.16)	0.4487*** (4.28)
fin	0.1095* (1.80)	0.1189** (1.99)	0.1222** (2.06)	0.1019 (1.70)
$stru$	5.7236*** (3.69)	5.6616*** (3.65)	5.5648*** (3.60)	5.0894*** (3.59)

续表

变量	(13)	(14)	(15)	(16)
edu	0.8429***	0.8128***	0.8915***	0.7710***
	(3.59)	(3.46)	(3.77)	(3.32)
rd	14.6203	13.3106	10.9689	11.7075
	(1.20)	(1.09)	(0.92)	(1.05)
gov	2.5702	2.5071	3.0203	1.9758
	(0.77)	(0.75)	(0.89)	(0.59)
urbanization	0.6852	0.5439	0.5732	1.1487
	(0.71)	(0.56)	(0.59)	(1.19)
infrastructure	0.0218***	0.0218***	0.0208***	0.0191***
	(4.28)	(4.26)	(4.05)	(3.85)
open	3.6039**	3.4562**	3.4219**	3.2559**
	(2.39)	(2.29)	(2.27)	(2.11)
_cons	-5.1580***	-4.3804***	-5.2588***	-5.3061***
	(-3.94)	(-3.35)	(-4.04)	(-4.06)
个体效应	控制	控制	控制	控制
时间效应	控制	控制	控制	控制
$Adj\text{-}R^2$	0.8297	0.8288	0.8297	0.8278
N	279	279	279	279

备注：***、**和*分别表示在1%、5%和10%水平上显著；括号中的数值为t统计量。

根据表6-5的稳健性检验结果可知，模型（13）中数字金融总体发展水平的系数估计值为0.1030，且通过了5%的显著性水平检验，表明数字金融总体发展水平能够显著提升区域内研发阶段的技术创新水平。模型（14）（15）和（16）的解释变量分别为数字金融覆盖广度、数字金融使用深度以及数字金融数字化程度，且系数估计值均在10%水平下显著为正，且数字金融使用深度的系数估计值（0.1037）和显著性（5%）均不低于数字金融使用深度的系数估计值（0.0833）和显著性（10%）、数字金融数字化程度的系数估计值

(0.0631) 和显著性（10%），表明相比之下，数字金融使用深度对区域研发创新水平的促进作用更明显。

总之，不管是采用专利申请量作为研发阶段区域技术创新水平的代理变量，还是采用专利授权量作为研发阶段区域技术创新水平的代理变量，实证结果均能表明数字金融各维度均能显著提升研发阶段区域技术创新水平，且数字金融使用深度对区域研发创新水平的促进作用更明显，实证结果具有较强的稳健性。

（二）以城市级数据为研究样本

各省（自治区、直辖市）包括的区域较为广阔，区域内各个城市发展存在较大差异性，本书参考汪亚楠等①的研究，选取地级市的面板数据为研究样本。其中，考虑到北京市、上海市、天津市、重庆市这四个直辖市的经济规模、制度环境与其他地级市存在差异性，以防对研究结果造成影响，稳健性检验的研究样本不包括这四个直辖市。同时，考虑到数据的可得性，最终选取283个地级市的面板数据为研究样本进行稳健性检验，检验结果如下表6-6。

表6-6 数字金融与研发阶段区域技术创新（更换研究样本）

变量	（17）	（18）	（19）	（20）
$df\_aggregate$	0.0837*** (2.86)			
$df\_coverage$		0.0635*** (2.82)		
df_usage			0.1131*** (3.41)	
$df\_digitization$				0.0091** (2.29)

---

① 汪亚楠,徐枫,郑乐凯.数字金融能驱动城市创新吗？[J].证券市场导报,2020（7）：9-19.

续表

变量	(17)	(18)	(19)	(20)
ln$rgdp$	0.3710***	0.3886***	0.3630***	0.4692***
	(2.97)	(3.21)	(3.05)	(3.76)
fin	0.1693***	0.1663***	0.1706***	0.2063***
	(2.99)	(2.90)	(3.13)	(3.76)
$stru$	6.7047***	6.7783***	6.7346***	6.3559***
	(4.18)	(4.20)	(4.23)	(3.94)
edu	0.7678***	0.7363***	0.7750***	0.7933***
	(3.17)	(3.03)	(3.22)	(3.22)
rd	5.2077*	4.8841**	5.7283**	3.0009*
	(1.90)	(2.03)	(2.47)	(1.69)
gov	5.1858*	5.0883*	5.2433*	4.5026
	(1.67)	(1.69)	(1.66)	(1.40)
$urbanization$	1.5531*	1.5914*	1.3714	1.5767
	(1.69)	(1.65)	(1.42)	(1.59)
$infrastructure$	0.0045*	0.0041*	0.0042*	0.0040*
	(1.91)	(1.73)	(1.79)	(1.68)
$open$	0.3626	0.3943	0.3222	0.2812
	(1.43)	(1.53)	(1.30)	(1.12)
_$cons$	-4.9226***	-4.9201***	-4.9388***	-5.504***
	(-3.72)	(-3.71)	(-3.80)	(-4.22)
个体效应	控制	控制	控制	控制
时间效应	控制	控制	控制	控制
$Adj\text{-}R^2$	0.7731	0.7663	0.7864	0.7717
N	2547	2547	2547	2547

备注：***、**和*分别表示在1%、5%和10%水平上显著；括号中的数值为t统计量。

表6-6回归估计结果显示，以地级市为研究样本，数字金融总指数、数字金融覆盖广度、数字金融使用深度以及数字金融数字化程度的系数估计值

均在5%显著性水平下显著为正，表明不管是数字金融总体发展水平还是数字金融各维度的发展水平都能够显著提升区域研发创新水平。另外，对比模型（18）（19）和（20）的回归估计结果可知，数字金融使用深度的系数估计值和显著性水平均大于等于数字金融覆盖广度和数字金融数字化程度的系数估计值和显著性水平，也就是说，相比之下数字金融使用深度对区域研发创新水平的促进作用更明显。总之，以城市级数据为研究样本，实证结果依然与表6-2中的估计结果保持一致，说明估计结果具有较强的稳健性。

第三节 机制效应检验

数字金融的本质仍然是为市场主体提供金融服务，数字金融的快速发展可以为区域带来更多金融服务，拓宽了市场主体获取金融服务的渠道。但与传统金融不同的是，数字金融是借助一系列数字技术为市场主体提供信贷、支付、投资以及保险等新型金融服务，即数字技术是数字金融提供金融服务的技术手段。由此可见，数字金融的快速发展，不仅可以拓宽区域市场主体获取金融服务的渠道，还可以依托数字技术缓解信贷双方信息不对称程度、提高金融服务效率，进而提高市场主体获取信贷资金的可能性。也就是说，数字金融的发展可以缓解区域信贷约束，提高区域研发创新主体获取信贷资金的概率，缓解区域研发创新活动面临的信贷约束，进而推动区域研发创新水平的提升。

本小节采用区域内金融机构期末贷款余额和存款余额的比值作为区域信贷约束的代理变量，该指标值越大，表明区域面临的信贷约束越大，机制检验结果如下表6-7。

表6-7 数字金融影响研发阶段区域技术创新的机制检验结果

变量	（21）	（22）	（23）
	lnpatent	credit_constraints	lnpatent
df_aggregate	0.1121**	-0.0223**	0.1045**
	(2.35)	(-2.40)	(2.26)
credit_constraints			-0.0273**
			(-1.99)

续表

变量	(21) lnpatent	(22) credit_constraints	(23) lnpatent
lnrgdp	0.3779*** (3.64)	-0.0074** (-2.36)	0.3418*** (2.73)
fin	0.2242*** (3.69)	-0.0180 (-1.45)	0.1461** (2.49)
stru	8.4021*** (5.44)	-0.3587 (-1.10)	6.32*** (4.11)
edu	0.7392*** (3.16)	0.1215** (2.46)	0.8050*** (3.43)
rd	7.8824* (1.66)	1.7825 (0.09)	6.8993* (1.90)
gov	4.6231** (2.33)	0.3593 (0.50)	4.8401* (1.88)
urbanization	0.6876 (0.73)	1.3018*** (7.25)	0.3105 (0.33)
infrastructure	0.0219*** (4.02)	0.0016*** (3.10)	0.0013** (2.53)
open	4.0583*** (2.71)	-0.3586 (-1.41)	1.4815 (1.23)
_cons	-6.3070*** (-4.84)	-0.2447* (-1.88)	-4.9512*** (-3.79)
个体效应	控制	控制	控制
时间效应	控制	控制	控制
Adj-R^2	0.8409	0.3153	0.8707
N	279	279	279

备注：＊＊＊、＊＊和＊分别表示在1%、5%和10%水平上显著；括号中的数值为t统计量。

从表6-7中模型（21）可知，数字金融总体发展水平的系数估计值为

0.1121，且在5%水平下显著，表明数字金融发展对研发阶段区域技术创新水平具有显著正向作用；模型（22）中数字金融总体发展水平的系数估计值为-0.0223，且通过了5%显著性水平检验，表明数字金融的快速发展可以缓解区域信贷约束；模型（23）中数字金融总体发展水平在5%水平下显著为正，信贷约束在5%显著性水平下显著为负，表明区域信贷约束是数字金融影响研发阶段区域技术创新的部分中介效应，即数字金融发展通过缓解区域信贷约束，进而促进研发阶段区域技术创新水平，与前文理论分析基本保持一致。

第四节 金融监管下的门限效应检验

根据前文分析可知，数字金融具有较为明显的风险性。相比传统金融，数字金融发挥其优势对金融机构的监管水平要求更严，只有完善的金融监管体系才能更好地展现数字金融的优势。受区域金融监管水平差异的影响，数字金融发展与区域研发创新活动之间存在非线性关系，本节采用式（6-5）面板门限回归模型分析两者之间的非线性关系。在进行门限回归之前，需要确定模型的门限数量。本书通过F统计量和自举（Boostrap）方法得到临界值以及相应的P值[1]，检验结果显示不管是以数字金融总指数还是各维度数字金融为核心解释变量，均选择单一门限模型。因此，本节采用单一门限模型对数字金融与区域研发创新活动之间的非线性关系进行检验。

一、门限效应检验结果分析

根据表6-8模型（24）的估计结果可知，当区域金融监管水平低于门限值2.1827时，数字金融总体发展水平的系数估计值为-0.2330，但未通过10%显著性水平检验；当区域金融监管水平大于2.1827时，数字金融总体发展水平的系数估计值为0.1156，且通过了10%显著性检验，这说明只有区域金融监管水平大于2.1827时，数字金融才会促进区域研发创新水平。

---

[1] Hansen B E. Threshold Effects in Non-dynamic Panels: Estimation, Testing, and Inference [J]. Journal of Econometrics, 1999, 93 (2): 345-368.

表6-8 数字金融与区域研发创新的非线性关系估计结果

变量	(24) df_aggregate	(25) df_coverage	(26) df_usage	(27) df_digitization
lnrgdp	0.6509***	0.6377***	0.5972***	0.7137***
	(5.61)	(5.38)	(5.30)	(7.29)
stru	1.8626**	1.8546**	2.1482***	1.8328**
	(2.51)	(2.52)	(2.89)	(2.52)
edu	1.1540***	1.1568***	1.1490***	1.1252***
	(23.66)	(23.83)	(23.53)	(22.68)
rd	8.5401*	8.4658**	8.8241**	7.9055*
	(1.81)	(2.01)	(2.38)	(1.67)
gov	31.5015***	31.9071***	31.0530***	29.5164***
	(9.54)	(9.62)	(9.57)	(9.01)
urbanization	0.7180**	0.7376**	0.6710*	0.6969**
	(2.06)	(2.13)	(1.92)	(1.98)
infrastructure	0.005	0.0005	0.0004	0.0010
	(0.32)	(0.29)	(0.22)	(0.58)
open	2.7935	2.8282	2.6311	2.5042
	(0.63)	(0.64)	(0.59)	(0.57)
门限值	2.1827	2.1817	2.1541	17.9235
低区制	−0.2330	−0.2522	−0.2149	−0.0103
	(−1.36)	(−1.44)	(−1.31)	(−0.18)
高区制	0.1156*	0.1130*	0.1735**	0.2085**
	(1.69)	(1.85)	(2.36)	(2.19)
个体效应	控制	控制	控制	控制
时间效应	控制	控制	控制	控制
R^2	0.6603	0.6409	0.6700	0.6423
N	279	279	279	279

备注：***、**和*分别表示在1%、5%和10%水平上显著；括号中的数值为t统计量。

另外，表6-8中模型（25）显示，当区域金融监管水平小于门限值2.1817时，数字金融覆盖广度的系数估计值为-0.2522，但未通过10%显著性检验；当区域金融监管水平大于门限值2.1817时，数字金融覆盖广度的系数估计值在10%显著性水平下显著为正。模型（26）显示，当区域金融监管水平小于门限值2.1514时，数字金融使用深度的系数估计值为负，但未通过10%显著性检验；当区域金融监管水平大于门限值2.1514时，数字金融使用深度的系数估计值在5%显著性水平下显著为正。模型（27）显示，当区域金融监管水平小于门限值17.9235时，数字金融数字化程度的系数估计值为负，但未通过10%显著性检验；当区域金融监管水平大于门限值17.9235时，数字金融数字化程度的系数估计值在5%显著性水平下显著为正。以上估计结果均表明数字金融对区域研发创新驱动作用的发挥离不开有效的金融监管，当区域金融监管水平较低时，数字金融对研发阶段区域技术创新的影响并不明显；当区域金融监管水平较高时，数字金融对研发阶段区域技术创新具有明显促进作用。也就说，受区域金融监管水平的影响，数字金融对研发阶段区域技术创新水平的影响呈非线性。

二、门限效应的稳健性检验

为了确保门限检验结果的有效性，本节采用更换金融监管水平的测算方法对其进行稳健性检验。具体而言，选用地方公共财政支出中金融监管支出比重衡量地区金融监管水平；同时，考虑到财政金融监管支出比重的数量级太小，对其作扩大一千倍处理，即采用地方公共财政支出中金融监管支出比重扩大一千倍作为地区金融监管水平的代理变量进行稳健性检验，详细检验结果如表6-9所示。

表6-9　数字金融与区域研发创新的非线性关系的稳健性检验结果

变量	（28）	（29）	（30）	（31）
	df_aggregate	df_coverage	df_usage	df_digitization
lnrgdp	0.5993***	0.5676***	0.5658***	0.7015***
	(5.33)	(5.02)	(5.14)	(7.35)

续表

变量	(28) df_aggregate	(29) df_coverage	(30) df_usage	(31) df_digitization
stru	1.4528*	1.4257*	1.6126**	1.2836*
	(1.88)	(1.87)	(2.08)	(1.68)
edu	1.1433***	1.1464***	1.1320***	1.1410***
	(24.00)	(24.16)	(23.65)	24.15
rd	7.1103**	7.9300**	7.9882***	7.0005**
	(2.41)	(1.99)	(2.67)	(2.16)
gov	31.7658***	32.3112***	31.1258***	30.5068***
	(9.92)	(10.06)	(9.89)	(9.45)
urbanization	0.6353*	0.6801**	0.6140*	0.5548
	(1.84)	(1.98)	(1.77)	(1.60)
infrastructure	0.0006	0.0006	0.0008	0.0005
	(1.45)	(0.40)	(0.54)	(0.35)
open	2.0106	1.7475	2.0163	2.5864
	(0.47)	(0.41)	(0.47)	(0.60)
门限值	0.9879	0.9879	0.9879	0.9879
低区制	0.0425	0.0450	0.0690	0.0328
	(0.40)	(0.50)	(0.60)	(0.37)
高区制	0.1421**	0.1542**	0.1946***	0.0395*
	(2.05)	(2.46)	(2.62)	(1.72)
个体效应	控制	控制	控制	控制
时间效应	控制	控制	控制	控制
N	279	279	279	279

备注：***、**和*分别表示在1%、5%和10%水平上显著；括号中的数值为t统计量。

表6-9估计结果显示，当区域金融监管水平的代理变量低于门限值0.9879时，数字金融总体发展水平、数字金融覆盖广度、数字金融使用深度

<<< 第六章 中国数字金融对研发阶段区域技术创新的影响效应

以及数字金融数字化程度的系数估计值分别为 0.0425、0.0450、0.0690、0.0328，但均未通过 10%显著性水平检验；当区域金融监管水平的代理变量大于门限值 0.9879 时，数字金融总体发展水平、数字金融覆盖广度、数字金融使用深度以及数字金融数字化程度的系数估计值分别为 0.1421、0.1542、0.1946、0.0396，且均通过了 10%显著性检验，这说明数字金融对区域研发创新驱动作用的发挥离不开有效的金融监管。只有区域金融监管水平大于门限值时，数字金融才会促进区域研发创新水平。总之，更换区域金融监管水平的测算方法后，实证结果依然成立，数字金融对区域研发创新水平的金融监管门限效应具有较强的稳健性。

第五节 地区异质性检验

数字金融作为一种依托新兴技术发展起来的新金融业态，不仅可以拓展融资渠道，还可以弥补传统金融服务的不足；同时，数字金融的网络性和技术性也使得其风险性较传统金融更高，需要完善的金融监管环境和市场制度环境才能守住其风险性。那么，数字金融的发展是否可以弱化各区域研发阶段技术创新水平的差距，数字金融对不同区域研发阶段技术创新的影响是否存在差异性？基于此，本节将研究样本分为东部[①]、中部[②]以及西部地区[③]，探讨在不同区域数字金融对研发阶段技术创新水平的影响效应。

表 6-10 中模型（32）（33）（34）（35）的研究样本分别为 31 个省（自治区、直辖市）、东部地区、中部地区和西部地区。其中，模型（32）中数字金融的系数估计值为 0.1121，且通过了 5%显著性水平检验，表明数字金融对研发阶段区域技术创新具有显著促进作用；模型（33）和（34）中数字金融的系数估计值为正，但未通过 10%显著性水平检验；模型（35）中数字金融的系数估计值为 0.1884，且通过了 1%显著性水平检验。对比模型（33）

---

① 东部地区：北京、天津、河北、辽宁、上海、江苏、浙江、福建、山东、广东、海南。
② 中部地区：山西、吉林、黑龙江、安徽、江西、河南、湖北、湖南。
③ 西部地区：四川、重庆、贵州、云南、广西、内蒙古、西藏、陕西、甘肃、青海、宁夏、新疆。

(34) 和 (35) 中数字金融的系数估计值和显著性水平发现, 数字金融对研发阶段区域技术创新水平的促进作用在西部地区更为显著。出现以上结果可能是因为在研发阶段, 研发创新主体对资金的需求量较大, 相比东、中部地区, 西部地区金融资源匮乏, 数字金融的出现为西部地区市场主体获取金融资源提供了可能, 缓解西部地区信贷约束的作用更为明显, 对西部地区研发阶段技术创新的促进作用也就更显著。

表6-10 数字金融影响研发阶段技术创新的区域差异

变量	(32) 全样本	(33) 东部	(34) 中部	(35) 西部
$df\_aggregate$	0.1121** (2.35)	0.0624 (0.73)	0.0811 (0.91)	0.1884*** (2.90)
$lnrgdp$	0.3779*** (3.64)	0.5540*** (3.92)	1.1190*** (2.68)	0.5756* (1.93)
fin	0.2242*** (3.69)	0.1223 (1.29)	0.3321* (1.75)	0.1170 (1.37)
$stru$	8.4021*** (5.44)	2.9671** (2.49)	1.0642 (1.37)	4.8963* (1.77)
edu	0.7392*** (3.16)	0.005* (1.78)	0.7919** (2.06)	0.7800** (2.41)
rd	7.8824* (1.66)	6.0754 (1.54)	7.9200* (1.70)	6.8956* (1.83)
gov	4.6231** (2.33)	11.7162** (2.56)	11.6731 (1.51)	7.1123* (1.67)
$urbanization$	0.6876 (0.73)	1.1151 (0.92)	1.3437 (0.39)	0.9647*** (3.59)
$infrastructure$	0.0219*** (4.02)	0.0398 (1.53)	0.0138 (0.78)	0.0303*** (6.64)
$open$	4.0583*** (2.71)	3.4928 (1.37)	26.9559 (1.18)	13.6719* (1.68)

续表

变量	(32)	(33)	(34)	(35)
	全样本	东部	中部	西部
_cons	-6.3070***	-0.3334	-0.2645	0.6470
	(-4.84)	(-1.07)	(-1.09)	(0.29)
个体效应	控制	控制	控制	控制
时间效应	控制	控制	控制	控制
$Adj\text{-}R^2$	0.8409	0.8125	0.8736	0.9000
N	279	99	72	108

备注：***、**和*分别表示在1%、5%和10%水平上显著；括号中的数值为t统计量。

第七章

中国数字金融对产品化阶段区域技术创新的影响效应

产品化阶段的技术创新是整个技术创新活动的中间过程,不仅是将研发成果进行转化的阶段,也是为产业化阶段技术创新活动做准备的阶段,在整个技术创新过程中起着承上启下的作用。[①] 研发创新成果的有效转化是激励技术创新主体进行持续性技术创新活动的关键环节,只有产品化阶段的技术创新活动顺利进行才能促进整个技术创新活动的良性循环。[②] 在产品化阶段,技术创新主体不仅需要对研发阶段的创新成果进行后续试验、开发和成果试制,还需要将新产品推向市场,试验市场对新产品的认可度或者接受度。因此,研发成果是否能够成功转化不仅需要大量技术创新资金的支持,还受到区域居民消费行为的影响。

数字金融作为一种新的金融业态,一方面,可以为技术创新主体提供多样性、便利化以及低成本的金融服务,一定程度上可以满足产品化阶段技术创新活动对资金的需求,缓解其面临的信贷约束问题;另一方面,数字金融提供的数字信贷、数字支付以及数字投资等业务不仅可以增加居民财富、缓解居民面临的流动性约束,还极大地便利化了居民的消费支付行为,刺激了

[①] 齐庆祝,李莹. 企业技术创新阶段性融资模式设计与案例分析 [J]. 科技进步与对策, 2013, 30 (14): 108-111.
[②] 庄旭东,王仁曾. 数字金融能促进产业创新成果转化吗 [J]. 现代经济探讨, 2021 (6): 58-67.

居民消费欲望①②③，改变了居民的消费行为和结构④⑤，影响市场对新产品的接受程度，进而影响产品化阶段的区域技术创新水平⑥⑦。此外，数字金融在为市场主体获取金融服务提供便利的同时，也刺激了居民进行超前消费，增加和扩大了金融风险效应，使得有效金融监管至关重要。金融监管水平越高的地区，其数字金融越能健康发展，数字金融对区域产品化阶段技术创新的促进作用也更加显著。因此，受地区金融监管水平差异的影响，数字金融对产品化创新活动的影响可能存在非线性效应。

基于以上分析，本章将从省域层面划分区域，构建面板数据模型检验数字金融对产品化阶段技术创新影响的直接效应和区域异质性；构建中介效应模型对数字金融和区域产品化阶段技术创新之间的关系进行机制检验；构建面板数据门限模型检验数字金融与产品化阶段区域技术创新之间的非线性关系。

第一节 研究设计

一、模型设定

本章主要研究中国数字金融发展对产品化阶段区域技术创新影响的直接

---

① Li J, Wu Y, Xiao J J. The impact of digital finance on household consumption: Evidence from China [J]. Economic Modelling, 2020, 86: 317-326.
② 尹志超，公雪，郭沛瑶. 移动支付对创业的影响——来自中国家庭金融调查的微观证据 [J]. 中国工业经济, 2019 (3): 119-137.
③ 尹志超，公雪，潘北啸. 移动支付对家庭货币需求的影响——来自中国家庭金融调查的微观证据 [J]. 金融研究, 2019 (10): 40-58.
④ 孙成昊，谢太峰. 互联网消费金融影响家庭消费升级的实证检验 [J]. 统计与决策, 2020, 36 (17): 134-137.
⑤ 黄凯南，郝祥如. 数字金融是否促进了居民消费升级？[J]. 山东社会科学, 2021 (1): 117-125.
⑥ 刘佳鑫，李莎. "双循环"背景下数字金融发展与区域创新水平提升 [J]. 经济问题, 2021 (6): 24-32.
⑦ 谢雪燕，朱晓阳. 数字金融与中小企业技术创新——来自新三板企业的证据 [J]. 国际金融研究, 2021 (1): 87-96.

效应、地区异质性、作用机制以及非线性效应。基于前文理论分析，设定如下面板数据模型、中介效应模型以及面板数据门限模型进行实证检验。

（一）面板数据模型

数字金融是依托数字技术发展起来的一种新金融，不仅能够为产品化阶段区域技术创新提供资金支持，还可以通过影响区域内居民消费行为习惯，进而影响产品化阶段的区域技术创新活动。同时，产品化阶段区域技术创新是对研发阶段的技术创新产出进行后续试验、开发和成果试制，将新产品推向市场，试验市场对新产品的认可度或者接受度的过程，还受到区域内经济增长速度、传统金融资源、产业结构、教育水平、城市化水平、基础设施、新产品开发经费投入以及实业景气程度等因素的影响。因此，本书在构建数字金融影响产品化阶段区域技术创新水平的模型中，尽可能地对以上因素进行控制，具体设定如下检验模型：

$$\begin{aligned} product\_innov_{it} = &\alpha_0 + \alpha_1 df_{it} + \alpha_2 gdp\_rate_{it} \\ &+ \alpha_3 fin_{it} + \alpha_4 stru_{it} + \alpha_5 edu_{it} + \alpha_6 urbanization_{it} \\ &+ \alpha_7 infrastructure_{it} + \alpha_8 funds_{it} + \alpha_9 ume_{it} + \mu_t + \nu_i + \varepsilon_{it} \end{aligned} \quad (7-1)$$

在式（7-1）中，$product\_innov$ 为本章的被解释变量产品化阶段区域技术创新水平，用区域新产品销售收入的自然对数（$lnnewproduct\_income$）进行衡量；同时，采用下一期区域新产品销售收入的自然对数（$Nlnnewproduct\_income$）作为产品化阶段区域技术创新水平的代理变量，考察数字金融对产品化阶段区域技术创新活动是否存在滞后性；另外，采用区域新产品开发项目数的自然对数（$lnnewproduct$）进行稳健性检验。df 为本章的解释变量各区域的数字金融发展水平，分别用数字金融总指数（$df\_aggregate$）、数字金融覆盖广度（$df\_coverage$）、数字金融使用深度（df_usage）、数字金融数字化程度（$df\_digitization$）表示。dp_rate、fin、$stru$、edu、$urbanization$、$infrastructure$、$funds$、ume 是本章的控制变量，分别表示各区域经济增长速度、传统金融发展水平、产业结构、教育水平、城市化水平、基础设施、经费投入以及实业景气程度；μ、ν 分别表示时间效应和个体效应；ε 表示随机误差项；i 和 t 分别表示所在区域和年份；α_1，α_2，…，α_9 分别为各个变量对应的估计系数。

(二) 中介效应模型

根据前文理论机制分析可知,数字金融主要通过影响区域内信贷约束程度、居民消费行为,进而影响产品化阶段区域技术创新水平。本章采用 Baron and Kenny[①] 提出的中介效应分析模型进行机制检验,构建如下以区域信贷约束、消费规模和消费结构为机制变量的中介效应模型,具体模型设定如下:

$$\begin{aligned} product\_innov_{it} &= \alpha_0 + \alpha_1 df_{it} + \alpha_2 gdp\_rate_{it} \\ &+ \alpha_3 fin_{it} + \alpha_4 stru_{it} + \alpha_5 edu_{it} + \alpha_6 urbanization_{it} \\ &+ \alpha_7 infrastructure_{it} + \alpha_8 funds_{it} + \alpha_9 ume_{it} + \mu_t + \nu_i + \varepsilon_{it} \end{aligned} \quad (7-1)$$

$$\begin{aligned} Z_{it} &= \beta_0 + \beta_1 df_{it} + \beta_2 gdp\_rate_{it} \\ &+ \beta_3 fin_{it} + \beta_4 stru_{it} + \beta_5 edu_{it} + \beta_6 urbanization_{it} \\ &+ \beta_7 infrastructure_{it} + \beta_8 funds_{it} + \beta_9 ume_{it} + \mu_t + \nu_i + \varepsilon_{it} \end{aligned} \quad (7-2)$$

$$\begin{aligned} product\_innov_{it} &= \gamma_0 + \gamma_1 df_{it} + \gamma_2 Z_{it} + \gamma_3 gdp\_rate_{it} \\ &+ \gamma_4 fin_{it} + \gamma_5 stru_{it} + \gamma_6 edu_{it} + \gamma_7 urbanization_{it} \\ &+ \gamma_8 infrastructure_{it} + \gamma_9 funds_{it} + \gamma_{10} ume_{it} + \mu_t + \nu_i + \varepsilon_{it} \end{aligned} \quad (7-3)$$

其中,式 (7-2) (7-3) 中的 Z 变量为机制变量,本章的机制变量为区域信贷约束 (credit_constraints)、消费规模 (con_scale) 和消费结构 (con_stru),其他变量的含义与式 (7-1) 保持一致,α_1、α_2、…、α_9、β_1、β_2、…、β_9、γ_1、γ_2、…、γ_{10} 分别为各个变量对应的估计系数。式 (7-1) 用于检验数字金融对产品化阶段区域技术创新的直接影响,若其系数 α_1 显著不为零,则可以继续用式 (7-2) 检验数字金融 (df) 对机制变量 (Z) 的影响;如果系数 β_1 显著不为零,则可以进入下一步检验,采用式 (7-3) 同时加入解释变量数字金融 (df) 和机制变量 (Z) 进行分析;如果估计系数 γ_2 显著不为零且系数 γ_1 不显著,则机制变量 (Z) 是数字金融影响产品化阶段区域技术创新的完全中介效应;如果估计系数 γ_2 显著不为零且系数 γ_1 也显著不为零,则机制变量 (Z) 是数字金融影响产品化阶段区域技术创新的部分

---

① Baron R M, Kenny D A. The moderator-mediator variable distinction in social psychological research: Conceptual, strategic, and statistical considerations [J]. Journal of personality and social psychology, 1986, 51 (6): 1173.

中介效应,且中介效应占总效应的比重为 $\beta_1\gamma_2/\gamma_1$;如果估计系数 γ_2 和 γ_1 均不显著,则机制变量(Z)不是数字金融影响产品化阶段区域技术创新的中介效应。[①]

(三)面板数据门限模型

基于前文的理论分析,本章构建以区域金融监管水平为门限变量的面板数据门限模型检验数字金融与产品化阶段区域技术创新之间的非线性关系,具体模型设定如下:

$$\begin{aligned}product\_innov_{it} &= \xi_0 + \xi_1 df_{it} \times I(supervise_{it} \leq r) \\&+ \xi_2 df_{it} \times I(supervise_{it} > r) + \xi_3 gdp\_rate_{it} \\&+ \xi_4 stru_{it} + \xi_5 edu_{it} + \xi_6 urbanization_{it} \\&+ \xi_7 infrastructure_{it} + \xi_8 fund_{it} + \xi_9 ume_{it} + \mu_t + \nu_i + \varepsilon_{it}\end{aligned} \quad (7-4)$$

式(7-4)中区域金融发展水平($supervise$)为门限变量,$I(\cdot)$ 表示门限回归模型中的示性函数,如果括号中表达式为真则取值为 1,反之取值为 0,r 为门限回归模型的实际门限值,$\xi_1,\xi_2,\cdots,\xi_9$ 为各变量对应的待估系数。

二、变量设定及说明

(一)被解释变量

产品化阶段区域技术创新为本章的被解释变量。本章选用区域新产品销售收入的自然对数(ln$newproduct\_income$)作为产品化阶段区域技术创新水平的代理变量;同时,考虑到研发成果转化为新产品所需时间较长,数字金融对产品化阶段技术创新活动的影响具有滞后性,还采用下一期区域新产品销售收入的自然对数(Nln$newproduct\_income$)进行衡量;另外,区域新产品开发项目数一定程度上也体现了产品化阶段的区域技术创新水平,本章采用区域新产品开发项目数的自然对数(ln$newproduct$)进行稳健性检验。综上,本章的被解释变量选用区域新产品销售收入的自然对数、下一期区域新产品

[①] 温忠麟,叶宝娟. 中介效应分析:方法和模型发展[J]. 心理科学进展,2014,22(5):731-745.

销售收入以及新产品开发项目数的自然对数进行衡量。

(二) 解释变量

本章的解释变量与第四章的解释变量一样，均为区域数字金融发展水平，仍然选用北京大学数字金融中心联合蚂蚁金服集团，利用蚂蚁金服提供的海量数据，编制并发布的历年《数字普惠金融指数》作为区域数字金融发展水平的代理变量，该指数的具体构成、测算方法和步骤详见郭峰等[1]发布的文章《测度中国数字普惠金融发展：指数编制与空间特征》。数字金融指数主要从数字金融的覆盖广度、使用深度以及数字化程度三个方面进行构建，共计33个具体指标，具体指标如上表4-1所示。因此，本章分别选用区域数字金融发展总指数、覆盖广度指数、使用深度指数以及数字化程度指数衡量区域数字金融发展水平。同时，为了消除数据趋势波动的影响，最终采用数字金融发展总指数的自然对数作为数字金融总体发展水平的代理变量（df_aggregate）；选用数字金融覆盖广度指数的自然对数作为数字金融覆盖广度的代理变量（df_coverage）；选用数字金融使用深度指数的自然对数作为数字金融使用深度的代理变量（df_usage）；采用数字金融数字化程度指数的自然对数作为数字金融数字化程度的代理变量（df_digitization）。

(三) 机制变量

根据前文理论分析可知，本章的机制变量为区域信贷约束水平（credit_constraints）、消费规模（con_scale）以及消费结构（con_stru）。其中，区域信贷约束水平与第四章一样，采用区域内金融机构期末贷款余额和存款余额的比值表示。

消费规模（con_scale），衡量的是区域人均居民总体消费水平。为了消除数据波动的影响，选用区域人均居民整体消费水平的自然对数作为区域消费规模的代理变量。

---

[1] 郭峰, 王靖一, 王芳, 等. 测度中国数字普惠金融发展：指数编制与空间特征 [J]. 经济学 (季刊), 2020, 19 (4)：1401-1418.

消费结构（con_stru），反映的是区域居民消费各类商品比例关系的变化[1]，用来衡量区域消费升级的情况，采用高档商品消费占居民总体消费支出的比重表示。通常来说，将食品、衣着等消费内容视为基本商品消费，将休闲、娱乐等消费内容视为高档商品消费，但此种分类较为粗略，不能全面刻画居民的消费结构。基本品是用于满足居民生活基本需求的商品，其需求收入弹性较小；而高档品多是在满足基本生活需求后，用来发展自身和享受的消费品，其需求收入弹性较大。本章借鉴黄凯南和郝祥如[2]、杨伟明等[3]的做法，采用扩展线性支出系统模型（ELES）来测算居民对各种消费品的需求收入弹性，将需求收入弹性小于均值的消费品划分为基本消费品，将需求收入弹性大于均值的消费品划分为高档消费品。测算各消费品需求收入弹性的计量模型如下：

$$C_i = \alpha_i + \xi_i Y + \varepsilon_i \quad (7-5)$$

式（7-5）中的 C_i 表示对第 i 种消费品消费的总支出，Y 为区域居民的可支配收入，α 和 ξ 为待估计的参数，ε 为随机扰动项。

首先，根据国家统计局在统计居民消费支出时对居民消费品的分类，将居民消费品分为食品烟酒消费、衣着消费、居住消费、家庭设备及服务消费、交通和通信消费、教育文化娱乐消费、医疗保健消费以及其他用品和服务消费八大类，利用式（7-5）计算各种消费品支出的参数估计值 α 和 ξ。然后，计算各种商品的需求收入弹性，计算需求收入弹性的公式如下：

$$E_i = \frac{\partial X_i/X_i}{\partial Y/Y} = \xi_i \frac{Y}{X_i P_i} = \xi_i \frac{Y}{C_i} \quad (7-6)$$

式（7-6）中 E_i 为第 i 种消费品的需求收入弹性，X_i 为第 i 种消费品的实际需求量，P_i 为第 i 种消费品的价格。根据式（7-6）计算出八类消费品 2011—2019 年的需求收入弹性如表 7-1 所示。

---

[1] 尹世杰.关于"家庭经济"一些值得研究的问题[J].经济评论，2007（1）：32-36.
[2] 黄凯南，郝祥如.数字金融是否促进了居民消费升级？[J].山东社会科学，2021（1）：117-125.
[3] 杨伟明，粟麟，孙瑞立，等.数字金融是否促进了消费升级？——基于面板数据的证据[J].国际金融研究，2021（4）：13-22.

表 7-1 2011—2019 年居民各项消费品的消费收入弹性

年份	食品烟酒	衣着	居住	生活用品	交通通信	教育文化	医疗保健	其他用品
2011	0.7876	0.6713	1.5236	0.9532	1.1504	1.3206	0.9439	1.0126
2012	0.7860	0.6724	1.5432	0.9520	1.1472	1.3209	0.9440	1.0110
2013	0.7452	0.6583	1.3890	0.9301	1.1600	1.3200	0.9438	1.0780
2014	0.7438	0.6380	1.2903	0.9317	1.1531	1.3197	0.9541	1.0774
2015	0.7387	0.6300	1.2998	0.9300	1.1482	1.3122	0.9543	1.0815
2016	0.7386	0.6201	1.2991	0.9298	1.4691	1.2953	0.9546	1.0791
2017	0.7259	0.6081	1.2887	0.9346	1.4506	1.2910	0.9551	1.0746
2018	0.7207	0.6011	1.2890	0.9351	1.4500	1.2907	0.9543	1.0657
2019	0.7172	0.5982	1.2872	0.9347	1.4589	1.2904	0.9571	1.0755
均值	0.7449	0.6331	1.3567	0.9368	1.2875	1.3068	0.9512	1.0617

根据表 7-1 计算结果可知，2011—2019 年八类消费品的需求收入弹性的平均值为 1.0348，本章将消费收入弹性小于均值 1.0348 的消费品（食品烟酒、衣着、生活用品以及医疗保健）作为基本消费品；将消费收入弹性大于均值 1.0348 的消费品（居住、交通通信、教育文化以及其他用品）视为高档消费品。最后，将居住、交通通信、教育文化以及其他用品的消费支出占居民总体消费水平的比重作为消费结构的代理变量。

（四）门限变量

基于前文理论分析可知，本章的门限变量为区域内金融监管水平（$supervise$）。借鉴唐松等[1]的做法，采用区域财政金融监管支出占金融业增加值的比重进行衡量。

---

[1] 唐松，伍旭川，祝佳. 数字金融与企业技术创新——结构特征、机制识别与金融监管下的效应差异［J］. 管理世界，2020，36（5）：52-66，9.

(五) 控制变量

除了核心解释变量数字金融对产品化阶段区域技术创新水平会产生影响外，其他因素也可能会对产品化阶段区域技术创新产生影响，如果遗漏了这些因素，可能会对估计结果造成偏差。在进行回归估计前，需要对这部分因素加以控制。借鉴现有文献，选用地区经济增长速度（gdp_rate）、传统金融发展水平（fin）、产业结构（$stru$）、教育水平（edu）、城市化水平（$urbanization$）、基础设施（$infrastructure$）、经费投入（$funds$）以及实业景气程度（ume）作为本章的控制变量。

地区经济增长速度（gdp_rate）：地区经济增长速度越快，反映地区经济发展速度越快，对新产品的需求就越旺盛，是影响产品化阶段区域技术创新水平的重要因素。本章采用各地区国内生产总值的增长速度进行衡量。

传统金融发展水平（fin）：在数字金融快速发展之前，传统金融服务是缓解技术创新活动融资约束的重要方式。本书采用区域内金融机构期末存款和贷款总额占区域内国内生产总值的比值表示。

产业结构（$stru$）：在中国经济发展过程中，第二、三产业产值占国内生产总值的比重逐年上升，第二、三产业升级有利于优化产业结构。本章选用第二、三产业增加值之和占国内生产总值的比重来衡量产业结构。

教育水平（edu）：区域教育水平一定程度可以反映该区域创新人才支持度，教育程度越高，拥有的创新型、技能型人才也越多，教育水平也是影响产品化阶段技术创新活动的一个重要方面。本书采用区域内普通高校在校生人数的自然对数来衡量区域教育水平。

城市化水平（$urbanization$）：通常来说，城市化水平越高，居民消费高档品和新产品的可能性就越高，势必会影响产品化阶段区域技术创新水平。本书采用城镇人口占区域总人口的比重来衡量城市化水平。

基础设施（$infrastructure$）：基础设施越完善，各区域间的联系就更加便利和密切，加快了新产品的市场流通，对新产品的销售也会产生影响。本章采用区域内人均公路里程衡量区域基础设施水平。

经费投入（$funds$）：开发新产品需要大量资金支持，本章采用开发新产品投入经费的自然对数表示。

实业景气程度（ume）：产品化阶段技术创新活动涉及的新产品开发是实体经济的重要组成部分，实体行业发展情况也是反映产品化阶段技术创新水平的一个方面，借鉴庄旭东和王仁曾[①]的做法，采用区域失业率表示。

表 7-2 产品化阶段的变量选取与说明

变量类别	变量名称	变量符号	变量说明
被解释变量	研发成果产品化	ln newproduct_income	新产品销售收入的自然对数
		Nln newproduct_income	下一期新产品销售收入的自然对数
		ln newproduct	新产品开发项目数的自然对数
解释变量	数字金融总指数	df_aggregate	数字金融总指数的自然对数
	覆盖广度	df_coverage	数字金融覆盖广度的自然对数
	使用深度	df_usage	数字金融使用深度的自然对数
	数字化程度	df_digitization	数字金融数字化程度的自然对数
机制变量	信贷约束	credit_constraints	金融机构存贷比
	消费规模	con_scale	人均居民消费水平的自然对数
	消费结构	con_stru	高档品消费支出/总体消费支出
门限变量	金融监管水平	supervise	财政金融监管支出/金融业增加值
控制变量	经济增长速度	gdp_rate	人均实际 GDP 的自然对数
	传统金融发展水平	fin	金融机构存贷余额/GDP
	产业结构	stru	第二、三产业增加值/GDP
	教育水平	edu	普通高校在校人数的自然对数
	城市化水平	urbanization	城镇人口/总人口
	基础设施	infrastructure	人均公路里程
	经费投入	funds	开发新产品投入经费的自然对数
	实业景气程度	ume	失业率

---

① 庄旭东，王仁曾. 数字金融能促进产业创新成果转化吗［J］. 现代经济探讨，2021（6）：58-67.

三、数据来源

本章选取中国 2011—2019 年 31 个省（自治区、直辖市）的面板数据作为研究样本，研究数字金融发展对产品化阶段区域技术创新的影响。其中，产品化阶段区域技术创新水平的相关数据来源于国家统计局；数字金融发展总水平、覆盖广度、使用深度、数字化程度来源于北京大学数字金融研究中心发布的《数字普惠金融指数》；各区域经济增长速度、传统金融发展水平、产业结构、教育水平、城市化水平、金融监管水平、信贷约束、消费规模、消费结构、经费投入以及实业景气程度等代理变量数据来源于国家统计局；基础设施代理变量数据来源于 Wind 数据库。在各个数据处理过程中，为消除数据中极端值对回归估计结果的影响，本书采用 Winsorize 法对各代理变量进行了 1%分位及 99%分位的缩尾处理。

第二节 数字金融对产品化阶段区域技术创新的直接影响

一、基准回归估计结果分析

（一）直接效应

为了避免伪回归，确保估计结果的有效性，在进行回归估计前需要对各个变量进行平稳性检验。本书采用 ADF-Fisher 检验法对所有变量进行平稳性检验。检验结果显示各变量的 P 值几乎为 0，均通过了 1%显著性水平检验，拒绝存在单位根的原假设，说明各变量是平稳的。此外，通过豪斯曼检验选择了面板固定效应模型进行回归估计。表 7-3 报告了数字金融总指数和各维度数字金融指数对产品化阶段区域技术创新影响的回归结果，且各回归模型都控制了影响产品化阶段技术创新水平的控制变量、个体效应和时间效应。其中，模型（1）报告的是数字金融总体发展水平对产品化阶段区域技术创新的影响结果；模型（2）（3）（4）则分别报告的是数字金融发展的覆盖广度、使用深度以及数字化程度与产品化阶段区域技术创新水平之间的关系。

表 7-3 产品化阶段直接影响效应的估计结果

变量	(1)	(2)	(3)	(4)
$df\_aggregate$	0.1400** (2.06)			
$df\_coverage$		0.1206* (1.81)		
df_usage			0.1715** (2.54)	
$df\_digitization$				0.1263** (2.55)
gdp_rate	1.6259** (2.50)	1.2699** (2.01)	1.1866** (2.12)	1.6108** (2.56)
fin	0.1995** (2.34)	0.1774** (2.08)	0.1682** (1.99)	0.1778** (2.33)
$stru$	1.8818 (0.85)	2.4664 (1.41)	1.8306 (0.83)	1.763 (0.62)
edu	0.7050** (2.18)	0.6890** (2.11)	0.6863** (2.12)	0.6498** (2.30)
$urbanization$	1.9201* (1.75)	2.0430* (1.67)	1.8316 (1.40)	2.1485 (1.19)
$infrastructure$	0.0365*** (5.48)	0.0371*** (5.53)	0.0368*** (5.51)	0.0408*** (6.45)
$funds$	0.3451*** (3.26)	0.3628*** (3.42)	0.3723*** (3.57)	0.3845*** (3.58)
ume	-0.0718 (-1.45)	-0.0705 (-0.98)	-0.0819 (-1.14)	-0.0964 (-1.32)
$\_cons$	5.8741*** (3.04)	5.3947*** (2.76)	5.6968*** (3.03)	5.7612*** (3.17)
个体效应	控制	控制	控制	控制

续表

变量	(1)	(2)	(3)	(4)
时间效应	控制	控制	控制	控制
$Adj\text{-}R^2$	0.5452	0.5394	0.5476	0.5415
N	279	279	279	279

备注：＊＊＊、＊＊和＊分别表示在1%、5%和10%水平上显著；括号中的数值为t统计量。

表7-3中模型（1）的回归结果显示，数字金融总体发展水平的系数估计值为0.1400，且通过了5%显著性检验，表明数字金融总体发展水平能显著提高产品化阶段区域技术创新水平，推动研发成果的转化，即数字金融发展水平越高，产品化阶段的区域技术创新水平也就越高。从各控制变量的估计系数来看，区域经济增长速度的估计系数在5%显著性水平下显著为正，表明区域经济增长越快，该区域研发成果的转化率越高，越有利于产品化阶段技术创新水平的提升；地区传统金融发展水平的系数估计值在5%显著性水平下显著为正，表明传统金融发展水平越高的区域，其金融生态环境就越完善，能够促进数字金融健康发展，发挥数字金融优势，进而促进研发成果转化；产业结构的系数估计值不显著；区域教育水平的系数估计值为0.7050，且通过了5%显著性水平检验，说明区域教育水平越高的地区，其高技术人才越多，对产品化阶段区域技术创新具有促进作用；城市化水平的系数估计值在10%显著性水平下显著为正，表明城市化水平越高，新产品的销售收入越高；基础设施的系数估计值在1%显著性水平下显著为正，说明地区基础设施建设越完善，交通越便利，则越有利于新产品的销售；开发新产品经费投入的系数估计值为0.3451，且通过了1%显著性水平检验，说明新产品开发和销售需要大量资金支持；实业景气程度的系数估计值为-0.0718，但未通过10%显著性检验。

从数字金融发展的各个维度来看，表7-3中模型（2）估计结果显示数字金融覆盖广度的系数估计值为0.1206，且通过了10%显著性水平检验，表明数字金融服务的覆盖面越广，那么消费者使用数字金融的可能性就越大，对产品化阶段技术创新活动的促进作用就越大；表7-3中模型（3）数字金融使用深度的系数估计值为 0.1715，且通过了 5%显著性水平检验，说明数字金融使用深度有助于研发成果转化水平提升，即有助于产品化阶段技术创新水平提升；表 7-3 中模型（4）数字金融数字化程度的系数估计值为 0.1263，且通过了 5%显著性水平检验，表明数字金融的数字化程度也能够显著提升产品化阶段的技术创新水平，即数字金融的数字化程度越高，越有利于产品化阶段技术创新水平的提升。

此外，对比表 7-3 中模型（2）（3）以及（4）中数字金融各维度的系数估计值可知，数字金融使用深度的系数估计值（0.1715）要大于数字金融覆盖广度的系数估计值（0.1206）和数字化程度的系数估计值（0.1263），这是因为数字金融服务的使用深度更能够全面真实刻画区域数字金融发展水平，对产品化阶段区域技术创新活动的促进作用更为明显。

（二）滞后效应

为了探究数字金融对产品化阶段区域技术创新的滞后效应，表 7-4 中解释变量和控制变量比被解释变量滞后一期。其中，模型（5）的解释变量是数字金融总体发展水平，模型（6）（7）以及（8）的解释变量分别是数字金融覆盖广度、使用深度以及数字化程度。

表 7-4　产品化阶段滞后效应的估计结果

变量	（5）	（6）	（7）	（8）
$df\_aggregate$	0.1345* (1.85)			
$df\_coverage$		0.0707 (1.11)		
df_usage			0.0869 (1.36)	
$df\_digitization$				0.1336*** (2.69)
gdp_rate	1.7293*** (2.79)	1.4000** (2.33)	1.2913** (2.43)	2.1501*** (3.42)

续表

变量	(5)	(6)	(7)	(8)
fin	0.0891	0.0747	0.0420	0.0782
	(1.04)	(0.87)	(0.49)	(0.94)
$stru$	2.1749	2.5713	1.7550	1.3229
	(0.93)	(1.10)	(0.76)	(0.58)
edu	1.0786***	1.1107***	1.0609***	1.1232***
	(3.18)	(3.25)	(3.16)	(3.35)
$urbanization$	1.5299	1.3430	1.3836	1.2467
	(1.17)	(1.00)	(1.06)	(1.03)
$infrastructure$	0.0482***	0.0492***	0.0490***	0.0519***
	(6.08)	(6.17)	(6.21)	(7.03)
$funds$	0.3216***	0.3459***	0.3689***	0.3034***
	(2.86)	(3.07)	(3.38)	(2.82)
ume	-0.0951	-0.0975	-0.0605	-0.0741
	(-1.19)	(-1.21)	(-0.75)	(-0.93)
$\_cons$	3.7780*	3.1127**	3.7000*	4.2409**
	(1.78)	(2.47)	(1.81)	(2.05)
个体效应	控制	控制	控制	控制
时间效应	控制	控制	控制	控制
$Adj\text{-}R^2$	0.4892	0.4831	0.4970	0.5073
N	279	279	279	279

备注：＊＊＊、＊＊和＊分别表示在1%、5%和10%水平上显著；括号中的数值为t统计量。

根据表7-4回归估计结果可知，模型（5）中滞后一期的数字金融总体发展水平在10%显著性水平下显著为正，表明数字金融对产品化阶段区域技术创新水平的影响存在滞后效应，即当期数字金融总体发展水平会显著提升下一期产品化阶段区域技术创新水平；模型（6）中滞后一期数字金融覆盖广度的系数估计值为0.0707，但并未通过10%显著性水平检验，说明数字金融覆

<<< 第七章 中国数字金融对产品化阶段区域技术创新的影响效应

盖广度对产品化阶段区域技术创新的影响不存在滞后效应；模型（7）中滞后一期的数字金融使用深度的系数估计值为0.0869，且未通过10%显著性水平检验，说明数字金融使用深度对产品化阶段区域技术创新的影响不存在滞后效应；模型（8）中滞后一期的数字金融数字化程度的系数估计值为0.1336，且通过了1%显著性水平检验，表明数字金融数字化程度对产品化阶段区域技术创新水平的影响存在滞后效应，即当期的数字金融数字化程度会显著提升下一期产品化阶段区域技术创新水平。在控制变量方面，除了传统金融发展水平和城市化水平的估计系数不显著，其他控制变量的估计结果基本与表7-3中保持一致，这里不再重复阐释。此外，对比模型（6）（7）（8）的估计结果可知，数字金融对产品化阶段区域技术创新水平影响的滞后效应主要来源于数字金融的数字化程度，主要是因为数字金融数字化程度极大地影响了居民消费行为和习惯，居民消费习惯的养成具有持续性，进而会影响下一期产品化阶段区域技术创新水平。

二、内生性分析

上文报告了区域数字金融对产品化阶段技术创新水平的直接影响效应，但以上估计结果可能会受内生性问题的影响，致使估计结果偏离实际，缺乏可信度。产生内生性问题的第一个主要原因是双向因果关系，即数字金融会影响产品化阶段区域技术创新水平，反过来产品化阶段区域技术创新也会影响该区域数字金融的发展水平[①]；此外，影响产品化阶段技术创新水平的因素众多，在设计模型时不可能对其面面俱到，遗漏变量的存在也会导致估计结果出现偏差。因此，为了更准确地掌握数字金融对产品化阶段区域技术创新的影响效应，本节选用数字金融的滞后一期（$L.df\_aggregate$）和移动电话普及率（$mobile$）作为工具变量，采用两阶段最小二乘法对数字金融与产品化阶段区域技术创新之间的关系进行估计。主要是因为区域智能手机的普遍使用是数字金融发展的载体，移动电话使用情况与数字金融发展存在密切的关联；同时，控制相关因素后，区域移动电话普及率对产品化阶段技术创新活

[①] 庄旭东，王仁曾. 数字金融能促进产业创新成果转化吗［J］. 现代经济探讨，2021（6）：58-67.

动并不会产生直接影响。引入工具变量后的回归估计结果如下表7-5和7-6。其中，表7-5中模型（9）和（10）、表7-6中模型（13）和（14）是以数字金融总体发展指数的滞后一期为工具变量的估计结果；表7-5中模型（11）和（12）、表7-6中模型（15）和（16）是以区域移动电话普及率作为工具变量的估计结果。

表7-5 产品化阶段的内生性问题估计结果（直接效应）

变量	IV-2SLS（L.df_aggregate）		IV-2SLS（mobile）	
	(9)	(10)	(11)	(12)
	df_aggregate	lnpatent	df_aggregate	lnpatent
L.df_aggregate	0.5438*** (51.06)			
mobile			0.0546*** (3.15)	
df_aggregate		0.1779* (1.78)		0.7823** (2.13)
gdp_rate	0.6738*** (4.62)	0.2743** (2.37)	7.1822*** (8.33)	5.5167* (1.92)
fin	0.0128* (1.70)	0.1043*** (2.79)	0.0920** (2.09)	0.1723*** (2.80)
stru	0.1517* (1.92)	4.7658*** (5.02)	0.4984** (2.19)	5.478*** (4.31)
edu	0.0018** (2.11)	0.3757** (2.35)	0.2249* (1.69)	0.3964*** (2.63)
urbanization	0.2011*** (2.68)	0.5379** (2.53)	0.2788* (1.95)	0.4988 (1.13)
infrastructure	0.004* (1.93)	0.0014 (0.85)	0.0047*** (3.90)	0.0079*** (3.32)
funds	0.0201** (2.51)	0.7105*** (6.71)	0.1863** (2.52)	0.5662*** (4.20)

续表

变量	IV-2SLS（L. *df_ aggregate*）		IV-2SLS（*mobile*）	
	（9）	（10）	（11）	（12）
	df_ aggregate	lnpatent	*df_ aggregate*	lnpatent
ume	-0.0192**	-0.0348	-0.1260***	-0.0592
	(-2.08)	(-1.14)	(-2.66)	(-0.88)
_cons	2.2679***	0.0352	3.7235***	-2.0741
	(19.92)	(1.05)	(6.62)	(-1.12)
个体效应	控制	控制	控制	控制
时间效应	控制	控制	控制	控制
第一阶段F值	381.97		25.09	
N	279	279	279	279

备注：***、**和*分别表示在1%、5%和10%水平上显著；括号中的数值为t统计量。

（一）直接效应的内生性分析

根据表7-5中模型（9）和（10）的回归估计结果可知，以数字金融滞后期作为工具变量时，第一阶段的联合F值为381.97，大于10，说明选用的工具变量较为合适；同时，数字金融的估计系数为0.1779，且在10%水平下显著，也就说数字金融对产品化阶段区域技术创新的影响系数仍然显著为正。

表7-5中模型（11）和（12）的回归估计结果显示，以区域移动电话普及率作为工具变量时，第一阶段的联合F值为25.09，大于10，说明选用的工具变量较为合适；此外，数字金融的估计系数为0.7823，且通过了5%显著性检验，也就是说数字金融对产品化阶段区域技术创新的促进作用显著。

（二）滞后效应的内生性分析

根据表7-6中模型（13）和（14）的回归估计结果可知，以数字金融滞后一期作为工具变量时，第一阶段的联合F值为362.98，大于10，说明选用的工具变量较为合适；同时，数字金融的估计系数为0.1469，且在10%水平下显著，也就是说数字金融对产品化阶段区域技术创新的促进作用具有滞后效应。

表7-6 产品化阶段的内生性问题估计结果（滞后效应）

变量	IV-2SLS（L.df_aggregate）		IV-2SLS（mobile）	
	(13)	(14)	(15)	(16)
	df_aggregate	lnpatent	df_aggregate	lnpatent
L.df_aggregate	0.5272*** (49.11)			
mobile			0.0526*** (2.81)	
df_aggregate		0.1469* (1.75)		0.9687** (2.32)
gdp_rate	0.9285*** (5.77)	0.3616** (2.40)	6.9918*** (8.05)	7.0029** (2.26)
fin	0.0125 (1.33)	0.1027** (2.25)	0.1096** (2.21)	0.1896** (2.52)
stru	0.1931** (2.09)	5.0258*** (4.14)	1.8476* (1.84)	5.9190*** (4.23)
edu	0.0130* (1.69)	0.3423* (1.93)	0.2068* (1.75)	0.4140** (2.54)
urbanization	0.2436*** (2.86)	0.3446 (0.89)	0.0706 (1.16)	0.3368 (0.66)
infrastructure	0.0031** (2.15)	0.0015** (2.31)	0.0044*** (3.23)	0.0069*** (2.63)
funds	0.0107* (1.77)	0.7289*** (6.05)	0.1893** (2.42)	0.5446*** (3.80)
ume	−0.0102 (−0.98)	−0.0059 (−0.18)	−0.0991*** (−2.81)	−0.0984 (−1.37)
_cons	2.3708*** (17.50)	−0.0329 (−1.05)	3.5742*** (5.80)	−3.2456* (−1.69)

续表

变量	IV-2SLS (L. *df_ aggregate*)		IV-2SLS (*mobile*)	
	(13)	(14)	(15)	(16)
	df_ aggregate	lnpatent	*df_ aggregate*	lnpatent
个体效应	控制	控制	控制	控制
时间效应	控制	控制	控制	控制
第一阶段 F 值	362.98		19.62	
N	279	279	279	279

备注：＊＊＊、＊＊和＊分别表示在1%、5%和10%水平上显著；括号中的数值为 t 统计量。

表7-6中模型（15）和（16）的回归估计结果显示，以区域移动电话普及率作为工具变量时，第一阶段的联合 F 值为 19.62，大于 10，说明选用的工具变量较为合适；此外，数字金融的估计系数为 0.9687，且通过了5%显著性检验，也就是说数字金融对产品化阶段区域技术创新的促进作用具有滞后效应。

三、稳健性检验

前文研究结果显示，数字金融发展对产品化阶段区域技术创新有显著的促进作用。但这种关系可能是代理变量选取、样本选择偏差等原因造成的。因此，本节选用更换被解释变量和研究样本的方式进行稳健性检验。

（一）更换产品化阶段区域技术创新评价指标和估计方法

产品化阶段的技术创新是将研发成果小规模转化为新产品并走向市场的阶段，开发新产品的数量也是产品化阶段技术创新成果的一种表现形式。本节采用新产品开发项目数的自然对数作为产品化阶段技术创新水平的代理变量，对数字金融与产品化阶段区域技术创新之间的关系进行稳健性检验；另外，新产品开发项目数为计数变量，采用最小二乘法进行估计会导致估计结果出现偏差，本节采用泊松回归进行估计，具体估计结果如表7-7和7-8所示。

表7-7 直接效应的稳健性检验结果（更换变量并使用泊松回归估计）

变量	(17)	(18)	(19)	(20)
$df\_aggregate$	0.0184*** (2.73)			
$df\_coverage$		0.0165*** (2.80)		
df_usage			0.0211*** (2.88)	
$df\_digitization$				0.0081** (2.34)
gdp_rate	0.2446*** (3.52)	0.2424*** (3.64)	0.2253*** (3.45)	0.1795** (2.27)
fin	0.0061 (0.73)	0.0059 (0.72)	0.0077 (0.95)	0.0049 (0.58)
$stru$	0.0950 (0.49)	0.0895 (0.46)	0.1286 (0.66)	0.0727 (0.38)
edu	0.0185* (1.91)	0.0187* (1.93)	0.0215** (2.10)	0.0196* (1.89)
$urbanization$	0.0164 (1.18)	0.0234 (0.26)	0.0077 (1.09)	0.0196 (1.03)
$infrastructure$	0.0019*** (7.72)	0.0019*** (7.80)	0.0019*** (7.65)	0.0019*** (7.53)
$funds$	0.0863*** (5.81)	0.0865*** (5.82)	0.0822*** (5.92)	0.0888*** (5.76)
ume	−0.0081 (−0.98)	−0.0085 (−1.04)	−0.0082 (−1.00)	−0.0059 (−0.73)
$\_cons$	0.7060*** (5.44)	0.7225*** (5.60)	0.7105*** (5.45)	0.7354*** (6.15)
个体效应	控制	控制	控制	控制

续表

变量	(17)	(18)	(19)	(20)
时间效应	控制	控制	控制	控制
N	279	279	279	279

备注：＊＊＊、＊＊和＊分别表示在1%、5%和10%水平上显著；括号中的数值为z统计量。

从表7-7中模型（17）可知，数字金融总体发展水平的系数估计值在1%水平上显著为正，说明数字金融总体发展水平能够显著促进产品化阶段区域技术创新水平的提升，即数字金融总体水平越高，则区域的新产品就越多。模型（18）（19）和（20）分别报告的是各维度数字金融与产品化阶段区域技术创新之间的关系，结果显示数字金融覆盖广度、使用深度以及数字化程度的系数估计值均在5%显著性水平下显著为正，说明数字金融覆盖广度、使用深度以及数字化程度均能够显著促进产品化阶段区域技术创新水平的提升。此外，数字金融使用深度的系数估计值（0.0211）要大于数字金融覆盖广度的系数估计值（0.0165）和数字金融发展数字化程度的系数估计值（0.0081），表明数字金融使用深度对产品化阶段区域技术创新活动的促进作用更为明显。由此可知，更换产品化阶段技术创新评价指标和回归估计方法后，表7-7的回归估计结果基本与表7-3中的估计结果保持一致，说明表7-3中实证结果具有较强的稳健性。

表7-8 滞后效应的稳健性检验结果（更换变量并使用泊松回归估计）

变量	(21)	(22)	(23)	(24)
$df\_aggregate$	0.0219＊＊ (2.31)			
$df\_coverage$		0.0183 (1.03)		
df_usage			0.0272 (1.11)	

续表

变量	(21)	(22)	(23)	(24)
$df\_digitization$				0.0118**
				(1.98)
gdp_rate	0.3865***	0.3727***	0.3649***	0.3327***
	(5.55)	(5.70)	(5.46)	(4.12)
fin	0.0014	0.0009	0.0028	0.0008
	(0.17)	(0.12)	(0.35)	(0.11)
$stru$	0.1764	0.1691	0.2027	0.1499
	(0.88)	(0.84)	(1.01)	(0.45)
edu	0.0290**	0.0291**	0.0293**	0.0296**
	(2.35)	(2.36)	(2.40)	(2.27)
$urbanization$	0.0426	0.0509	0.0415	0.0328
	(0.49)	(0.58)	(0.48)	(0.36)
$infrastructure$	0.0018***	0.0018***	0.0018***	0.0017***
	(7.67)	(7.73)	(7.64)	(7.10)
$funds$	0.0824***	0.0828***	0.6491***	0.7239***
	(5.33)	(5.32)	(4.41)	(4.97)
ume	-0.0127	-0.0131	-0.0421	-0.0495
	(-1.56)	(-1.64)	(-0.51)	(-0.54)
$\_cons$	0.5994***	0.6240***	-1.8376	-2.2577
	(4.71)	(5.03)	(-0.52)	(-0.54)
个体效应	控制	控制	控制	控制
时间效应	控制	控制	控制	控制
N	279	279	279	279

备注：＊＊＊、＊＊和＊分别表示在1％、5％和10％水平上显著；括号中的数值为z统计量。

从表7-8中模型（21）可知，滞后一期数字金融总体发展水平的系数估计值在5％水平上显著为正，表明数字金融总体发展水平对产品化阶段区域技术创新的影响具有滞后效应,即当期的数字金融总指数会显著提高下一期产品化阶段区域技术创新水平。模型(22)(23)和(24)分别报告了滞后一期的各维度数字金融与产品化阶段区域技术创新之间的关系,结果显示滞后一期的数字金融覆盖广度、使用深度的系数估计值分别为 0.0183 和 0.0272,但均未通过10%显著性检验;滞后一期数字金融数字化程度的系数估计值为0.0118,且在5%显著性水平下显著,说明数字金融对产品化阶段区域技术创新水平影响的滞后效应主要来源于数字金融服务的数字化程度。更换产品化阶段技术创新评价指标和回归估计方法后,表 7-8 的回归估计结果基本与表7-4 中的估计结果保持一致,说明表 7-4 中实证结果具有较强的稳健性。

(二)更换研究样本

通常来说直辖市的经济规模较大、地域广阔、人口众多,所面临的政治环境、经济环境均与其他区域存在较大区别。为了避免北京市、上海市、天津市、重庆市四个直辖市其自身经济发展规律对回归结果造成偏差,本节在进行稳健性检验时,将从研究样本中剔除这四个直辖市,最后的估计结果如表 7-9 和表 7-10 所示。

表 7-9 直接效应的稳健性检验结果(更换研究样本)

变量	(25)	(26)	(27)	(28)
$df\_aggregate$	0.1390* (1.82)			
$df\_coverage$		0.1162* (1.67)		
df_usage			0.1288** (2.13)	
$df\_digitization$				0.1233* (1.75)
gdp_rate	1.3886** (2.05)	1.0445** (2.42)	1.0101* (1.74)	1.4684** (2.11)

续表

变量	(25)	(26)	(27)	(28)
fin	0.2363** (2.54)	0.1954* (1.90)	0.2042** (2.19)	0.2059** (2.32)
$stru$	1.5205 (0.65)	3.6567 (1.40)	1.2437 (0.54)	1.8437 (0.80)
edu	0.5416* (1.79)	0.7578** (2.07)	0.5098* (1.69)	0.5692** (1.91)
$urbanization$	0.3056 (0.21)	2.5614 (1.53)	0.3881 (0.27)	0.4642 (0.34)
$infrastructure$	0.0423*** (5.43)	0.0432*** (5.52)	0.0420*** (5.40)	0.0460*** (6.43)
$funds$	0.3688*** (3.29)	0.3796*** (3.37)	0.3933*** (3.55)	0.3464*** (3.20)
ume	-0.0638 (-0.84)	-0.613 (-0.80)	-0.0798 (-1.05)	-0.0608 (-0.82)
$\_cons$	5.9117*** (2.89)	5.4108*** (2.68)	6.0035*** (2.99)	5.4554*** (2.74)
个体效应	控制	控制	控制	控制
时间效应	控制	控制	控制	控制
$Adj\text{-}R^2$	0.5533	0.5480	0.5597	0.5935
N	243	243	243	243

备注：***、**和*分别表示在1%、5%和10%水平上显著；括号中的数值为t统计量。

从表7-9中模型（25）可知，数字金融总体发展水平的系数在10%水平上显著为正，说明数字金融总体发展水平能够显著提升产品化阶段区域技术创新水平。模型（26）（27）和（28）分别报告的是各维度数字金融与产品化阶段区域技术创新水平之间的关系，结果显示各维度数字金融的系数估计值均在10%显著性水平下显著为正，说明数字金融覆盖广度、使用深度以及数字化程度均对产品化阶段区域技术创新具有显著正向影响。同时，对比模型（26）（27）和（28）中各维度数字金融的系数估计值可知，数字金融使用深度的系数估计值（0.1288）要大于数字金融覆盖广度的系数估计值（0.1162）和数字化程度的系数估计值（0.1233），表明数字金融使用深度对产品化阶段区域技术创新的促进作用更为明显。由此可知，剔除了北京市、上海市、天津市、重庆市这四个直辖市后，表7-9的回归估计结果与表7-3中的估计结果仍然保持一致，说明表7-3中实证结果具有较强的稳健性。

表7-10 滞后效应的稳健性检验结果（更换研究样本）

变量	（29）	（30）	（31）	（32）
$df\_aggregate$	0.0982** (2.20)			
$df\_coverage$		0.0374 (0.58)		
df_usage			0.0557 (0.77)	
$df\_digitization$				0.1230** (1.96)
gdp_rate	1.6769** (2.40)	1.3576** (1.99)	1.3032** (2.22)	1.9295*** (2.72)
fin	0.1213 (1.18)	0.1113 (1.08)	0.0757 (0.73)	0.0961 (0.98)
$stru$	1.3421 (0.55)	1.6116 (0.67)	0.8207 (0.34)	1.2919 (0.54)
edu	1.0143*** (2.87)	1.0452*** (2.94)	0.9675*** (2.76)	1.0374*** (3.03)
$urbanization$	0.8583 (0.54)	0.5650 (0.35)	0.6335 (0.41)	0.9807 (0.68)
$infrastructure$	0.0549*** (5.89)	0.0562*** (6.05)	0.0557*** (6.01)	0.0585*** (7.03)

续表

变量	(29)	(30)	(31)	(32)
funds	0.3722***	0.3920***	0.4126***	0.3284***
	(2.90)	(3.05)	(3.30)	(2.78)
ume	-0.1169	-0.1152	-0.0767	-0.1204
	(-1.32)	(-1.30)	(-0.86)	(-1.40)
_cons	3.4817	2.9398	3.6675*	3.6430*
	(1.56)	(1.33)	(1.70)	(1.71)
个体效应	控制	控制	控制	控制
时间效应	控制	控制	控制	控制
$Adj\text{-}R^2$	0.4951	0.4915	0.5056	0.5591
N	243	243	243	243

备注：***、**和*分别表示在1%、5%和10%水平上显著；括号中的数值为t统计量。

从表7-10中模型（29）可知，滞后一期数字金融的系数估计值在5%水平上显著为正，表明数字金融总指数对产品化阶段区域技术创新的影响具有滞后效应，即当期数字金融总体发展水平会显著促进下一期产品化阶段区域技术创新水平。模型（30）（31）和（32）分别报告了滞后一期的各维度数字金融与产品化阶段区域技术创新水平之间的关系，结果显示滞后一期的数字金融覆盖广度的系数估计值为0.0374，但未通过10%显著性检验；滞后一期的数字金融使用深度的系数估计值为0.0557，但未通过10%显著性检验；滞后一期的数字金融数字化程度的系数估计值为0.1230，且在5%显著性水平下显著，说明数字金融对产品化阶段区域技术创新影响的滞后效应主要来源于数字金融的数字化程度。由此可知，剔除研究样本中北京市、上海市、天津市、重庆市这四个直辖市后，表7-10的回归估计结果基本与表7-4中的估计结果保持一致，说明表7-4中实证结果具有较强的稳健性。

第三节 机制效应检验

在产品化阶段,技术创新主体不仅需要对研发阶段的创新产出进行后续试验、开发和成果试制,还需要将新产品推向市场,试验市场对新产品的认可度或者接受度。此阶段,不仅需要大量技术创新资金投入作为支撑,还会受到区域市场居民消费需求情况的影响。基于前文理论分析,本章采用式(7-1)(7-2)和(7-3)对数字金融影响产品化阶段区域技术创新的机制效应进行实证检验。

一、信贷约束机制的实证分析

表 7-11 中模型(33)报告的是数字金融对产品化阶段区域技术创新的直接影响效应,其数字金融总体发展水平的系数估计值为 0.1400,且在 5% 显著性水平下显著,表明数字金融对产品化阶段区域技术创新水平具有显著正向作用。模型(34)报告的是数字金融发展对区域信贷约束的直接影响效应,其数字金融总体发展水平的系数估计值为 -0.0388,且在 1% 显著性水平下显著,这表明区域信贷约束与数字金融之间呈现显著的负向关系,即数字金融的快速发展有助于缓解区域信贷约束。模型(35)包括核心解释变量数字金融和机制变量信贷约束,其数字金融总体发展水平的系数估计值为 0.1159,且通过了 10% 显著性水平;信贷约束的系数估计值为 -0.6242,且在 5% 显著性水平下显著,表明信贷约束是数字金融影响产品化阶段区域技术创新的部分中介效应。即数字金融可通过缓解区域信贷约束,提升产品化阶段技术创新水平,这与前文理论机制分析基本一致。

表 7-11 信贷约束机制的检验结果

变量	(33) ln*newproduct_ income*	(34) *credit_ constraints*	(35) ln*newproduct_ income*
df_ aggregate	0.1400** (2.06)	-0.0388*** (-2.75)	0.1159* (1.89)

续表

变量	(33) ln*newproduct_income*	(34) *credit_constraints*	(35) ln*newproduct_income*
credit_constraints			-0.6242** (-2.54)
gdp_rate	1.6259** (2.50)	0.0338 (0.33)	1.2992** (1.96)
fin	0.1995** (2.34)	0.0136 (0.94)	0.1746** (1.90)
stru	1.8818 (0.85)	-0.8651** (-2.36)	1.1525 (0.50)
edu	0.7050** (2.18)	0.1314*** (2.79)	0.5526* (1.83)
urbanization	1.9201* (1.75)	0.8513*** (3.47)	0.7569 (0.49)
infrastructure	0.0365*** (5.48)	0.0059*** (4.98)	0.0409*** (4.90)
funds	0.3451*** (3.26)	-0.0053 (-1.31)	0.4075*** (3.69)
ume	-0.0718 (-1.45)	0.0012 (0.11)	-0.0860 (-1.16)
_cons	5.8741*** (3.04)	0.0022 (0.10)	5.9818*** (2.99)
个体效应	控制	控制	控制
时间效应	控制	控制	控制
Adj-R²	0.5452	0.6568	0.5778
N	279	279	279

备注：***、**和*分别表示在1%、5%和10%水平上显著；括号中的数值为t统计量。

二、消费规模机制的实证分析

表 7-12 报告了数字金融影响产品化阶段区域技术创新的消费规模机制。其中，模型（36）报告的是数字金融对产品化阶段区域技术创新的直接影响效应，其中数字金融总体发展水平的系数估计值在 5% 显著性水平下显著为正，这表明数字金融的快速发展，有助于区域研发成果转化能力的提升。模型（37）的被解释变量为区域消费规模，报告了数字金融总体发展水平对区域居民消费规模的直接影响效应，其中数字金融总体发展水平的系数估计值为 0.1442，且通过了 1% 显著性水平检验，表明数字金融发展能够显著促进区域居民消费规模的增长。模型（38）的被解释变量为产品化阶段区域技术创新水平，解释变量既包括了数字金融总体发展水平还包括了区域居民消费规模，检验的是数字金融是否通过影响区域消费规模而作用于产品化阶段区域技术创新，其中数字金融总体发展水平的系数估计值为 0.1630，且通过了 10% 显著性水平检验；消费规模的系数估计值为 0.1670，且通过了 5% 显著性水平检验，这表明消费规模在数字金融影响产品化阶段区域技术创新活动中起到部分中介效应的作用。也就是说，数字金融可以通过扩大区域居民消费规模，进一步提升产品化阶段区域技术创新水平，与前文理论分析基本保持一致。

表 7-12 消费规模机制的检验结果

变量	(36) lnnewproduct_income	(37) con_scale	(38) lnnewproduct_income
$df\_aggregate$	0.1400** (2.06)	0.1442*** (9.06)	0.1630* (1.76)
con_scale			0.1670** (2.46)
gdp_rate	1.6259** (2.50)	0.4386*** (3.10)	1.4619** (2.09)
fin	0.1995** (2.34)	0.0926*** (4.78)	0.2208** (2.23)

续表

变量	(36) lnnewproduct_income	(37) con_scale	(38) lnnewproduct_income
stru	1.8818 (0.85)	0.7376 (1.52)	1.6437 (0.70)
edu	0.7050** (2.18)	0.2644*** (4.19)	0.5858* (1.84)
urbanization	1.9201* (1.75)	2.1634*** (7.00)	0.6669 (0.40)
infrastructure	0.0365*** (5.48)	0.0030* (1.83)	0.0428*** (5.43)
funds	0.3451*** (3.26)	0.0839*** (3.60)	0.3828*** (3.29)
ume	-0.0718 (-1.45)	-0.0078 (-0.50)	-0.0651 (-0.86)
_*cons*	5.8741*** (3.04)	4.2188*** (9.91)	6.6163*** (2.59)
个体效应	控制	控制	控制
时间效应	控制	控制	控制
$Adj\text{-}R^2$	0.5452	0.9496	0.5513
N	279	279	279

备注：＊＊＊、＊＊和＊分别表示在1%、5%和10%水平上显著；括号中的数值为t统计量。

三、消费结构机制的实证分析

本节选用居民在居住、交通通信、教育文化以及其他用品方面的消费支出占居民总体消费水平的比重作为消费结构的代理变量，检验数字金融影响产品化阶段区域技术创新的消费结构机制，检验结果如表7-13所示。其中，模型（39）报告的是数字金融对产品化阶段区域技术创新的直接影响效应，

第七章 中国数字金融对产品化阶段区域技术创新的影响效应

其数字金融总体发展水平的系数估计值在5%显著性水平下显著为正,表明数字金融能够显著促进产品化阶段区域技术创新。模型(40)中的被解释变量为区域消费结构,报告了数字金融总体发展对区域居民消费结构的直接影响,其数字金融总体发展水平的系数估计值为0.1122,且通过了1%显著性水平检验,表明数字金融有助于区域居民消费结构的优化和升级。模型(41)的被解释变量为产品化阶段区域技术创新水平,解释变量既包括了数字金融总体发展水平,还包括了区域居民消费结构,检验的是数字金融是否通过影响区域消费结构而作用于产品化阶段区域技术创新,其中,数字金融总体发展水平的系数估计值为0.4606,且通过了10%显著性水平检验;消费结构的系数估计值为0.1781,且通过了5%显著性水平检验,这表明消费结构在数字金融影响产品化阶段区域技术创新活动中起到部分中介效应的作用。也就是说,数字金融能够通过优化区域居民消费结构,而进一步促进产品化阶段区域技术创新,这与前文理论分析基本保持一致。

表7-13 消费结构机制的检验结果

变量	(39) lnnewproduct_income	(40) con_stru	(41) lnnewproduct_income
df_aggregate	0.1400** (2.06)	0.1122*** (6.45)	0.4606* (1.69)
con_stru			0.1781** (2.49)
gdp_rate	1.6259** (2.50)	0.2056*** (3.53)	0.5588** (2.29)
fin	0.1995** (2.34)	0.0044 (0.58)	0.2410** (2.18)
stru	1.8818 (0.85)	0.0148 (0.60)	2.8008 (0.77)
edu	0.7050** (2.18)	0.0457* (1.67)	0.2896* (1.70)

续表

变量	(39) lnnewproduct_income	(40) con_stru	(41) lnnewproduct_income
urbanization	1.9201* (1.75)	0.0310** (2.20)	0.0555* (1.97)
infrastructure	0.0365*** (5.48)	0.0433* (1.76)	0.0336*** (3.33)
funds	0.3451*** (3.26)	0.4180*** (3.47)	0.3255*** (2.62)
ume	-0.0718 (-1.45)	-0.0068 (-1.19)	-0.0286 (-0.34)
_cons	5.8741*** (3.04)	2.8948** (2.14)	6.2854** (2.11)
个体效应	控制	控制	控制
时间效应	控制	控制	控制
$Adj\text{-}R^2$	0.5452	0.6515	0.5894
N	279	279	279

备注：＊＊＊、＊＊和＊分别表示在1％、5％和10％水平上显著；括号中的数值为 t 统计量。

第四节 金融监管下的门限效应检验

数字金融具有较强的风险性，受区域金融监管水平差异的影响，数字金融与产品化阶段区域技术之间存在非线性关系。在进行门限回归之前，需要确定模型的门限数量。本书通过 F 统计量和自举（Boostrap）方法得到临界值以及相应的 P 值[1]，检验结果显示不管是以数字金融总指数还是各维度数字

---

[1] Hansen B E. Threshold Effects in Non-dynamic Panels: Estimation, Testing, and Inference [J]. Journal of Econometrics, 1999, 93 (2): 345-368.

金融为核心解释变量,均选择单一门限模型。因此,本节采用单一门限模型检验数字金融与产品化阶段区域技术创新之间的非线性关系。

一、门限效应检验结果分析

表7-14模型(42)的估计结果显示,当区域金融监管水平低于门限值7.7232时,数字金融总体发展水平的系数估计值为0.0159,但未通过10%显著性水平检验;当区域金融监管水平大于7.7232时,数字金融总体发展水平的系数估计值为0.1942,且通过了1%显著性检验,这表明只有区域金融监管水平大于7.7232时,数字金融才能提升产品化阶段区域技术创新水平,即受区域金融监管水平的影响,数字金融对产品化阶段区域技术创新的影响呈现非线性。

表7-14 数字金融与产品化阶段区域技术创新的非线性关系估计结果

变量	(42) $df\_aggregate$	(43) $df\_coverage$	(44) df_usage	(45) $df\_digitization$
gdp_rate	1.4622** (2.09)	1.4919** (2.23)	1.6540*** (2.65)	1.2951* (1.71)
$stru$	3.3512*** (4.67)	3.4181*** (4.78)	3.4459*** (4.85)	0.5534 (1.17)
edu	0.3928*** (5.00)	0.3919*** (5.02)	0.3795*** (4.89)	0.2889*** (3.70)
$urbanization$	0.3360 (1.03)	0.2900 (0.89)	0.2698 (0.84)	1.0647*** (2.97)
$infrastructure$	0.0017 (1.53)	0.0018 (1.56)	0.0023** (1.97)	0.0007 (0.69)
$funds$	0.7595*** (14.21)	0.7564*** (14.28)	0.7507*** (14.13)	0.8744*** (16.84)
ume	-0.0080 (-1.20)	-0.0066 (-1.17)	-0.0023 (-1.06)	-0.0719 (-1.60)

续表

变量	(42) df_aggregate	(43) df_coverage	(44) df_usage	(45) df_digitization
门限值	7.7232	7.7232	7.7232	7.7232
低区制	0.0159 (0.23)	0.0204 (0.36)	0.0606 (0.84)	-0.0353 (-0.57)
高区制	0.1942*** (3.08)	0.1685*** (3.51)	0.2580*** (4.24)	0.1129* (1.73)
个体效应	控制	控制	控制	控制
时间效应	控制	控制	控制	控制
R^2	0.5023	0.5096	0.5299	0.5172
N	279	279	279	279

备注：***、**和*分别表示在1%、5%和10%水平上显著；括号中的数值为t统计量。

另外，模型（43）（44）和（45）的核心解释变量分别为数字金融覆盖广度、使用深度以及数字化程度。估计结果显示，当区域金融监管水平小于门限值7.7232时，各维度数字金融的系数估计值均未通过10%显著性检验；当区域金融监管水平大于7.7232时，各维度数字金融的系数估计值均在10%显著性水平下显著为正。这表明数字金融对产品化阶段区域技术创新驱动作用的发挥离不开有效的金融监管，只有当区域金融监管水平超过门限值，数字金融对产品化阶段区域技术创新才具有明显促进作用，即受区域金融监管水平的影响，数字金融对产品化阶段区域技术创新的影响呈非线性。

二、门限效应的稳健性检验

为了确保门限检验结果的有效性，本节采用更换金融监管水平的测算方法对其进行稳健性检验。具体而言，选用地方公共财政支出中金融监管支出比重衡量地区金融监管水平；同时，考虑到财政金融监管支出比重的数量级太小，对其做扩大一千倍处理，即采用地方公共财政支出中金融监管支出比重扩大一千倍作为地区金融监管水平的代理变量进行稳健性检验，详细检验结果如表7-15所示。

表7-15 数字金融与产品化阶段区域技术创新的门限效应的稳健性检验结果

变量	(46) df_aggregate	(47) df_coverage	(48) df_usage	(49) df_digitization
gdp_rate	0.72343*	0.6474*	0.9817**	0.2493
	(1.94)	(1.86)	(2.39)	(0.30)
stru	3.9856***	3.9944***	3.8945***	4.0996***
	(5.26)	(5.25)	(5.16)	(5.38)
edu	0.4101***	0.4116***	0.4194***	0.4210***
	(4.42)	(4.43)	(4.49)	(4.56)
urbanization	0.5729*	0.5711*	0.5899*	0.5921*
	(1.70)	(1.69)	(1.75)	(1.74)
infrastructure	0.0219***	0.0219***	0.0211***	0.0246***
	(3.44)	(3.42)	(3.34)	(3.85)
funds	0.7481***	0.7478***	0.7408***	0.7413***
	(12.44)	(12.42)	(12.18)	(12.33)
ume	0.0180	0.0153	0.0306	0.0140
	(0.41)	(0.35)	(0.72)	(0.33)
门限值	5.1616	5.1616	5.1616	5.1616
低区制	0.0045	-0.0020	0.0557	-0.0460
	(0.08)	(-0.04)	(0.95)	(-0.83)
高区制	0.2947**	0.2595*	0.3183**	0.3729**
	(1.99)	(1.79)	(2.28)	(2.37)
个体效应	控制	控制	控制	控制
时间效应	控制	控制	控制	控制
N	279	279	279	279

备注：***、**和*分别表示在1%、5%和10%水平上显著；括号中的数值为t统计量。

根据表7-15估计结果可知，当区域金融监管水平的代理变量低于门限值5.1616时，数字金融总体发展水平、数字金融覆盖广度、数字金融使用深度以及数字金融数字化程度的系数估计值均未通过10%显著性水平检验；当区域金融监管水平的代理变量大于门限值5.1616时，数字金融总体发展水平、数字金融覆盖广度、数字金融使用深度以及数字金融数字化程度的系数估计值均在10%显著性水平下显著为正。这表明数字金融对产品化阶段区域技术创新驱动作用的发挥离不开有效的金融监管，只有当区域金融监管水平大于门限值，数字金融对产品化阶段区域技术创新才具有显著促进作用。总之，更换区域金融监管水平的测算方式后，实证结果依然成立，数字金融对产品化阶段区域技术创新水平的金融监管门限效应具有较强的稳健性。

第五节 地区异质性检验

数字金融作为一种新金融业态，依托移动互联、大数据、人工智能以及区块链等新兴技术改变了金融服务的模式和方法，不仅可以拓展融资渠道，还可以弥补传统金融服务的不足。相较于传统金融，数字金融具有更强的包容性和普惠性，能够为被传统金融排斥在外的群体提供金融服务。那么，数字金融是否可以弱化各区域产品化阶段技术创新水平的差距，数字金融对不同区域产品化阶段技术创新水平的影响是否存在差异性？基于此，本节将研究样本分为东部[1]、中部[2]以及西部地区[3]，探讨在不同区域数字金融对产品化阶段技术创新水平的影响效应，检验结果如表7-16所示。

---

[1] 东部地区：北京、天津、河北、辽宁、上海、江苏、浙江、福建、山东、广东、海南。
[2] 中部地区：山西、吉林、黑龙江、安徽、江西、河南、湖北、湖南。
[3] 西部地区：四川、重庆、贵州、云南、广西、内蒙古、西藏、陕西、甘肃、青海、宁夏、新疆。

表 7-16 数字金融影响产品化阶段技术创新的地区差异性

变量	(50) 全样本	(51) 东部	(52) 中部	(53) 西部
$df\_aggregate$	0.1400**	0.1305**	0.1198*	0.0678
	(2.06)	(2.49)	(1.90)	(0.54)
gdp_rate	1.6259**	0.6223*	2.3643***	0.0213
	(2.50)	(1.69)	(2.69)	(1.02)
fin	0.1995**	0.1528***	0.1001	0.5395***
	(2.34)	(2.74)	(0.48)	(3.76)
$stru$	1.8818	9.6993***	0.5754	6.7437*
	(0.85)	(3.67)	(0.19)	(1.75)
edu	0.7050**	0.2107**	0.0732	0.6295**
	(2.18)	(2.51)	(1.19)	(2.32)
$urbanization$	1.9201*	0.6740	0.1585	2.78467
	(1.75)	(0.84)	(0.42)	(1.05)
$infrastructure$	0.0365***	0.0250**	0.0080**	0.0481***
	(5.48)	(2.57)	(2.42)	(6.59)
$funds$	0.3451***	0.7694***	0.6997***	0.1320***
	(3.26)	(7.89)	(4.15)	(4.67)
ume	-0.0718	-0.1326*	-0.0062	-0.0659
	(-1.45)	(-1.82)	(-1.05)	(-1.44)
$\_cons$	5.8741***	14.843**	6.0749**	6.1812
	3.04	7.44	2.06	1.35
个体效应	控制	控制	控制	控制
时间效应	控制	控制	控制	控制
$Adj\text{-}R^2$	0.5452	0.7802	0.7069	0.6228
N	279	99	72	108

备注：***、**和*分别表示在1%、5%和10%水平上显著；括号中的数值为 t 统计量。

表7-16显示了在全样本、东部、中部以及西部地区，数字金融总体发展水平对产品化阶段技术创新影响的直接效应。模型（51）的研究样本为东部地区，其数字金融总体发展水平的系数估计值为0.1305，且通过了5%显著性水平检验，表明东部地区数字金融的快速发展，能够提升该地区产品化阶段技术创新水平；模型（52）的研究样本为中部地区，其数字金融总体发展水平的系数估计值为0.1198，且通过了10%显著性水平检验，表明中部地区数字金融的快速发展，能够促进该地区产品化阶段技术创新；模型（53）的研究样本为西部地区，其数字金融的系数估计值为0.0678，但未通过10%显著性检验。对比模型（51）（52）和（53）中数字金融的系数估计值和显著性水平发现，东部地区数字金融的系数估计值和显著性均大于中部和西部地区，这表明数字金融对产品化阶段区域技术创新水平的促进作用在东部地区更为显著。这可能是因为东部地区具有良好的制度环境、金融监管环境以及人力资本优势，能够更好地激发数字金融发挥其优势，进而促进研发成果的转化，推动产品化阶段技术创新水平提升。

第八章

中国数字金融对产业化阶段区域技术创新的影响效应

现阶段,中国已从高速增长转为高质量发展阶段,传统的要素、投资驱动模式已经很难推动经济的持续健康发展,必须转向更多依靠全要素生产率的提高。提高全要素生产率是衡量经济高质量发展的重要标准,也是技术创新活动的重要目标。① 技术创新的产业化阶段是整个技术创新活动的最终结果,是对被市场认可的研发技术进行大规模、批量化的应用,以提高区域全要素生产率的阶段。在产业化阶段,技术创新活动不仅需要大量资金支持,还需要通过新旧技术的更替、优化资源配置,将获得市场认可的新产品进行大规模批量化的生产,以达到降低成本、提高区域全要素生产率的目的。也就是说,产业化阶段技术创新活动不仅需要大量创新资金支持,还需要合理配置资源,才能顺利推进。

近年来,数字金融在中国飞速发展,给中国经济社会带来了巨大的变化。数字金融作为一种新金融服务,依托大数据、区块链、人工智能以及云计算等新兴技术与金融业深度融合发展,不仅拓宽了金融服务渠道,还提高了金融服务质量和资源配置效率。② 一方面,数字金融发挥金融本质功能,扩大了金融服务范围和规模,缓解了产业化阶段技术创新面临的信贷约束③;另一方面,数字金融在提供金融服务时,依托新兴技术降低信贷双方信息不对称程度,提高了金融服务效率;同时,还发挥其包容性和普惠性,弥补传统金融

---

① Aghion P, Harris C, Vickers J. Competition and growth with step-by-step innovation: An example [J]. European Economic Review, 1997, 41 (3-5): 771-782.
② 唐松,赖晓冰,黄锐. 金融科技创新如何影响全要素生产率:促进还是抑制?——理论分析框架与区域实践 [J]. 中国软科学, 2019, 4 (7): 134-144.
③ 唐松,伍旭川,祝佳. 数字金融与企业技术创新——结构特征、机制识别与金融监管下的效应差异 [J]. 管理世界, 2020, 36 (5): 52-66, 9.

服务的不足，缓解金融资源错配程度①，提高了资本配置效率②，进而实现提高区域全要素生产率的目的。此外，数字金融还具有明显的风险特性，发挥数字金融缓解区域信贷约束、优化区域金融资源配置的优势，需要高效、高水平的金融监管作为支撑。因此，受地区金融监管水平差异的影响，数字金融对产业化阶段技术创新的影响也可能存在差异性。那么，数字金融对产业化阶段技术创新将会产生何种影响？数字金融又是通过何种渠道作用于产业化阶段技术创新活动的？这是本章研究的重点内容，厘清这些问题，有助于提升金融服务实体经济的能力，具有重要的现实意义。

基于以上分析，本章将从省域层面划分区域，构建面板数据模型检验数字金融对产业化阶段区域技术创新影响的直接效应和地区异质性；构建中介效应模型检验数字金融影响产业化阶段区域技术创新的机制效应；构建面板数据门限模型检验在不同金融监管环境下，数字金融与产业化阶段区域技术创新水平之间的非线性关系。

第一节 研究设计

一、模型设定

本章主要研究中国数字金融对产业化阶段区域技术创新（全要素生产率）影响的直接效应、地区异质性、作用机制以及非线性效应。基于前文理论分析，设定如下面板数据模型、中介效应模型以及面板数据门限模型进行实证检验。

(一) 面板数据模型

根据前文理论机制分析可知，产业化阶段的区域技术创新活动是整个技

---

① 赵晓鸽，钟世虎，郭晓欣. 数字普惠金融发展、金融错配缓解与企业创新 [J]. 科研管理，2021, 42 (4)：158-169.
② 封思贤，徐卓. 数字金融、金融中介与资本配置效率 [J]. 改革，2021 (3)：40-55.

术创新活动的最终结果，是对被市场认可的研发技术进行大规模、批量化的应用，新技术的广泛应用必然驱动区域全要素生产率的提高。数字金融不仅可以为产业化阶段技术创新活动提供资金支持，还可以利用一系列新兴技术优化区域内资源配置，从而提高产业化阶段技术创新水平。此外，根据贺茂斌和杨晓维[1]、惠献波[2]的研究可知，区域人力资本水平、资本存量、研发经费投入、产业升级、政府支持程度、城市化水平、对外开放程度以及市场化等因素也是影响产业化阶段区域技术创新水平的重要因素。因此，本章在构建数字金融影响产业化阶段区域技术创新水平的模型中，尽可能地对以上因素进行控制，详细检验模型设定如下：

$$\begin{aligned}\text{indus\_innov}_{it} &= \alpha_0 + \alpha_1 df_{it} + \alpha_2 hum_{it} \\ &+ \alpha_3 capital_{it} + \alpha_4 rd_{it} + \alpha_5 stru_{it} + \alpha_6 gov_{it} + \alpha_7 urbanization_{it} \\ &+ \alpha_8 open_{it} + \alpha_9 market_{it} + \mu_t + \nu_i + \varepsilon_{it}\end{aligned} \quad (8-1)$$

其中，$indus\_innov$ 为本章的被解释变量产业化阶段区域技术创新，技术创新活动进入产业化阶段的最终结果是推动区域全要素生产率的提升，本章采用随机前沿法（SFA）测算全要素生产率增长率（sfa_tfp）对其进行衡量；同时采用基于数据包络（DEA）的 Malmquist 指数法测算全要素生产率增长率（dea_tfp）进行稳健性检验。df 为本章的解释变量各区域的数字金融发展水平，分别用数字金融总指数（$df\_aggregate$）、数字金融覆盖广度（$df\_coverage$）、数字金融使用深度（df_usage）、数字金融数字化程度（$df\_digitization$）进行表示。hum、$capital$、rd、$stru$、gov、$urbanization$、$open$、$market$ 为本章的控制变量，分别表示各区域人力资本水平、资本存量、研发经费投入、产业升级、政府支持程度、城市化水平、对外开放程度以及市场化水平；μ、ν 分别表示时间效应和个体效应；ε 表示随机误差项；i 和 t 分别表示所在区域和年份；α_1、α_2、$\cdots$、α_9 分别为各个变量对应的估计系数。

---

[1] 贺茂斌，杨晓维. 数字普惠金融、碳排放与全要素生产率 [J]. 金融论坛，2021，26（2）：18-25.
[2] 惠献波. 数字普惠金融发展与城市全要素生产率——来自278个城市的经验证据 [J]. 投资研究，2021，40（1）：4-15.

(二) 中介效应模型

数字金融主要通过影响区域内信贷约束程度和区域内金融资源配置效率，进而影响产业化阶段区域技术创新水平。为了进一步检验数字金融对产业化阶段区域技术创新的作用机制，本章采用 Baron and Kenny[①] 提出的中介效应分析模型进行机制检验，构建如下区域信贷约束和信贷资源配置效率为机制变量的中介效应检验模型，具体设定如下：

$$\begin{aligned} indus\_innov_{it} = & \alpha_0 + \alpha_1 df_{it} + \alpha_2 hum_{it} \\ & + \alpha_3 capital_{it} + \alpha_4 rd_{it} + \alpha_5 stru_{it} + \alpha_6 gov_{it} \\ & + \alpha_7 urbanization_{it} + \alpha_8 open_{it} + \alpha_9 market_{it} + \mu_t + \nu_i + \varepsilon_{it} \end{aligned} \quad (8-1)$$

$$\begin{aligned} Z_{it} = & \beta_0 + \beta_1 df_{it} + \beta_2 hum_{it} \\ & + \beta_3 capital_{it} + \beta_4 rd_{it} + \beta_5 stru_{it} + \beta_6 gov_{it} \\ & + \beta_7 urbanization_{it} + \beta_8 open_{it} + \beta_9 market_{it} + \mu_t + \nu_i + \varepsilon_{it} \end{aligned} \quad (8-2)$$

$$\begin{aligned} product\_innov_{it} = & \gamma_0 + \gamma_1 df_{it} + \gamma_2 Z_{it} + \gamma_3 hum_{it} \\ & + \gamma_4 capital_{it} + \gamma_5 rd_{it} + \gamma_6 stru_{it} + \gamma_7 gov_{it} \\ & + \gamma_8 urbanization_{it} + \gamma_9 open_{it} + \gamma_{10} market_{it} + \mu_t + \nu_i + \varepsilon_{it} \end{aligned} \quad (8-3)$$

其中，式 (8-2) (8-3) 中的 Z 变量为机制变量，分别为区域信贷约束 (credit_constraints) 和信贷资源配置效率 (allocation_eff)，其他变量的含义与式 (8-1) 保持一致，α_1、α_2、$\cdots$、α_9、β_1、β_2、$\cdots$、β_9、γ_1、γ_2、$\cdots$、γ_{10} 分别为各个变量对应的估计系数。本章主要采用表达式 (8-1) (8-2) 和 (8-3) 进行机制效应检验，检验程序为：第一，在不加入机制变量情况下，对表达式 (8-1) 进行估计，检验数字金融对产业化阶段技术创新的直接影响。第二，若模型 (8-1) 中系数 α_1 显著不为零，则继续用式 (8-2) 检验数字金融 (df) 对机制变量 (Z) 的影响。第三，如果表达式 (8-2) 中系数 β_1 显著不为零，则采用式 (8-3) 同时加入解释变量数字金融 (df) 和机制变量 (Z) 进行分析。第四，对机制检验结果进行判断，如果式 (8-3) 中估计系

[①] Baron R M, Kenny D A. The moderator-mediator variable distinction in social psychological research: Conceptual, strategic, and statistical considerations [J]. Journal of personality and social psychology, 1986, 51 (6): 1173.

数 γ_2 显著不为零且系数 γ_1 不显著,则机制变量(Z)是数字金融影响产业化阶段技术创新的完全中介效应;如果估计系数 γ_2 显著不为零且系数 γ_1 也显著不为零,则机制变量(Z)仅仅起到部分中介效应,且中介效应占总效应的比重为 $\beta_1\gamma_2/\gamma_1$;如果估计系数 γ_2 和 γ_1 均不显著,则数字金融不是通过机制变量(Z)影响产业化阶段技术创新的。

(三) 面板数据门限模型

基于前文的理论分析,本章构建以区域金融监管水平为门限变量的面板数据门限模型检验数字金融与产业化阶段区域技术创新之间的非线性关系,具体模型设定如下:

$$\begin{aligned}
\text{indus\_innov}_{it} &= \xi_0 + \xi_1 df_{it} \times I(\text{supervise}_{it} \leq r) \\
&\quad + \xi_2 df_{it} \times I(\text{supervise}_{it} > r) + \xi_3 hum_{it} \\
&\quad + \xi_4 capital_{it} + \xi_5 rd_{it} + \xi_6 stru_{it} + \xi_7 gov_{it} \\
&\quad + \xi_8 urbanization_{it} + \xi_9 open_{it} + \xi_{10} market_{it} + \mu_t + \nu_i + \varepsilon_{it}
\end{aligned} \tag{8-4}$$

式(8-4)中区域金融发展水平($supervise$)为门限变量,$I(\cdot)$ 表示门限回归模型中的示性函数,如果括号中表达式为真则取值为 1,反之取值为 0,r 为门限回归模型的实际门限值,ξ_1,ξ_2,$\cdots$,ξ_9 为各变量对应的待估系数。

二、变量设定及说明

(一) 被解释变量

产业化阶段的区域技术创新水平为本章的被解释变量。产业化阶段的技术创新活动是以产品化阶段技术创新活动为基础,以市场需求为导向,进行规模化生产和经营,形成规模化、品牌化的生产方式和经营方式,进而获得提高区域全要素生产率的结果。因此,本章采用 SFA 法测算的区域全要素生产率增长率作为产业化阶段技术创新水平的代理变量。SFA 法测算区域全要素生产率增长率的详细计算方法见第四章的第二节。此外,采用 DEA 法测算中国各区域全要素生产率增长率(dea_tfp)作为产业化阶段区域技术创新水平的代理变量,进行稳健性检验。非参数的 DEA-Malmquist 指数法无须提前设定生产函数的具体形式，通过计算生产前沿的距离函数来测算全要素生产率的增长率（dea_tfp），详细计算过程如下：

$$dea\_tfp_{it+1} = M^i_{t+1}(x^i_t, y^i_t, x^i_{t+1}, y^i_{t+1})$$

$$= \sqrt{\frac{D^i_t(x^i_{t+1}, y^i_{t+1})}{D^i_t(x^i_t, y^i_t)} \times \frac{D^i_{t+1}(x^i_{t+1}, y^i_{t+1})}{D^i_{t+1}(x^i_t, y^i_t)}} \qquad (8-5)$$

$$= \frac{D^i_{t+1}(x^i_{t+1}, y^i_{t+1})}{D^i_{t+1}(x^i_t, y^i_t)} \times \sqrt{\frac{D^i_t(x^i_t, y^i_t)}{D^i_{t+1}(x^i_t, y^i_t)} \times \frac{D^i_{t+1}(x^i_{t+1}, y^i_{t+1})}{D^i_{t+1}(x^i_{t+1}, y^i_{t+1})}}$$

其中，x_t、x_{t+1}分别表示 t 时刻和 t+1 时刻的投入要素向量；y_t、y_{t+1}表示 t 时刻和 t+1 时刻的产出向量。在利用非参数的 DEA-Malmquist 指数法测算全要素生产率增长率所需的投入产出指标与第四章第二节利用 SFA 法测算全要素生产率增长率所需的投入产出指标相同。

（二）解释变量

本章的解释变量与第四章、第五章的解释变量一样，为区域数字金融发展水平，即"数字普惠金融指数"，该指标的详细介绍详见前文第四章第一节。本章分别从数字金融总发展指数（$df\_aggregate$）、数字金融覆盖广度指数（$df\_coverage$）、数字金融使用深度指数（df_usage）以及数字金融数字化程度指数（df_usage）多方面衡量区域数字金融发展水平，同时，为了消除数据趋势波动的影响，对以上数据做取对数处理。

（三）机制变量

根据前文理论分析可知，本章的机制变量为区域信贷约束水平（$credit\_constraints$）和信贷资源配置效率（$allocation\_eff$）。其中，区域信贷约束与第四章和第五章一样，采用区域内金融机构期末贷款余额和存款余额的比值表示。

信贷资源配置效率体现的是金融业投入和产出之间的关系，现有研究多采用数据包络法（DEA）对其进行测算。本章也采用数据包络分析法测算中国各区域的信贷资源配置效率。由于受新兴技术的影响，现有金融业开始借助科技手段提供金融服务，因此，在选择测算信贷资源配置效率的指标时，借鉴田新民和张志强[1]的做法,从传统金融发展和科技发展两个方面选取测算信贷资源配置效率的投入产出指标。

表8-1 测算金融资产配置效率的指标体系

类型	评价内容	具体指标	来源
投入	金融业人员	金融业从业人员	Wind 金融数据库
	金融中介发展水平	金融机构贷款余额	国家统计局
	研发经费	R&D 经费支出	国家统计局
	研发人员	R&D 人员投入	国家统计局
产出	金融业产出	金融业增加值	国家统计局
	专利产出	专利申请数量	国家统计局

（四）门限变量

基于前文理论分析可知,本章的门限变量为区域内金融监管水平（supervise）。借鉴唐松等[2]的做法,采用区域财政金融监管支出占金融业增加值的比重进行衡量。

（五）控制变量

除了解释变量数字金融对产业化阶段技术创新产生影响外,其他因素也可能会对产业化阶段技术创新产生影响,如果遗漏了这些因素,可能会对估计结果造成偏差。基于此,需要对这部分因素加以控制。借鉴现有研究,本章选用地区人力资本水平（hum）、资本投入（capital）、研发经费投入（rd）、产业升级（stru）、政府支持程度（gov）、城市化水平（urbanization）、对外开放程度（open）以及市场化水平（market）。

地区人力资本水平（hum）：较高的人力资本水平有助于提升全要素生产

---

[1] 田新民,张志强. 金融科技、资源配置效率与经济增长——基于中国金融科技门槛作用的分析 [J]. 统计与信息论坛, 2020, 35 (7): 25-34.
[2] 唐松,伍旭川,祝佳. 数字金融与企业技术创新——结构特征、机制识别与金融监管下的效应差异 [J]. 管理世界, 2020, 36 (5): 52-66, 9.

率，本章采用中央财经大学公布的《中国人力资本报告》中的地区人均实际人力资本水平作为人力资本水平的代理变量，同时，为了消除数据趋势波动的影响，对其取自然对数。

资本投入（capital）：资本投入是拉动经济增长的重要因素，本章采用地区固定资产投资额的自然对数进行衡量。

研发经费投入（rd）：研发经费投入是推动技术创新活动重要投入要素，本章采用R&D经费投入的自然对数进行衡量。

产业升级（stru）：产业升级表明产业结构朝着更优的方向发展，有助于提高要素配置效率，推动全要素生产率的提升。本章选用第二、三产业增加值之和占国内生产总值的比重来衡量产业升级。

政府支持程度（gov）：本章采用地方财政科学技术支出占地方财政支出总额的比值表示。

城市化水平（urbanization）：本章采用城镇人口占区域总人口的比重来衡量城市化水平。

对外开放程度（open）：区域对外开放程度越高，本地区技术创新主体越可以通过吸收、模仿国外企业或单位的先进技术，改善本区域资源配置效率，进而提高本区域全要素生产率。本章采用外商直接投资实际使用金额进行衡量，同时为了消除汇率和经济发展水平的影响，将当年外商直接投资实际使用金额换算为人民币，再除以当年地区生产总值。

市场化水平（market）：通常来说，市场化水平越高的区域，其要素配置效率就越高。本章采用王小鲁等[1]编制的《中国分省市场化指数报告（2018）》中各省份市场化指数来衡量地区市场化水平。另外，王小鲁等编制的《中国分省市场化指数报告（2018）》仅包含了2011—2016年各地区市场化指数，2017—2019年各地区市场化指数通过加权线性回归估计获得。

---

[1] 王小鲁，樊纲，胡李鹏.中国分省份市场化指数报告（2018）[M].北京：社会科学文献出版社，2019：61-211.

表 8-2 产业化阶段的变量选取与说明

变量类别	变量名称	变量符号	变量说明
被解释变量	产业化阶段技术创新水平	sfa_tfp	利用 SFA 法测算的全要素生产率增长率
		dea_tfp	利用 DEA 法测算的全要素生产率增长率
解释变量	数字金融总指数	$df\_aggregate$	数字金融总指数的自然对数
	覆盖广度	$df\_coverage$	数字金融覆盖广度的自然对数
	使用深度	df_usage	数字金融使用深度的自然对数
	数字化程度	$df\_digitization$	数字金融数字化程度的自然对数
机制变量	信贷约束	$credit\_constraints$	金融机构存贷比
	信贷资源配置效率	$allocation\_eff$	利用 DEA 测算信贷资源配置效率
门限变量	金融监管水平	$supervise$	财政金融监管支出/金融业增加值
控制变量	地区人力资本水平	hum	人均实际人力资本的自然对数
	资本投入	$capital$	固定资产投资额的自然对数
	研发经费投入	rd	R&D 经费投入的自然对数
	产业升级	$stru$	第二、三产业增加值/GDP
	政府支持程度	gov	财政科学技术支出/财政支出
	城市化水平	$urbanization$	城镇人口/总人口
	对外开放程度	$open$	(实际使用的外商投资额*当年汇率)/GDP
	市场化水平	$market$	市场化指数

三、数据来源

本章选取中国 2011—2019 年 31 个省（自治区、直辖市）的面板数据作为研究样本，研究数字金融对产业化阶段区域技术创新的影响。其中，数字金融发展总指数以及各维度数字金融指数来源于北京大学数字金融研究中心发布的历年《北京大学数字普惠金融指数》；测算信贷资源配置效率的数据主要来源于 Wind 金融数据库和国家统计局；产业化阶段技术创新水平、信贷约束、金融监管水平、地区人力资本水平、资本投入、产业升级、政府支持程度、研发经费投入、城市化水平以及对外开放程度等代理变量数据来源于国家统计局；市场化水平的代理变量来源于王小鲁等编制的《中国分省市场化指数报告》。此外，在数据处理过程中，为消除数据中极端值对回归估计结果的影响，本书采用 Winsorize 法对各代理变量进行了 1%分位及 99%分位的缩尾处理。此外，本章还选取 283 个地级市的面板数据为研究样本对数字金融与产业化阶段区域技术创新之间的关系进行稳健性检验。这 283 个地级市中不包括北京市、上海市、天津市、重庆市这四个直辖市，主要是因为北京市、上海市、天津市、重庆市这四个直辖市的经济规模和制度环境与其他地级市存在较大差异性，有可能会对研究结果造成影响。同样，为消除极端值对回归估计结果的影响，本书采用 Winsorize 法对各代理变量进行 1%分位及 99%分位的缩尾处理。

第二节 数字金融对产业化阶段区域技术创新的直接影响

一、基准回归估计结果分析

在进行基准回归估计前，为避免伪回归，确保估计结果的有效性，本书采用 ADF-Fisher 检验对所有变量进行平稳性检验。检验结果显示各变量的 P 值几乎为 0，均在 5%显著性水平下显著，拒绝存在单位根的原假设，表明各变量是平稳的。此外，在进行实证检验前，需要通过豪斯曼检验对面板随机效应模型和面板固定效应模型进行选择，检验结果选择了面板固定效应模型。因此，本章运用面板固定效应模型对表达式（6-1）进行估计，估计结果见表 8-3。其中，模型（1）报告的是数字金融总体发展水平对产业化阶段区域技术创新的影响结果；模型（2）（3）（4）则分别报告的是数字金融覆盖广度、使用深度以及数字化程度对产业化阶段区域技术创新的影响效应。

表8-3 数字金融对产业化阶段区域技术创新直接影响的结果

变量	(1)	(2)	(3)	(4)
$df\_aggregate$	0.0896** (2.00)			
$df\_coverage$		0.0715* (1.87)		
df_usage			0.0840* (1.80)	
$df\_digitization$				0.0899** (2.33)
hum	0.0916*** (3.95)	0.1003*** (4.46)	0.0928*** (3.98)	0.0895*** (3.94)
$capital$	-0.0114** (-2.33)	-0.0010** (-2.05)	-0.0103** (-2.14)	-0.0121** (-2.46)
rd	-0.0669*** (-6.75)	-0.0661*** (-6.70)	-0.0640*** (-6.55)	-0.0692*** (-6.86)
$stru$	0.7435*** (4.63)	0.6264*** (3.84)	0.7122*** (4.45)	0.7503*** (4.70)
gov	0.1205* (1.86)	0.1009 (1.54)	0.1385** (2.16)	0.1047 (1.59)
$urbanization$	0.3300*** (3.31)	0.2978*** (2.97)	0.3349*** (3.33)	0.3891*** (3.73)
$open$	0.3751** (2.47)	0.3923*** (2.68)	0.3964*** (2.64)	0.3316** (2.15)
$market$	0.0028 (0.71)	0.0022 (0.56)	0.0034 (0.87)	0.0028 (0.70)
$\_cons$	-0.0944 (-0.70)	-0.0351 (-0.25)	-0.1244 (-0.94)	-0.0779 (-0.58)
个体效应	控制	控制	控制	控制

续表

变量	（1）	（2）	（3）	（4）
时间效应	控制	控制	控制	控制
$Adj\text{-}R^2$	0.6281	0.6324	0.6255	0.6287
N	279	279	279	279

备注：***、**和*分别表示在1%、5%和10%水平上显著；括号中的数值为t统计量。

（一）数字金融总指数的直接作用

表8-3中模型（1）报告的是数字金融总指数对产业化阶段区域技术创新的影响效应。其中，数字金融总指数的系数估计值为0.0896，且通过了5%的显著性水平检验，表明数字金融总体发展水平对产业化阶段区域技术创新具有显著的促进作用，这一结论与现有研究结论基本保持一致。一方面，数字金融拓展了金融服务供给渠道，能够为各技术创新主体提供资金支持，提升区域技术创新水平，进而对区域全要素生产率增长率产生促进作用；另一方面，数字金融服务具有明显的普惠性和包容性，能够有效缓解"融资难、融资贵"等现象，有效解决传统金融服务错配的问题，提高区域金融资源配置效率，进而提升区域全要素生产率水平。① 因此，数字金融有助于区域全要素生产率增长率的提升。

在控制变量方面，人力资本水平的系数估计值为0.0916，且通过了1%的显著性水平检验，说明人力资本水平是开展产业化阶段技术创新活动的基础，能够提高劳动的生产率，对区域全要素生产率的增长有显著促进作用；资本投入的系数估值在5%显著性水平下显著为负，说明资本要素大量投入对区域全要素生产率增长率具有显著抑制作用，这可能是以往中国经济增长长期依靠投资驱动，投资过度导致了资本边际生产率下降的程度大于技术进步所带来的资本边际生产率提升的程度，使得总的资本边际生产率下降，抑制了全要素生产率的增长；研发经费投入的系数估计值在1%显著性水平下显著为

---

① 侯层，李北伟. 金融科技是否提高了全要素生产率——来自北京大学数字普惠金融指数的经验证据［J］. 财经科学，2020（12）：1-12.

负，这说明研发投入到实现产业化阶段的技术进步需要一个转换过程，而短期内大量研发资金的投入并不能带来实际的产出或难以获取经济效益，无法促进全要素生产率的增长；产业升级的系数估计值为 0.7435，且通过了 1% 的显著性水平检验，表明产业升级能够优化产业结构，提升要素资源配置效率，进而推动全要素生产率的增长；政府支持程度的系数估计值为 0.1205，在 10% 显著性水平下显著，即政府对科技创新活动的支持力度越大，越有利于全要素生产率的提升；城市化水平的系数估计值在 1% 显著性下显著，城市化水平越高通常要素资源越齐全，要素的资源配置能力越强，有助于全要素生产率的提升；开放程度的系数估计值在 5% 显著性水平下显著，表明对外开放程度越高，区域全要素生产率增长率越高；制度环境的系数估计值不显著。

（二）各维度数字金融的直接作用

表 8-3 中模型（2）的回归结果显示，数字金融覆盖广度指数的参数估计值为 0.0715，且在 10% 显著性水平下显著，表明数字金融覆盖广度对区域全要素生产率的增长率具有正向作用，数字金融覆盖范围越大，区域内用户使用数字金融服务的可能性就越大，能够优化区域内资源配置，提高区域全要素生产率增长。其中，控制变量除了政府支持程度的系数估计值不显著，其他控制变量的回归结果基本与模型（1）保持一致。

模型（3）中数字金融使用深度指数的参数估计值为 0.0840，且在 10% 显著性水平下显著，表明数字金融使用深度对区域全要素生产率的增长率具有显著促进作用，即数字金融的使用深度能够优化配置区域内的金融资源，使得金融资源配置效率提高，进而有助于区域全要素生产率的提升。其他控制变量的回归结果基本与模型（1）中保持一致。

模型（4）中数字金融数字化程度指数的系数估计值为 0.0899，且通过了 5% 显著性水平检验，表明数字金融的数字化程度越高，越有助于全要素生产率的提高，这可能是数字金融的数字化程度大大提升了获取金融服务的便利性和可得性，提高了金融服务效率和金融资源配置效率。其他控制变量的回归结果基本与模型（1）中的结果保持一致。

此外，对比模型（2）（3）和（4）中各维度数字金融的系数估计值和显著性水平，数字金融数字化程度的系数估计值（0.0899）和显著性水平（5%）均大于数字金融覆盖广度和数字金融使用深度的系数估计值（0.0715 和 0.0840）和显著性水平（10%，10%），即与数字金融覆盖广度和使用深度相比，数字金融数字化程度对产业化阶段区域技术创新的促进作用更为明显，数字金融的数字化程度是提升区域全要素生产率增长率的主要原因。数字化程度更多体现的是数字技术特性，数字金融依托数字技术能够优化配置各种金融资源，使得区域金融资源配置效率更高，对产业化阶段区域技术创新的促进作用更明显。

总之，不管是数字金融总体发展水平还是各维度数字金融均有利于产业化阶段区域技术创新水平的提升。同时，从各维度数字金融来看，数字金融数字化程度更能优化配置区域内的金融资源，提高区域内金融资源配置效率，对产业化阶段区域技术创新的促进作用更明显。

二、内生性分析

前文阐释了数字金融对产业化阶段区域技术创新的直接影响效应，但以上估计结果可能会受内生性问题的影响，致使估计结果出现偏差。一方面，模型（8-1）中虽然尽可能地控制了影响产业化阶段技术创新水平的因素，但仍然可能遗漏部分因素，致使估计结果出现偏差；另一方面，数字金融和产业化阶段区域技术创新之间可能存在双向因果关系，即数字金融对产业化阶段区域技术创新具有促进作用，同时区域全要素生产率也会影响数字金融的发展[1][2]。因此，借鉴陈淑云和陶云清[3]以及杜传忠和张远[4]的做法，选用数字金融的滞后一期（L.$df\_aggregate$）和移动电话普及率（$mobile$）作为工具变量，采用两阶段最小二乘法对数字金融与产业化阶段区域技术创新之间的关系进行估计，估计结果如下表8-4。选择区域移动电话普及率作为工具

---

[1] 宋敏，周鹏，司海涛. 金融科技与企业全要素生产率——"赋能"和信贷配给的视角 [J]. 中国工业经济，2021（4）：138-155.
[2] 惠献波. 数字普惠金融发展与城市全要素生产率——来自278个城市的经验证据 [J]. 投资研究，2021，40（1）：4-15.
[3] 陈淑云，陶云清. "互联网+"、普惠金融与技术创新：影响机制及经验证据 [J]. 科技进步与对策，2019，36（4）：17-24.
[4] 杜传忠，张远. "新基建"背景下数字金融的区域创新效应 [J]. 财经科学，2020（5）：30-42.

变量是因为区域智能手机的普遍使用是数字金融发展的载体，移动电话使用情况与数字金融发展存在密切的关联；同时，控制相关因素后，区域移动电话普及率对产业化阶段区域技术创新并不会产生直接影响，符合作为工具变量的基本要求。

表8-4 产业化阶段的内生性问题估计结果

变量	IV-2SLS（L.df_aggregate）		IV-2SLS（mobile）	
	（5）	（6）	（7）	（8）
	df_aggregate	lnpatent	df_aggregate	lnpatent
L.df_aggregate	0.5266***			
	(46.02)			
mobile			0.0996***	
			(6.66)	
df_aggregate		0.0227*		0.2678***
		(1.85)		(4.05)
hum	0.0707***	0.0251**	0.7391***	0.0951*
	(4.09)	(2.00)	(5.73)	(1.67)
capital	-0.0056	-0.0208	-0.4171***	-0.1762***
	(-0.40)	(-0.77)	(-2.89)	(-2.70)
rd	-0.0500***	-0.0915***	-0.2925***	-0.2516***
	(-4.05)	(-3.67)	(-3.29)	(-4.42)
stru	0.2613**	0.1567	2.2581***	0.8188***
	(1.99)	(0.68)	(3.47)	(2.64)
gov	0.5444	1.9892*	-15.9886***	4.2685***
	(0.87)	(1.78)	(-3.43)	(2.71)
urbanization	0.1768**	0.4617***	2.5778***	1.2252***
	(2.20)	(3.91)	(6.04)	(5.03)
open	0.3545	0.4649	1.3579	0.5792
	(0.57)	(0.84)	(0.49)	(0.57)

续表

变量	IV-2SLS (L. *df_ aggregate*)		IV-2SLS (*mobile*)	
	(5)	(6)	(7)	(8)
	df_ aggregate	lnpatent	*df_ aggregate*	lnpatent
market	0.0091	0.0067	0.0423	0.0146
	(1.36)	(0.84)	(1.23)	(1.03)
_*cons*	2.1531***	-0.8763***	-3.8855***	-0.4994*
	(15.11)	(-4.49)	(-4.43)	(-1.77)
个体效应	控制	控制	控制	控制
时间效应	控制	控制	控制	控制
第一阶段F值	429.16		23.69	
N	279	279	279	279

备注：＊＊＊、＊＊和＊分别表示在1%、5%和10%水平上显著；括号中的数值为t统计量。

根据表8-4中模型（5）和（6）的回归估计结果可知，以数字金融总体发展指数的滞后一期为工具变量估计数字金融总体发展水平对产业化阶段区域技术创新的直接影响效应时，第一阶段的联合F值为429.16，大于10，说明选用的工具变量较为合适；同时，数字金融的估计系数为0.0227，且在10%显著性水平下显著，也就是说数字金融对产业化阶段区域技术创新存在显著正向效应，与表8-3中的回归估计结果保持一致。

表8-4中模型（7）和（8）的回归估计结果显示，以区域移动电话普及率作为工具变量时，第一阶段的联合F值为23.69，大于10，表明选用的工具变量较为合适；此外，数字金融的估计系数为0.2678，且通过了1%显著性检验，也就是说数字金融对产业化阶段区域技术创新的促进作用显著，与表8-3中的回归估计结果保持一致。

三、稳健性检验

前文研究结果显示数字金融对产业化阶段区域技术创新有显著的促进作用。但这种促进作用有可能是因为指标评价方法、样本选择偏差等原因造成的。因此，本节选用更换产业化阶段区域技术创新水平的评价方法和研究样本进行稳健性检验。

（一）更换产业化阶段技术创新水平评价方法和估计方法

本节采用非参数的 DEA-Malmquist 指数法测算中国各区域全要素生产率增长率（dea_tfp）作为产业化阶段区域技术创新水平的代理变量，进行稳健性检验。此外，利用非参数的 DEA-Malmquist 指数法测算全要素生产率增长率的值全部大于 0，具有明显的截断特征，继续采用最小二乘法进行估计会导致估计结果出现偏差，本节采用 Tobit 随机效应面板数据模型对两者之间的关系进行稳健性检验。检验结果如下表 8-5 所示。

表 8-5 数字金融与产业化阶段区域技术创新（更换变量测算方法并使用 Tobit 模型）

变量	(9)	(10)	(11)	(12)
$df\_aggregate$	0.0112** (2.15)			
$df\_coverage$		0.0090** (2.01)		
df_usage			0.0106* (1.94)	
$df\_digitization$				0.0109*** (2.92)
hum	0.0330* (1.94)	0.0429* (1.67)	0.0342* (1.69)	0.0330* (1.72)
$capital$	-0.0047 (-0.82)	-0.0063 (-1.11)	-0.0059 (-1.05)	-0.0038 (-0.66)
rd	-0.0421*** (-3.59)	-0.0411*** (-3.52)	-0.0383*** (-3.31)	-0.0453*** (-3.80)
$stru$	0.4556** (2.48)	0.3196* (1.71)	0.4191** (2.29)	0.4577** (2.52)
gov	0.0760 (1.01)	0.0524 (0.69)	0.0962 (1.29)	0.0535 (0.70)

续表

变量	(9)	(10)	(11)	(12)
urbanization	0.1398* (1.90)	0.1038* (1.92)	0.1455 (1.28)	0.1974* (1.68)
open	0.5653*** (3.21)	0.5864*** (3.36)	0.5915*** (3.36)	0.5049*** (2.83)
market	0.0005 (0.11)	0.0013 (0.28)	0.0003 (0.06)	0.0044 (0.08)
_cons	0.0967 (0.59)	0.1664 (0.99)	0.0576 (0.36)	0.1203 (0.74)
sigma_u	0.2399*** (7.25)	0.2371*** (7.24)	0.2376*** (7.24)	0.2420*** (7.26)
sigma_e	0.0212*** (20.09)	0.0211*** (20.04)	0.0213*** (20.04)	0.0211*** (19.90)
Wald检验	132.44***	135.29***	129.82***	131.51***

备注：***、**和*分别表示在1%、5%和10%水平上显著；括号中的数值为z统计量。

根据表8-5中模型（9）的回归结果可知，数字金融总指数的系数估计值在5%水平上显著为正，说明数字金融总体发展水平能够显著促进区域全要素生产率增长率的提升，即数字金融对产业化阶段区域技术创新水平具有正向促进作用。模型（10）报告的是数字金融覆盖广度对产业化阶段区域技术创新水平的作用效果，且数字金融覆盖广度的系数估计值在10%水平下显著为正；模型（11）报告的是数字金融使用深度对产业化阶段区域技术创新水平的作用效果，且数字金融使用深度的系数估计值在10%水平下显著为正；模型（12）报告的是数字金融数字化程度对产业化阶段区域技术创新水平的作用效果，且数字金融数字化程度的系数估计值在5%水平下显著为正，这说明数字金融各个维度发展水平也能够显著促进区域全要素生产率的增长。同时，对比模型（10）（11）和（12）中各个维度数字金融发展水平对产业化阶段区域技术创新水平的作用效果发现，数字金融数字化程度的系数估计值（0.0109）和显著性水平（1%）要大于数字金融覆盖广度的系数估计值（0.0090）和显著性水平（5%）、数字金融数字化程度的系数估计值（0.0106）和显著性水平（10%），即表明数字金融的数字化程度指数更能够促进区域全要素生产率的增长。以上结论与表 8-3 中回归估计结果基本保持一致，说明了表 8-3 中估计结果具有较强的稳健性。

（二）以城市级数据为研究样本

参考黄大为[①]的研究，选取地级市面板数据作为研究样本研究数字金融对产业化阶段区域技术创新的影响。在样本选择过程中，考虑到北京市、上海市、天津市、重庆市这四个直辖市的经济规模和制度环境与其他地级市存在差异性，以防对研究结果造成影响，对其予以剔除，同时考虑数据的可得性，最终选择了 283 个地级市的面板数据作为研究样本对数字金融与产业化阶段区域技术创新水平之间的关系进行稳健性检验，检验结果见表 8-6。

表 8-6 数字金融与产业化阶段区域技术创新（更换研究样本）

变量	(13)	(14)	(15)	(16)
$df\_aggregate$	0.0097* (1.69)			
$df\_coverage$		0.0087* (1.86)		
df_usage			0.0090* (1.70)	
$df\_digitization$				0.0176* (1.75)
hum	0.0033* (1.75)	0.0092 (1.39)	0.0049** (2.24)	0.0073** (2.30)

[①] 黄大为. 金融发展与城市全要素生产率增长——以长三角城市群 26 个城市为例 [J]. 经济地理，2021，41（6）：77-86.

续表

变量	(13)	(14)	(15)	(16)
$capital$	-0.0033 (-0.57)	-0.0019 (-1.31)	-0.0017* (-1.81)	-0.0039* (-1.68)
rd	-0.0219*** (-2.99)	-0.0398*** (-3.74)	-0.0310*** (-3.14)	-0.0492*** (-3.89)
$stru$	0.2903** (2.11)	0.1613** (2.45)	0.2835** (2.48)	0.2715** (2.41)
gov	0.1901** (2.42)	0.1638** (2.50)	0.1969** (2.53)	0.1779** (2.22)
$urbanization$	0.1456* (1.81)	0.1472* (1.76)	0.1441** (2.17)	0.1929 (1.33)
$open$	0.7439*** (3.91)	0.7573*** (4.07)	0.7540*** (4.03)	0.7042*** (3.71)
$market$	0.0041* (1.74)	0.0034 (1.07)	0.0046 (0.95)	0.0044 (0.91)
$\_cons$	-0.1118 (-0.71)	-0.0256 (-1.16)	-0.1318 (-0.86)	-0.1204 (-0.78)
个体效应	控制	控制	控制	控制
时间效应	控制	控制	控制	控制
$Adj\text{-}R^2$	0.4329	0.4241	0.4330	0.4346
N	2547	2547	2547	2547

备注：＊＊＊、＊＊和＊分别表示在1%、5%和10%水平上显著；括号中的数值为t统计量。

表8-6回归估计结果显示，以地级市各城市为研究样本，数字金融总体

发展水平、数字金融覆盖广度、数字金融使用深度以及数字金融数字化程度的系数估计值均在10%显著性水平下显著为正,表明数字金融总体发展水平和各维度数字金融均能够显著提升产业化阶段区域技术创新水平。另外,对比模型(14)(15)和(16)的回归估计结果可知,数字金融数字化程度的系数估计值(0.0176)大于数字金融覆盖广度的系数估计值(0.0087)和数字金融使用深度的系数估计值(0.0090),即表明相比之下数字金融数字化程度对产业化阶段区域技术创新水平的促进作用更为明显。这与前文的实证结论基本保持一致,说明本章的研究结论具有较强的稳健性。

第三节 机制效应检验

在产业化阶段,技术创新活动以提升区域全要素生产率为结果。数字金融不仅可以为技术创新主体提供传统金融服务以外的金融服务,拓展金融供给渠道,缓解区域技术创新主体面临的信贷约束,提升区域技术创新能力,进而促进区域全要素生产率的增长,还可以利用新兴技术,发挥数字金融的普惠性,为被传统金融机构排斥在外但又具有市场潜力的群体提供金融服务,缓解传统金融服务的错配问题,优化地区金融资源配置,提高地区金融资源配置效率,从而提升区域全要素生产率水平。

一、信贷约束机制的实证分析

表8-7报告了数字金融影响产业化阶段区域技术创新的信贷约束机制。其中,表8-7中模型(17)报告的是数字金融对产业化阶段技术创新的直接影响效应,其数字金融总指数的系数估计值为0.0896,且在5%显著性水平下显著,这表明数字金融对区域全要素生产率增长率具有显著正向作用,即数字金融有助于产业化阶段区域技术创新水平的提升。模型(18)检验的是数字金融对区域信贷约束的直接影响效应,其数字金融总指数的系数估计值为-0.0196,且在5%显著性水平下显著,这表明区域信贷约束与数字金融发展之间呈现显著的负向关系,即数字金融的快速发展有助于缓解区域信贷约束。模型(19)是在模型(17)中加入了信贷约束机制变量,检验数字金融是否通过影响区

域信贷约束机制作用于产业化阶段区域技术创新活动，在模型（19）中数字金融总指数的系数估计值为0.0114，且通过了5%显著性水平检验，信贷约束变量的系数估计值为-0.0657，且通过了5%显著性水平检验，表明信贷约束是数字金融影响产业化阶段区域技术创新活动的部分中介效应。也就是说，数字金融可以通过缓解区域信贷约束而进一步影响产业化阶段区域技术创新水平，这与前文理论分析基本保持一致。

表8-7 信贷约束机制的检验结果

变量	(17) *sfa_tfp*	(18) *credit_constraints*	(19) *sfa_tfp*
df_aggregate	0.0896** (2.00)	-0.0196** (-2.06)	0.0114** (2.10)
credit_constraints			-0.0657** (-1.99)
hum	0.0916*** (3.95)	0.0862* (1.76)	0.0506* (1.82)
capital	-0.0114** (-2.33)	-0.0073* (-1.70)	-0.0056 (-0.96)
rd	-0.0669*** (-6.75)	-0.0402* (-1.86)	-0.0573*** (-4.59)
stru	0.7435*** (4.63)	-0.2883 (-0.85)	0.4696** (2.44)
gov	0.1205* (1.86)	0.0079 (0.06)	0.0999 (1.23)
urbanization	0.3300*** (3.31)	1.6161*** (7.71)	0.2513* (1.86)
open	0.3751** (2.47)	0.5382* (1.67)	0.4887*** (2.69)
market	0.0028 (0.71)	0.0039 (0.47)	0.0009 (0.19)

续表

变量	（17）	（18）	（19）
	sfa_tfp	$credit\_constraints$	sfa_tfp
$\_cons$	-0.0944	0.3156	0.1706
	(-0.70)	(1.09)	(1.04)
个体效应	控制	控制	控制
时间效应	控制	控制	控制
$Adj\text{-}R^2$	0.6281	0.5911	0.6399
N	279	279	279

备注：＊＊＊、＊＊和＊分别表示在1%、5%和10%水平上显著；括号中的数值为t统计量。

二、信贷资源配置效率机制的实证分析

表8-8报告了数字金融影响产业化阶段区域技术创新水平的信贷资源配置效率机制。其中，表8-8中模型（20）报告的是数字金融对产业化阶段区域技术创新的直接影响效应，其数字金融总体发展水平的系数估计值在5%显著性水平下显著，这表明数字金融发展对区域全要素生产率增长率存在显著的促进作用，即数字金融的发展能够显著促进产业化阶段区域技术创新水平。模型（21）检验的是数字金融对区域信贷资源配置效率的直接影响效应，其数字金融总体发展水平的系数估计值为0.1038，且通过了1%显著性水平检验，表明数字金融能够优化区域内信贷资源配置，提高区域信贷资源配置效率。模型（22）是在模型（20）中加入了信贷资源配置效率这一机制变量，检验数字金融是否通过影响区域信贷资源配置效率而作用于产业化阶段区域技术创新活动，模型（22）中数字金融总体发展水平的系数估计值在10%显著性水平下显著为正，信贷资源配置效率的系数估计值在10%显著性水平下也显著为正，表明信贷资源配置效率是数字金融影响产业化阶段区域技术创新的部分中介效应。也就是说，数字金融可以通过优化信贷资源配置，提高信贷资源配置效率，进而影响区域全要素生产率增长率，即促进产业化阶段区域技术创新水平，这与前文理论分析基本保持一致。

表8-8 信贷资源配置效率机制的检验结果

变量	(20) sfa_tfp	(21) allocation_eff	(22) sfa_tfp
df_aggregate	0.0896**	0.1038***	0.0094*
	(2.00)	(2.68)	(1.69)
allocation_eff			0.0173*
			(1.77)
hum	0.0916***	0.8975***	0.0346**
	(3.95)	(4.45)	(2.18)
capital	-0.0114**	0.0295	-0.0567
	(-2.33)	(0.70)	(-0.98)
rd	-0.0669***	-0.2194***	-0.0490***
	(-6.75)	(-2.67)	(-4.10)
stru	0.7435***	3.9530***	0.5213**
	(4.63)	(2.82)	(2.51)
gov	0.1205*	6.2673***	0.0157**
	(1.86)	(11.63)	(2.16)
urbanization	0.3300***	0.6434*	0.1085*
	(3.31)	(1.75)	(1.90)
open	0.3751**	4.7154***	0.4646**
	(2.47)	(3.61)	(2.49)
market	0.0028	0.0154	0.0017
	(0.71)	(0.47)	(0.36)
_cons	-0.0944	1.7832	0.1060
	(-0.70)	(1.53)	(0.65)
个体效应	控制	控制	控制
时间效应	控制	控制	控制
Adj-R^2	0.6281	0.7553	0.6982
N	279	279	279

备注：＊＊＊、＊＊和＊分别表示在1%、5%和10%水平上显著；括号中的数值为t统计量。

第四节 金融监管下的门限效应检验

根据前文分析可知，受区域金融监管水平差异的影响，数字金融与产业化阶段区域技术创新之间存在非线性关系。在进行门限回归之前，需要确定模型的门限数量。本书通过 F 统计量和自举（Boostrap）方法得到临界值以及相应的 P 值①，检验结果显示不管是以数字金融总指数还是各维度数字金融为核心解释变量，均选择单一门限模型。因此，本节采用单一门限模型检验数字金融与产业化阶段区域技术创新之间的非线性关系。

一、门限效应检验结果分析

根据表 8-9 模型（23）的估计结果可知，当区域金融监管水平低于门限值 14.9142 时，数字金融总体发展水平的系数估计值未通过 10%显著性水平检验，当区域金融监管水平大于门限值 14.9142 时，数字金融总体发展水平的系数估计值为 0.0786，且通过了 1%显著性检验，这说明只有区域金融监管水平超过门限值 14.9142 时，数字金融总体发展水平才会对产业化阶段区域技术创新水平产生促进作用。

另外，从各维度数字金融对产业化阶段区域技术创新水平的影响效应来看，当区域金融监管水平低于门限值 14.9142 时，数字金融覆盖广度、数字化程度的系数估计值均未通过 10%显著性水平检验，当区域金融监管水平高于门限值 14.9142 时，数字金融覆盖广度、数字化程度的系数估计值均在 1%显著性水平下显著为正，再次说明数字金融对产业化阶段区域技术创新水平的促进作用离不开有效的金融监管。虽然，不管区域金融监管水平大于门限值 14.9142，还是小于门限值 14.9142，数字金融使用深度的系数估计值均在 5%显著性水平下显著为正。但是，相比之下，当区域金融监管水平大于门限值 14.9142 时，数字金融使用深度的系数估计值和显著性水平均更大，这也

---

① Hansen B E. Threshold Effects in Non-dynamic Panels: Estimation, Testing, and Inference [J]. Journal of Econometrics, 1999, 93 (2): 345-368.

再次说明数字金融对产业化阶段区域技术创新水平的促进作用需要高水平的金融监管作为支撑。即受区域金融监管水平的影响，数字金融对产业化阶段区域技术创新水平的影响呈非线性。

表 8-9 数字金融与产业化阶段区域技术创新的非线性关系估计结果

变量	(23) $df\_aggregate$	(24) $df\_coverage$	(25) df_usage	(26) $df\_digitization$
hum	0.1839*** (4.35)	0.1734*** (4.12)	0.2036*** (4.79)	0.1630*** (3.94)
$capital$	−0.0133 (−0.56)	−0.0182 (−0.76)	−0.0057 (−1.25)	−0.0238 (−1.02)
rd	−0.0758*** (−4.61)	−0.0723*** (−4.39)	−0.0818*** (−5.03)	−0.0697*** (−4.30)
$stru$	0.0011 (1.01)	0.0087 (1.04)	0.0347 (1.17)	0.0150 (1.07)
gov	3.5961*** (3.81)	3.5406*** (3.73)	3.5501*** (3.80)	3.3823*** (3.54)
$urbanization$	−0.3265*** (−2.63)	−0.3200** (−2.50)	−0.3140*** (−2.59)	−0.2966** (−2.40)
$open$	0.4716 (1.04)	0.3844 (0.84)	0.5499 (1.24)	0.3642 (0.82)
$market$	0.0281*** (2.70)	0.0284*** (2.73)	0.0244** (2.35)	0.0294*** (2.82)
门限值	14.9142	14.9142	14.9142	14.9142
低区制	0.0142 (0.77)	0.0053 (0.35)	0.0411** (1.98)	−0.0062 (−0.44)
高区制	0.0786*** (3.79)	0.0519*** (3.25)	0.0883*** (4.24)	0.0679*** (3.18)
个体效应	控制	控制	控制	控制

续表

变量	(23) df_aggregate	(24) df_coverage	(25) df_usage	(26) df_digitization
时间效应	控制	控制	控制	控制
R^2	0.6227	0.6062	0.6920	0.6135
N	279	279	279	279

备注：＊＊＊、＊＊和＊分别表示在1％、5％和10％水平上显著；括号中的数值为t统计量。

二、门限效应的稳健性检验

为了确保表8-9中门限检验结果的有效性，本节采用更换金融监管水平的测算方法对其进行稳健性检验。具体而言，选用地方公共财政支出中金融监管支出比重衡量地区金融监管水平；同时，考虑到财政金融监管支出比重的数量级太小，对其做扩大一千倍处理，即采用地方公共财政支出中金融监管支出比重扩大一千倍作为地区金融监管水平的代理变量进行稳健性检验。

表8-10 数字金融与产业化阶段区域技术创新的门限效应的稳健性估计结果

变量	(27) df_aggregate	(28) df_coverage	(29) df_usage	(30) df_digitization
hum	0.1950＊＊＊ (4.63)	0.1936＊＊＊ (4.61)	0.2097＊＊＊ (4.96)	0.1768＊＊＊ (4.28)
capital	-0.0147 (-0.62)	-0.0157 (-0.67)	-0.0010 (-0.43)	-0.0306 (-1.31)
rd	-0.0781＊＊＊ (-4.79)	-0.0770＊＊＊ (-4.74)	-0.0810＊＊＊ (-5.04)	-0.0620＊＊＊ (-3.82)
stru	0.0460 (0.22)	0.0327 (0.15)	0.0977 (0.46)	0.1112 (0.53)
gov	3.9040＊＊＊ (4.16)	3.8952＊＊＊ (4.15)	3.7978＊＊＊ (4.08)	3.8566＊＊＊ (4.07)

续表

变量	(27) df_aggregate	(28) df_coverage	(29) df_usage	(30) df_digitization
urbanization	-0.3317***	-0.3417***	-0.3190***	-0.3094**
	(-2.67)	(-2.70)	(-2.69)	(-2.52)
open	0.5394	0.5110	0.5607	0.4803
	(1.21)	(1.15)	(1.28)	(1.08)
market	0.0201**	0.0210**	0.0178*	0.0279***
	(1.97)	(2.03)	(1.71)	(2.70)
门限值	4.8806	4.8806	4.8806	4.8806
低区制	-0.0411	-0.0283	-0.0289	0.0037
	(-1.27)	(-1.33)	(-0.74)	(0.29)
高区制	0.0470***	0.0381***	0.0621***	0.0687*
	(2.90)	(2.83)	(3.67)	(1.91)
个体效应	控制	控制	控制	控制
时间效应	控制	控制	控制	控制
N	279	279	279	279

备注：***、**和*分别表示在1%、5%和10%水平上显著；括号中的数值为t统计量。

表8-10估计结果显示，当区域金融监管水平的代理变量低于门限值4.8806时，数字金融总体发展水平、数字金融覆盖广度、数字金融使用深度以及数字金融数字化程度的系数估计值均未通过10%显著性水平检验；当区域金融监管水平的代理变量大于门限值4.8806时，数字金融总体发展水平、数字金融覆盖广度、数字金融使用深度以及数字金融数字化程度的系数估计值均在10%显著性水平下显著为正。这表明数字金融对产业化阶段区域技术创新驱动作用的发挥离不开有效的金融监管，只有当区域金融监管水平大于门限值，数字金融对产业化阶段区域技术创新才具有显著促进作用。总之，更换区域金融监管水平的测算方式后，实证结果依然成立，数字金融对产业化阶段区域技术创新水平的金融监管门限效应具有较强的稳健性。

第五节 地区异质性检验

数字金融作为一种新金融业态，依托新兴技术改变了金融服务的模式，不仅可以拓展融资渠道，还可以弥补传统金融服务的不足，缓解金融资源错配程度，提高金融资源配置效率。那么，数字金融对不同区域产业化阶段技术创新水平的影响是否存在差异性？本章借鉴贺茂斌和杨晓维[1]的做法，将研究样本划分为东部地区[2]、中部地区[3]以及西部地区[4]，探讨在不同区域数字金融对产业化阶段技术创新水平的影响。此外，本章还将研究样本划分为沿海地区[5]和内陆地区[6]，进而探讨数字金融对产业化阶段技术创新水平影响的异质性。

表8-11 数字金融与产业化阶段区域技术创新：分区域检验

变量	(31) 东部地区	(32) 中部地区	(33) 西部地区	(34) 沿海地区	(35) 内陆地区
$df\_aggregate$	0.2791*** (3.92)	0.0334 (0.28)	0.0826 (0.97)	0.3238*** (5.33)	0.1185** (2.00)
hum	0.3592*** (8.15)	0.0199** (2.32)	0.1246** (2.37)	0.0815*** (4.37)	0.0831*** (4.23)
$capital$	-0.0578** (-2.21)	-0.0347** (-2.27)	0.0219 (0.75)	-0.0637*** (-2.76)	-0.0095* (-1.95)

---

[1] 贺茂斌，杨晓维. 数字普惠金融、碳排放与全要素生产率[J]. 金融论坛，2021，26(2)：18-25.
[2] 北京、天津、河北、辽宁、上海、江苏、浙江、福建、山东、广东、海南。
[3] 山西、吉林、黑龙江、安徽、江西、河南、湖北、湖南。
[4] 四川、重庆、贵州、云南、广西、内蒙古、西藏、陕西、甘肃、青海、宁夏、新疆。
[5] 天津、河北、辽宁、山东、江苏、上海、浙江、福建、广东、广西、海南。
[6] 北京、山西、内蒙古、吉林、黑龙江、安徽、江西、河南、湖北、湖南、重庆、四川、贵州、云南、西藏、陕西、甘肃、青海、宁夏、新疆。

续表

变量	(31) 东部地区	(32) 中部地区	(33) 西部地区	(34) 沿海地区	(35) 内陆地区
rd	-0.2272*** (-10.81)	-0.2146*** (-5.90)	0.0113 (0.37)	-0.2432*** (-12.60)	-0.1016*** (-4.59)
$stru$	2.0766*** (3.56)	1.5194*** (8.19)	0.5691** (2.51)	2.4295*** (4.64)	0.8710*** (4.40)
gov	0.6492* (1.90)	0.8242* (1.90)	0.0097 (1.06)	0.8928*** (3.50)	0.4707*** (4.14)
$urbanization$	0.5699*** (2.76)	0.6521*** (3.04)	0.5724*** (3.65)	0.7705*** (4.22)	0.3102*** (3.03)
$open$	0.4595 (1.13)	3.5171*** (4.22)	8.9088*** (4.49)	0.1571 (0.46)	1.0476** (2.20)
$market$	0.0211** (2.41)	0.0350 (1.63)	0.0372*** (3.09)	0.0192** (2.46)	0.0333*** (3.21)
$\_cons$	0.1754 (0.33)	0.3819 (0.51)	1.4536* (1.84)	0.7007 (1.55)	-0.8787** (-2.32)
个体效应	控制	控制	控制	控制	控制
时间效应	控制	控制	控制	控制	控制
$Adj\text{-}R^2$	0.7245	0.6018	0.6236	0.7387	0.6025
N	99	72	108	99	180

备注：＊＊＊、＊＊和＊分别表示在1%、5%和10%水平上显著；括号中的数值为t统计量。

表8-11中模型（31）（32）以及（33）分别报告了在东部地区、中部地区以及西部地区，数字金融总体发展水平对产业化阶段技术创新影响的直接效应。对比实证结果可知，在东部地区，数字金融总体发展水平的系数估计值为0.2791，且在1%显著性水平下显著，表明东部地区数字金融对该区域全要素生产率增长率具有显著的正向促进作用，即提升了产业化阶段技术创新水平；在中部地区和西部地区，数字金融总体发展水平对区域全要素生产率

增长率的影响不显著,这可能是因为相比东部地区,中、西部地区的创新人才、制度环境相对较弱,不利于资源的优化配置,使得数字金融对该区域全要素生产率的提升作用未能显现出来。模型(34)和(35)的研究样本分别为沿海地区和内陆地区。在沿海地区,数字金融总体发展水平的系数估计值为0.3238,且在1%显著性水平下显著,表明沿海地区数字金融能够显著促进该区域全要素生产率,即提升沿海地区产业化阶段技术创新水平。在内陆地区,金融总体发展水平的系数估计值为0.1185,且通过了5%显著性水平检验,表明内陆地区数字金融对该地区全要素生产率增长率具有显著的正向促进作用。此外,对比模型(34)和(35)的回归估计结果可知,模型(34)中数字金融总体发展水平的系数估计值和显著性水平均高于模型(35)中数字金融总体发展水平的系数估计值和显著性水平,表明与内陆地区相比,沿海地区的数字金融对全要素生产率增长率的正向促进作用更加明显。这可能是因为沿海地区经济发展水平相对较高,更需要高效的金融服务作为支撑,对区域内金融资源进行优化配置,进而提升区域全要素生产率增长率。

第九章

中国数字金融、空间溢出与区域技术创新

区域技术创新是推动区域经济增长的重要因素[1]，更是当下中国经济高质量发展的新动能[2]。数字金融是依托"ABCDI"等新兴技术与金融业深度融合发展形成的一种新金融服务。根据前文第三节、第四节的理论分析可知，数字金融不仅具有金融属性，可以拓展市场主体获取金融服务的渠道；还具有较为明显的技术特性，可以依托新兴技术为技术创新主体提供高效和高质量的金融服务，促进区域技术创新水平的提升。

根据技术溢出理论可知，技术创新和知识一样具有较强的正外部性。当各区域技术创新主体的联系较为密切或地域上邻近时，本区域的技术创新主体通过新技术成果获得高收益后，将会促进关联区域的技术创新主体对该技术或知识进行学习、模仿，促进关联区域技术创新水平，使得技术创新具有较为明显的扩散效应和示范效应。而数字金融是依托新兴技术发展的新金融模式，具有技术特性，同样具有较为明显的示范效应，在空间上呈现出聚集性和收敛性[3]；另外，数字金融是数字经济在金融业的运用，其数据、信息等要素具有可储存和可复制的特点，使得数字金融的发展在空间上的关联性较强。

在研发阶段，数字金融依托新兴技术可以为跨区域的研发创新主体提供金融服务，缓解跨区域研发创新活动面临的信贷约束，进而可能会影响关联区域研发创新水平。在产品化阶段，数字金融不仅缓解了关联区域的信贷约

---

[1] Romer P M. Endogenous technological change [J]. Journal of political Economy, 1990, 98 (5)：S71-S102.
[2] 任保平，李禹墨. 新时代我国经济从高速增长转向高质量发展的动力转换 [J]. 经济与管理评论，2019, 35 (1)：5-12.
[3] 梁榜，张建华. 中国城市数字普惠金融发展的空间集聚及收敛性研究 [J]. 财经论丛，2020 (1)：54-64.

束问题，为产品化阶段的技术创新活动提供资金支持；同时，数字技术的快速发展，使得消费者的跨区域消费更加便利，拓展了新产品的消费市场，也可能会促进关联区域产品化阶段的技术创新水平。在产业化阶段，数字金融可以依托新兴技术缓解跨区域信贷约束，为关联地区产业化阶段技术创新活动提供资金支持；同时，数字金融的技术特征，可以为关联区域数字金融的发展提供示范效应，优化关联区域金融资源的配置，提高关联区域金融资源配置效率，进而可能影响关联区域开展产业化阶段的技术创新活动。那么，数字金融和各阶段区域技术创新水平在空间上是否存在相关性？数字金融对各阶段区域技术创新水平是否存在空间溢出效应？在不同技术创新阶段，这种空间溢出效应是否存在差异性？有必要将空间因素结合起来，研究数字金融对各阶段区域技术创新水平的影响。这也是本章的重点研究内容，厘清这些问题，有助于进一步释放数字金融对技术创新的叠加效应，提升区域技术创新水平，推动区域经济高质量发展。

基于以上分析，本章将从省域层面划分区域，构建空间面板数据模型，探讨数字金融对各阶段区域技术创新水平影响的空间溢出效应。

第一节 研究设计

本章将构建空间计量模型检验数字金融对研发阶段、产品化阶段以及产业化阶段区域技术创新水平的空间溢出效应。在构建空间计量模型前，需要设定空间权重矩阵，检验变量间是否存在空间依赖性，才能使用空间计量模型。

一、空间相关性检验模型

空间依赖性是指邻近的或者联系密切的区域在某个特性方面具有相似的取值，比如高值和高值聚集在一起、低值和低值聚集在一起，即为"正空间自相关"；如果出现高值与低值相邻、低值与高值相邻现象，则为"负空间自相关"；如果高值和低值完全随机分布，则不存在空间依赖性。

目前，检验变量是否具有空间相关性，主要有莫兰指数 I、吉尔里指数 C

和 Getis-Ord 指数。本章采用全局莫兰指数（Moran's I）来检验变量的空间相关性，其具体计算公式如下式（9-1）所示：

$$I = \frac{n\sum_{i=1}^{n}\sum_{j=1}^{n}w_{ij}(x_i-\bar{x})(x_j-\bar{x})}{\sum_{i=1}^{n}\sum_{j=1}^{n}w_{ij}(x_i-\bar{x})^2} = \frac{\sum_{i=1}^{n}\sum_{j=1}^{n}w_{ij}(x_i-\bar{x})(x_j-\bar{x})}{S^2\sum_{i=1}^{n}\sum_{j=1}^{n}w_{ij}} \quad (9-1)$$

其中，$S^2 = \frac{\sum_{i=1}^{n}(x_i-\bar{x})^2}{n}$ 表示样本方差，$\bar{x} = \frac{\sum_{i=1}^{n}x_i}{n}$ 表示样本均值，w_{ij}（$i,j=1,2,\cdots,n$）为i区域和j区域之间的空间权重矩阵，n表示区域数量，x_i和x_j分别表示区域i和区域j的样本值。

莫兰指数 I 的取值范围为 [-1, 1]，当莫兰指数 I 大于 0 表明变量在区域间存在正自相关，接近 1 说明高值和高值聚集在一起、低值和低值聚集在一起；当莫兰指数 I 小于 0 表明区域间存在负自相关，接近于-1 说明高值与低值相邻、低值与高值相邻，莫兰指数 I 接近 0 则表明区域间不存在空间自相关。

根据莫兰指数 I 的计算公式（9-1）可知，在进行空间计量模型前需要引入空间权重矩阵。在考察地理空间关联性时，现有研究多采用各区域是否相邻或各区域之间的地理距离来定义空间权重矩阵。但是，数字金融对各阶段区域技术创新水平的空间溢出效应，不仅体现在地理因素方面，还有经济相关性。为了更好地考察数字金融对各阶段区域技术创新水平的空间溢出效应，本章分别采用邻近距离、地理距离和经济距离定义空间权重矩阵。同时，对定义的各个空间权重矩阵进行标准化处理，使得矩阵的各行之和等于 1，即对空间权重矩阵进行无量纲处理。

本章对邻近空间权重矩阵定义如下：

$$W^G = \begin{cases} 1, & \text{当区域}i\text{与区域}j\text{相邻} \\ 0, & \text{当区域}i\text{与区域}j\text{不相邻} \end{cases} \quad (9-2)$$

式（9-2）中，$i=1, 2, \cdots, n$；$j=1, 2, \cdots, n$。通过邻近距离构建的空间权重矩阵的主要原理是国土空间是否毗邻，相互毗邻的两个区域，其经济关联性更强。

此外，根据新经济地理理论可知，地理距离较近的两个区域之间关联性更强。① 本章基于经纬度计算区域之间的地理距离，进而构建如下式（9-3）的空间权重矩阵：

$$W_{ij}^D = \begin{cases} 1/d_{ij}, & i \neq j \\ 0, & i = j \end{cases} \quad (9-3)$$

其中，$i=1, 2, \cdots, n$，$j=1, 2, \cdots, n$，d_{ij}表示区域i和区域j之间的地理距离，计算方式如下：

$d_{ij} = \arccos\{\cos(Lat_i)\cos(Lon_i)\cos(Lat_j)\cos(Lon_j)$
$+ \cos(Lat_i)\sin(Lon_i)\cos(Lat_j)\sin(Lon_j) + \sin(Lat_i)\sin(Lat_j)\}\pi R/180$，

其中，（Lat, Lon）为经纬度，R 为地球平均半径。

邻近距离和地理距离主要是从地理位置层面构建的空间权重矩阵，但并未反映各区域之间的经济关联性。因此，邻近距离和地理距离构建的空间权重矩阵无法全面反映各区域之间的关联性。为了更好地考察数字金融对各阶段区域技术创新水平影响的空间效应，本章借张焱②的做法，基于经济距离构建空间权重矩阵，具体定义如下：

$$W^E = W^D * diag(\frac{\overline{Y_1}}{\overline{Y}}, \frac{\overline{Y_2}}{\overline{Y}}, \cdots, \frac{\overline{Y_n}}{\overline{Y}}) \quad (9-4)$$

其中，W^D为空间地理权重矩阵，$\overline{Y_i} = \sum_{t=t_0}^{t_1} Y_{it} \frac{1}{t_1 - t_0 + 1}$，$\overline{Y} = \frac{1}{n}\sum_{i=1}^{n}\overline{Y_i}$，$\overline{Y_i}$表示第$i$个省市的实际人均GDP的年平均值，$\overline{Y}$表示各省市$\overline{Y_i}$的平均值。

由表达式（9-2）（9-3）和（9-4）可知，根据邻近距离和地理距离构建的空间权重矩阵，不受两个地区之间的顺序影响，即$W_{ij}^C = W_{ji}^C$、$W_{ij}^D = W_{ji}^D$；但是根据经济距离构建的空间权重矩阵，会因为区域之间作用顺序不一样而产生差异性，即W_{ij}^E不一定等于W_{ji}^E。

二、空间计量模型

目前，最常用的空间计量模型主要有空间滞后模型（SAR）、空间误差模

---

① Krugman P. Increasing returns and economic geography [J]. Journal of political economy, 1991, 99 (3): 483-499.
② 张焱. 数字经济、溢出效应与全要素生产率提升 [J]. 贵州社会科学, 2021 (3): 139-145.

型（SEM）和空间杜宾模型（SDM）。其中，空间滞后模型也称空间自回归模型，主要反映的是某变量在空间上的相关性，主要解决的是空间依赖性问题；空间误差模型主要反映的是邻近区域不可观测因素对本区域经济活动的影响，解决的是空间异质性问题；空间杜宾模型实际上综合了空间滞后模型和空间误差模型，既解决了空间依赖性问题，也解决了空间异质性问题，能够很好地反映其他区域数字金融对各阶段区域技术创新活动的影响效应。[①] 本章采用LM 检验和稳健性检验进行模型选择，检验结果显示不管是采用空间邻近距离矩阵还是空间地理距离矩阵，或者空间经济距离矩阵，均选择了空间杜宾模型。因此，本章将构建空间杜宾模型检验数字金融对各阶段区域技术创新影响的空间效应。其中，研发阶段的空间杜宾模型设定如下：

$$
\begin{aligned}
rd\_innov_{it} = & \rho_1 Wrd\_innov_{it} + \alpha_1 df_{it} + \alpha_2 \ln rgdp_{it} \\
& + \alpha_3 fin_{it} + \alpha_4 stru_{it} + \alpha_5 edu_{it} + \alpha_6 gov_{it} + \alpha_7 urbanization_{it} \\
& + \alpha_8 infrastructure_{it} + \alpha_9 open_{it} + \lambda_1 Wdf_{it} + \lambda_2 W\ln rgdp_{it} \\
& + \lambda_3 Wfin_{it} + \lambda_4 Wstru_{it} + \lambda_5 Wedu_{it} + \lambda_6 Wgov_{it} + \lambda_7 Wurbanization_{it} \\
& + \lambda_8 Winfrastructure_{it} + \lambda_9 Wopen_{it} + \mu_t + \nu_i + \varepsilon_{it}
\end{aligned} \quad (9-5)
$$

在式（9-5）中，rd_innov 为研发阶段的技术创新产出，用区域专利申请总量的自然对数表示；df 为数字金融发展水平，用数字金融总指数表示；$\ln rgdp$、fin、$stru$、edu、gov、$urbanization$、$infrastructure$、$open$ 是与第四章相同的控制变量，分别表示各区域经济发展水平、传统金融发展水平、产业结构、教育水平、政府支持、城市化水平、基础设施、对外开放程度；W 为 $n \times n$ 阶的空间权重矩阵，分别用邻近空间权重矩阵（W^G）、地理距离空间权重矩阵（W^D）以及经济距离权重矩阵（W^E）表示；ρ_1 为空间自回归系数，α_1，α_2，…，α_9 分别为各个变量对应的估计系数，λ_1，λ_2，…，λ_9 分别为各变量的空间误差系数；μ、ν 分别表示时间效应和个体效应；ε 表示随机误差项；i 和 t 分别表示所在区域和年份。

产品化阶段的空间杜宾模型设定如下：

[①] LeSage J P, Pace R K. Spatial econometric models [M] //Handbook of applied spatial analysis. Springer, Berlin, Heidelberg, 2010：355-376.

$$\begin{aligned}
product\_innov_{it} =\ & \rho_2 W product\_innov_{it} + \beta_1 df_{it} \\
& + \beta_2 gdp\_rate_{it} + \beta_3 fin_{it} + \beta_4 stru_{it} + \beta_5 edu_{it} + \beta_6 urbanization_{it} \\
& + \beta_7 infrastructure_{it} + \beta_8 funds_{it} + \beta_9 ume_{it} + \theta_1 W df_{it} \\
& + \theta_2 W gdp\_rate_{it} + \theta_3 W df_{it} + \theta_4 W stru_{it} + \theta_5 W edu_{it} + \theta_6 W urbanization_{it} \\
& + \theta_7 nfrastructure_{it} + \theta_8 W funds_{it} + \theta_9 W ume_{it} + \mu_t + \nu_i + \varepsilon_{it}
\end{aligned} \quad (9-6)$$

在式（9-6）中，$product\_innov$ 为产品化阶段的技术创新产出，用区域新产品销售收入的自然对数表示；df 为数字金融发展水平，用数字金融总指数表示；dp_rate、fin、$stru$、edu、$urbanization$、$infrastructure$、$funds$、ume 是与第五章相同的控制变量，分别表示各区域经济增长速度、传统金融发展水平、产业结构、教育水平、城市化水平、基础设施、经费投入以及实业景气程度；W 为 $n \times n$ 阶的空间权重矩阵，分别用邻近空间权重矩阵（W^G）、地理距离空间权重矩阵（W^D）以及经济距离权重矩阵（W^E）表示；ρ_2 为空间自回归系数，β_1、β_2、$\cdots$、β_9 分别为各个变量对应的估计系数，θ_1、θ_2、$\cdots$、θ_9 分别为各变量的空间误差系数；μ、ν 分别表示时间效应和个体效应；ε 表示随机误差项；i 和 t 分别表示所在区域和年份。

产业化阶段的空间杜宾模型设定如下：

$$\begin{aligned}
indus\_innov_{it} =\ & \rho_3 W indus\_innov_{it} + \chi_1 df_{it} + \chi_2 hum_{it} \\
& + \chi_3 capital_{it} + \chi_4 rd_{it} + \chi_5 stru_{it} + \chi_6 gov_{it} + \chi_7 urbanization_{it} \\
& + \chi_8 open_{it} + \chi_9 market_{it} + \xi_1 W df_{it} + \xi_2 W hum_{it} + \xi_3 W capital_{it} \\
& + \xi_4 W rd_{it} + \xi_5 W stru_{it} + \xi_6 W gov_{it} + \xi_7 W urbanization_{it} + \xi_8 W open_{it} \\
& + \xi_9 W market_{it} + \mu_t + \nu_i + \varepsilon_{it}
\end{aligned} \quad (9-7)$$

在式（9-7）中，$indus\_innov$ 为产业化阶段的技术创新水平，用区域全要素生产率的增长率表示；df 为数字金融发展水平，用数字金融总指数表示；hum、$captical$、rd、$stru$、gov、$urbanization$、$open$、$market$ 为与第六章相同的控制变量，分别表示各区域人力资本水平、资本存量、研发经费投入、产业升级、政府支持程度、城市化水平、对外开放程度以及市场化水平；W 为 $n \times n$ 阶的空间权重矩阵，分别用邻近空间权重矩阵（W^G）、地理距离空间权重矩阵（W^D）以及经济距离权重矩阵（W^E）表示；ρ_3 为空间自回归系数，χ_1、χ_2、$\cdots$、χ_9 分别为各变量对应的估计系数，ξ_1、ξ_2、$\cdots$、ξ_9 分别为各变量的空间误差系数；μ、ν 分别表示时间效应和个体效应；ε 表示随机误差项；i 和 t 分别表示所在区域和年份。

此外，本章所涉及研发阶段的变量和数据与第六章相同，产品化阶段的变量和数据与第七章相同，产业化阶段的变量和数据与第八章相同，本章不重复阐释。

第二节 空间相关性检验结果分析

由于西藏自治区的数据不全，无法计算空间权重矩阵，对其予以剔除。本章最终选取中国30个省（自治区、直辖市）2011—2019年的面板数据作为研究样本，运用全局莫兰指数及其散点图分析数字金融、各阶段区域技术创新水平是否存在空间自相关。

一、数字金融的空间关联性分析

（一）数字金融的全局空间关联性分析

莫兰指数值的绝对数越大，说明变量的空间自相关程度越大。表9-1报告了2011—2019年中国各省份数字金融的莫兰指数。根据表9-1可知，无论是基于邻近距离、地理距离构建空间权重矩阵，还是基于经济距离构建空间权重矩阵，各省（自治区、直辖市）数字金融的Moran's I 统计值均为正数，且在1%显著性水平下显著，说明各省（自治区、直辖市）数字金融在空间上并非随机分布，而是具有正向空间相关性，即数字金融在空间上呈现集聚现象。

表9-1 2011—2019年数字金融的 Moran's I 值

年份	空间邻近距离矩阵			空间地理距离矩阵			空间经济距离矩阵		
	莫兰值	Z值	P值	莫兰值	Z值	P值	莫兰值	Z值	P值
2011	0.487	4.447	0.000	0.110	4.020	0.000	0.573	5.787	0.000
2012	0.496	4.566	0.000	0.132	4.679	0.000	0.606	6.172	0.000

续表

年份	空间邻近距离矩阵			空间地理距离矩阵			空间经济距离矩阵		
	莫兰值	Z值	P值	莫兰值	Z值	P值	莫兰值	Z值	P值
2013	0.466	4.333	0.000	0.128	4.570	0.000	0.609	6.240	0.000
2014	0.468	4.350	0.000	0.128	4.583	0.000	0.622	6.368	0.000
2015	0.412	3.875	0.000	0.101	3.820	0.000	0.614	6.297	0.000
2016	0.450	4.215	0.000	0.123	4.464	0.000	0.617	6.342	0.000
2017	0.508	4.728	0.000	0.129	4.637	0.000	0.558	5.772	0.000
2018	0.548	5.041	0.000	0.140	4.909	0.000	0.522	5.376	0.000
2019	0.556	5.101	0.000	0.144	5.010	0.000	0.528	5.425	0.000

（二）数字金融的局域空间关联性分析

全局莫兰指数反映的是变量在全局的空间相关性，但不能反映变量在局域的空间相关性。本章通过计算2019年数字金融的局部莫兰指数，检验局部地区数字金融是否具有空间相关性，检验结果发现数字金融在大多数区域均拒绝"无空间自相关"的原假设，这一结论与前文的全局空间相关性检验结果保持一致，即各个省（自治区、直辖市）数字金融发展情况在空间上并不是随机分布的，而是存在正向空间相关性。

为了更加清晰地观察数字金融在空间上的相关性，图9-1报告了2019年中国各省（自治区、直辖市）数字金融的莫兰指数散点图。莫兰指数散点图根据四个象限将空间集聚模式划分为四种类型，第一现象是高值和高值聚集，表示高水平的区域和高水平的区域聚集在一起，即存在空间正向相关性；第二象限是低值和高值聚集，表示低水平区域和高水平区域聚集在一起，即存在空间负向相关性；第三象限是低值和低值聚集，表示低水平区域和低水平区域聚集在一起，即存在空间正向相关性；第四象限是高值和低值聚集，表示高水平区域和低水平区域聚集在一起，即存在空间负向相关性。

根据图9-1可知，大部分省份（自治区、直辖市）分布于第一象限和第三象限，这说明2019年中国各区域数字金融在空间上呈现正向聚集状态，即2019年中国数字金融高的区域与高的区域聚集，低的区域和低的区域聚集，且2019年数字金融的莫兰指数散点图位于第一、三象限的总数比重达到83.33%。

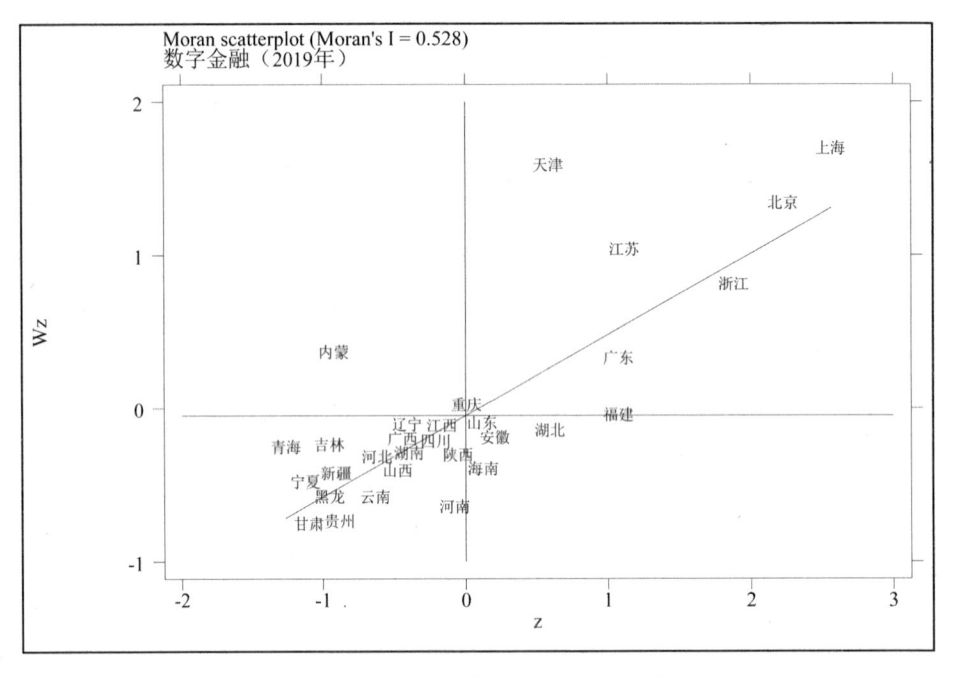

图9-1 2019年中国省级数字金融的莫兰指数散点图

二、研发阶段技术创新的空间关联性分析

（一）研发阶段技术创新的全局空间关联性分析

表9-2报告了2011—2019年中国各省（自治区、直辖市）研发阶段技术创新水平的莫兰指数，显示在空间邻近距离权重矩阵和空间地理距离权重矩阵下，研发阶段技术创新水平的莫兰指数值均为正数，且通过了1%显著性水平检验；在空间经济距离权重矩阵下，研发阶段技术创新水平的莫兰指数值在5%显著性水平下显著为正。这说明各省（自治区、直辖市）在研发阶段的技术创新水平存在正向空间自相关性。也就说，各个省（自治区、直辖市）研发阶段技术创新水平在空间上并非随机分布的，而是存在正向空间相关性，即存在空间集聚现象。

表 9-2 2011—2019 年研发阶段技术创新的 Moran's *I* 值

年份	空间邻近距离矩阵			空间地理距离矩阵			空间经济距离矩阵		
	莫兰值	Z值	P值	莫兰值	Z值	P值	莫兰值	Z值	P值
2011	0.363	3.294	0.000	0.106	3.904	0.000	0.206	2.290	0.011
2012	0.348	3.182	0.001	0.100	3.736	0.000	0.188	2.125	0.017
2013	0.352	3.212	0.001	0.096	3.616	0.000	0.190	2.147	0.016
2014	0.378	3.423	0.000	0.093	3.547	0.000	0.183	2.075	0.019
2015	0.401	3.595	0.000	0.095	3.564	0.000	0.208	2.297	0.011
2016	0.435	3.879	0.000	0.101	3.746	0.000	0.219	2.412	0.008
2017	0.419	3.756	0.000	0.095	3.573	0.000	0.189	2.128	0.017
2018	0.458	4.072	0.000	0.108	3.935	0.000	0.198	2.211	0.014
2019	0.461	4.102	0.000	0.113	4.093	0.000	0.211	2.339	0.010

(二) 研发阶段技术创新的局域空间关联性分析

根据图 9-2 可知,在 2019 年研发阶段技术创新的莫兰指数散点图中,大部分省份(自治区、直辖市)分布于第一象限和第三象限,这说明中国各省(自治区、直辖市)研发阶段技术创新水平在空间上存在显著的正向相关性,即研发阶段技术创新水平高的区域与高的区域聚集,低的区域和低的区域聚集,且 2019 年中国研发阶段技术创新的莫兰指数散点图位于第一、三象限的总数比重达到 86.67%。

三、产品化阶段技术创新的空间相关性检验结果分析

(一) 产品化阶段技术创新的全局空间关联性分析

根据表 9-3 可知,在空间邻近距离权重矩阵、空间地理距离权重矩阵以及空间经济距离权重矩阵下,各省(自治区、直辖市)产品化阶段技术创新水平的莫兰指数值均为正数,除个别年份在空间经济距离权重矩阵下的莫兰指数估计值在 5% 水平上显著,其余年份均通过了 1% 的显著性水平检验,表

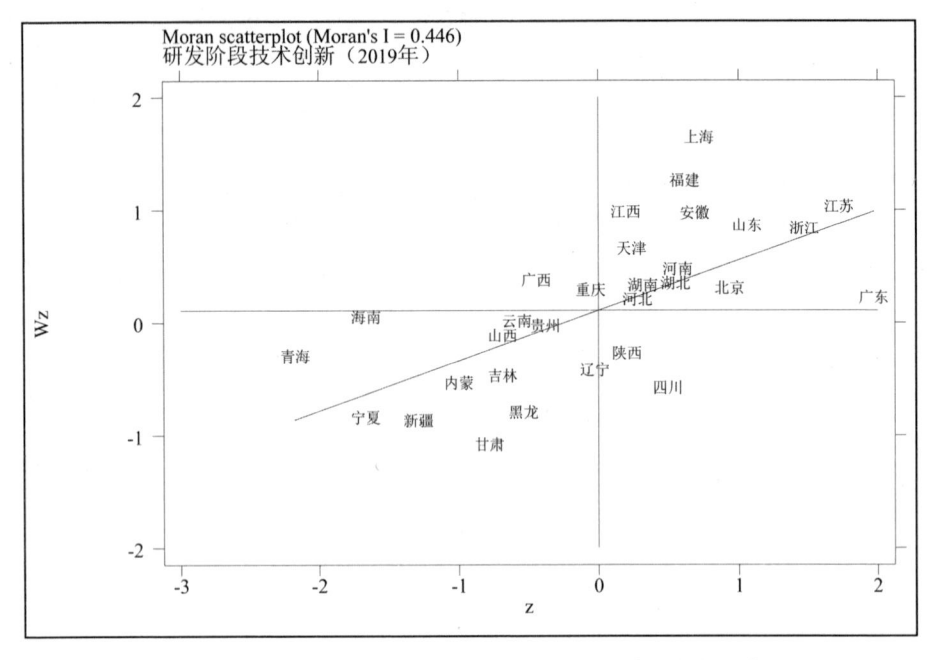

图 9-2　2019 年中国省级研发阶段技术创新的莫兰指数散点图

明各省（自治区、直辖市）产品化阶段技术创新水平同样也存在正向空间相关性。

表 9-3　2011—2019 年产品化阶段技术创新的 Moran's *I* 值

年份	空间邻近距离矩阵			空间地理距离矩阵			空间经济距离矩阵		
	莫兰值	Z 值	P 值	莫兰值	Z 值	P 值	莫兰值	Z 值	P 值
2011	0.390	3.653	0.000	0.109	4.140	0.000	0.205	2.370	0.009
2012	0.411	3.820	0.000	0.114	4.258	0.000	0.207	2.378	0.009
2013	0.432	3.973	0.000	0.117	4.309	0.000	0.178	2.082	0.019
2014	0.400	3.737	0.000	0.112	4.211	0.000	0.171	2.037	0.021
2015	0.438	3.962	0.000	0.116	4.231	0.000	0.186	2.127	0.017
2016	0.503	4.464	0.000	0.136	4.730	0.000	0.213	2.363	0.009
2017	0.513	4.517	0.000	0.130	4.550	0.000	0.217	2.385	0.009
2018	0.535	4.701	0.000	0.136	4.708	0.000	0.212	2.340	0.010
2019	0.485	4.314	0.000	0.124	4.399	0.000	0.205	2.355	0.009

(二) 产品化阶段技术创新的局域空间关联性分析

图 9-3 报告了 2019 年中国各省（自治区、直辖市）在产品化阶段技术创新水平的莫兰指数散点图。根据图 9-3 可知，中国大多数地区产品化阶段技术创新的莫兰指数散点图分布于第一象限和第三象限，这说明中国各区域产品化阶段技术创新水平呈现高高聚集和低低聚集的现象，且 2019 年产品化阶段技术创新的莫兰指数散点图位于第一、三象限的总数比重达到 86.67%，即中国各省（自治区、直辖市）产品化阶段技术创新水平存在明显的正向空间相关性。

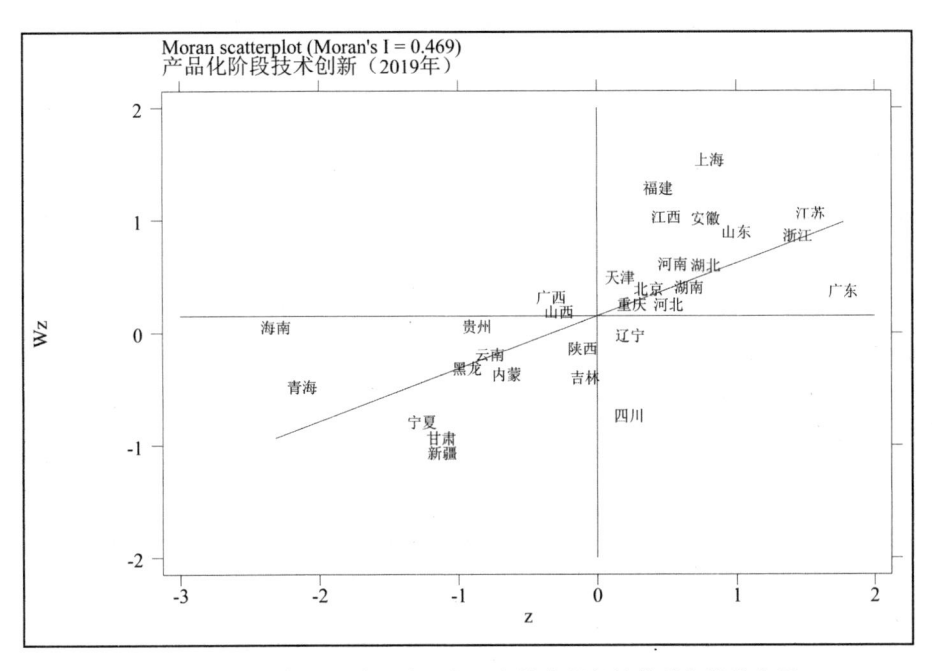

图 9-3　2019 年中国省级产品化阶段技术创新的莫兰指数散点图

四、产业化阶段技术创新的空间相关性检验结果分析

(一) 产业化阶段技术创新的全局空间关联性分析

根据表 9-4 可知，无论是基于邻近距离、地理距离构建的空间权重矩阵，还是基于经济距离构建的空间权重矩阵，大部分年份各省（自治区、直辖市）

产业化阶段技术创新水平的莫兰指数值均在 5% 显著性水平下显著为正；2017、2018、2019 年在基于经济距离构建的空间权重矩阵下，产业化阶段技术创新水平的莫兰指数值在 10% 显著性水平下显著为正，说明各省（自治区、直辖市）产业化阶段技术创新水平在空间上并非随机分布，而是存在正向空间相关性。

表 9-4　2011—2019 年产业化阶段技术创新的 Moran's *I* 值

年份	空间邻近距离矩阵			空间地理距离矩阵			空间经济距离矩阵		
	莫兰值	Z 值	P 值	莫兰值	Z 值	P 值	莫兰值	Z 值	P 值
2011	0.203	2.004	0.023	0.028	1.771	0.038	0.142	1.716	0.043
2012	0.232	2.244	0.012	0.032	1.882	0.030	0.150	1.784	0.037
2013	0.255	2.440	0.007	0.034	1.933	0.027	0.157	1.856	0.032
2014	0.278	2.623	0.004	0.043	2.188	0.014	0.181	2.079	0.019
2015	0.221	2.144	0.016	0.029	1.792	0.037	0.163	1.910	0.028
2016	0.194	1.920	0.027	0.024	1.644	0.050	0.175	2.020	0.022
2017	0.207	2.026	0.021	0.019	1.508	0.066	0.158	1.853	0.032
2018	0.202	1.979	0.024	0.022	1.585	0.056	0.167	1.944	0.026
2019	0.207	2.026	0.021	0.019	1.508	0.066	0.158	1.853	0.032

（二）产业化阶段技术创新的局域空间关联性分析

图 9-4 报告的是 2019 年中国各省（自治区、直辖市）在产业化阶段技术创新水平的莫兰指数散点图。图 9-4 显示中国大多数区域产业化阶段技术创新的莫兰指数散点图分布于第一象限和第三象限，这说明中国各区域产业化阶段技术创新水平在空间上呈现正向聚集状态，即产业化阶段技术创新水平高的区域与高的区域聚集，低的区域和低的区域聚集，且 2019 年产业化阶段技术创新的莫兰指数散点图位于第一、三象限的总数比重达到 70%。

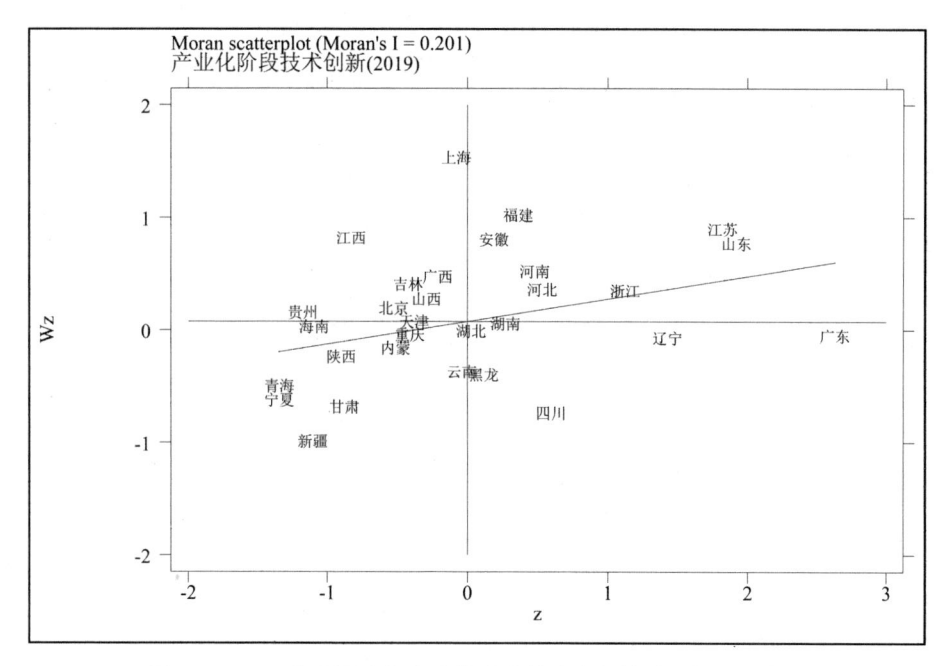

图 9-4 2019 年中国省级产业化阶段技术创新的莫兰指数散点图

第三节 空间杜宾模型实证结果分析

一、研发阶段的空间杜宾模型实证结果分析

表 9-5 报告了中国数字金融对研发阶段技术创新水平的空间溢出效应。为了保证估计结果的稳健性,本章分别采用了邻近距离、地理距离以及经济距离构建空间权重矩阵。其中,表 9-5 中模型(1)是基于空间邻近距离矩阵的估计结果,模型(2)是基于空间地理距离矩阵的估计结果,模型(3)是基于空间经济距离矩阵的估计结果。

表9-5 研发阶段的空间杜宾模型估计结果

变量	邻近距离 (1)	地理距离 (2)	经济距离 (3)
$df\_aggregate$	0.2168* (1.89)	0.2434* (1.77)	0.3043* (1.95)
$lnrgdp$	0.4238** (2.01)	0.2990** (2.31)	0.3701* (1.92)
fin	0.1111* (1.67)	0.2066*** (2.59)	0.1168 (1.48)
$stru$	4.9966*** (3.46)	5.9708*** (3.88)	6.2774*** (4.54)
edu	1.0560*** (4.75)	0.6910*** (2.94)	0.7588*** (3.21)
gov	9.9191*** (3.60)	6.9102** (2.21)	8.5607*** (3.03)
$urbanization$	0.2890 (0.36)	0.1792 (0.20)	0.2926 (0.33)
$infrastructure$	0.0030 (1.45)	0.0008 (0.37)	0.0090 (0.94)
$open$	2.1796* (1.93)	2.6751** (2.01)	1.1769 (1.05)
$W*df\_aggregate$	0.2673 (1.00)	0.2145 (1.21)	0.1628 (1.58)
$W*lnrgdp$	-0.3061** (-2.18)	-0.4873* (-1.73)	-0.6808* (-1.82)
$W*fin$	0.3402** (2.48)	0.3567 (0.73)	0.3175* (1.77)
$W*stru$	3.3663 (1.00)	11.2797 (1.04)	-5.9837* (-1.71)

续表

变量	邻近距离 （1）	地理距离 （2）	经济距离 （3）
W∗edu	0.2832* （1.91）	1.6778** （2.49）	1.7648*** （2.70）
W∗gov	0.6481 （0.11）	-26.9661 （-1.15）	-9.3651 （-1.10）
W∗urbanization	-6.6200*** （-3.36）	-2.7064** （-2.37）	-0.1875* （-1.80）
W∗infrastructure	-0.0056 （-0.98）	-0.5178** （-2.26）	-0.0037 （-1.10）
W∗open	-3.6338 （-1.34）	6.9667 （0.83）	-0.5676 （-1.17）
ρ_1	0.2227** （2.45）	0.2825** （2.09）	0.1200** （2.15）
sigma2_e	0.0235*** （11.57）	0.0263*** （11.58）	0.0248*** （11.58）
Adj_R^2	0.4056	0.7276	0.4639
N	270	270	270
直接效应：数字金融	0.2339* （1.77）	0.2469* （1.68）	0.3147* （1.90）
间接效应：数字金融	0.2646 （1.27）	0.1278 （1.14）	0.1794 （0.60）
总效应：数字金融	0.4985* （1.86）	0.3747* （1.74）	0.4941* （1.87）

备注：＊＊＊、＊＊和＊分别表示在1%、5%和10%水平上显著；括号中的数值为t统计量。

首先，从表9-5的估计结果来看，在研发阶段，空间邻近距离矩阵、空间地理距离矩阵以及空间经济距离矩阵作为空间权重矩阵的空间相关系数

（ρ_1）分别为0.2227、0.2825以及0.1200，且均通过了5%显著性水平检验，这说明各省（自治区、直辖市）研发阶段的技术创新水平在空间上存在显著正相关，本省（自治区、直辖市）在研发阶段的技术创新水平很可能会影响周边其他省（自治区、直辖市）的研发创新水平。也就是说，研发创新水平高的区域聚集在一起，研发创新水平较低的区域通常聚集在一起。

其次，从系数估计值来看，不管在何种空间权重矩阵下，数字金融的系数估计值均为正数，且通过了10%显著性水平检验，说明数字金融显著促进了各研发阶段区域技术创新水平，这一结论与第四章的回归估计结果保持一致。在控制变量方面，估计结果与第四章的估计结果也基本保持一致。数字金融的空间交互项（$W*df\_aggregate$）的估计系数不管是在空间邻近距离矩阵下，还是在空间地理距离矩阵和空间经济距离矩阵下，均未通过10%显著性水平检验，这说明数字金融总体发展水平对研发阶段技术创新不存在空间溢出效应，也就是说，本地区数字金融对周边其他地区或关联地区研发阶段技术创新水平的影响并不明显。对于控制变量的空间交互项，经济发展水平的空间交互项（$W*lnrgdp$）的估计系数在10%显著性水平下显著为负数，这表明经济发展水平对周边地区的研发技术创新水平具有负向空间溢出效应，这可能是经济发展水平高的地区对技术创新要素具有集聚效应，将周边的人才、资源集聚在本区域，进而阻碍了周边区域研发技术创新水平的提升；教育水平的空间交互项（$W*edu$）的系数估计值均为正数，且通过了10%显著性水平检验，这表明本区域教育水平对周边区域研发技术创新水平具有促进作用；城市化水平的空间交互项（$W*urbanization$）的系数估计值在1%显著性水平下显著为负，这说明城市化水平对研发阶段技术创新水平存在显著的负向空间溢出效应，这可能是因为城市化水平越高的地区对周边地区具有吸虹效应，集聚了周边地区各种要素资源，进而阻碍了周边地区研发技术创新水平的提升；其他控制变量的空间交互项未通过显著性水平检验，说明本地区传统金融发展水平、产业结构、政府支持程度、基础设施建设、对外开放程度等因素对其他地区研发创新水平的影响不明显。

此外，由于空间计量模型的特殊性，其估计的系数估计值不能真实反映数字金融对各区域研发阶段技术创新水平的影响程度。本章采用偏微分方法将数字金融对各区域研发阶段技术创新的影响分为直接效应、间接效应和总效应。其中，直接效应反映的是本区域数字金融对本区域研发阶段技术创新水平的影响效应；间接效应反映的是数字金融对研发阶段技术创新水平的空间溢出效应，即本区域数字金融发展对周边其他区域或关联区域研发阶段技术创新水平的影响；总效应包括了直接效应和间接效应。表9-5中显示，无论何种空间权重矩阵下数字金融对研发阶段技术创新水平的直接效应均在10%的显著性水平下显著为正；但数字金融对研发阶段技术创新水平的间接效应，即空间溢出效应并不显著。以上结果表明本区域数字金融对本区域研发阶段技术创新水平具有显著提升作用，但对周边其他地区或关联地区研发阶段技术创新水平并没有显著的影响。这与研发阶段技术创新具有的特点相关，研发阶段技术创新活动获取的是以专利为代表的产出，体现的是技术价值，而并未转化为经济价值，此阶段计算创新产出不能为研发创新主体带来明确的经济回报，不能进行经济效应的扩散；同时，推动研发创新活动不仅需要大量研发资金投入还需要研发人员的投入，才能开展研发创新活动，而数字金融主要为研发技术创新活动提供的是信贷资金支持。因此，数字金融对研发阶段技术创新的空间溢出效应并不明显。

二、产品化阶段的空间杜宾模型实证结果分析

表9-6报告的是中国数字金融对产品化阶段技术创新水平的空间溢出效应结果。为了保证估计结果的稳健性，模型（4）（5）和（6）分别采用邻近距离、地理距离和经济距离构建空间权重矩阵。

表9-6 产品化阶段的空间杜宾模型估计结果

变量	邻近距离	地理距离	经济距离
	（4）	（5）	（6）
$df\_aggregate$	0.4801***	0.1186***	0.2723*
	(3.01)	(4.92)	(1.69)
gdp_rate	0.1410	0.2920	0.9294
	(0.27)	(1.32)	(1.47)
fin	0.0876*	0.0684	0.3657***
	(1.82)	(1.06)	(4.15)

续表

变量	邻近距离 (4)	地理距离 (5)	经济距离 (6)
stru	11.1372*** (3.42)	7.9790** (2.47)	4.0794** (2.03)
edu	0.2450 (0.68)	0.1301*** (2.99)	0.7614*** (2.71)
urbanization	1.9976*** (2.80)	2.5989*** (3.40)	0.0605** (2.06)
infrastructure	0.0620*** (6.45)	0.0321*** (3.26)	0.0031 (1.11)
funds	0.7090*** (9.99)	0.6378*** (9.63)	0.4700*** (5.37)
ume	-0.1048* (-1.69)	-0.1685*** (-2.81)	-0.1497** (-2.41)
W ∗ *df_aggregate*	0.4363*** (3.77)	0.2413** (2.01)	0.2618* (1.71)
W ∗ *gdp_rate*	1.7769** (2.17)	3.7070 (1.34)	1.4887 (1.05)
W ∗ *fin*	0.0358 (0.34)	0.0487 (0.17)	0.1317 (0.72)
W ∗ *stru*	-7.6066 (-1.31)	3.2793 (0.26)	3.4513*** (2.89)
W ∗ *edu*	0.8867* (1.95)	0.3705*** (3.63)	0.8155*** (2.81)
W ∗ *urbanization*	-2.5197* (-1.81)	-5.2198* (-1.67)	-2.7611* (-1.90)
W ∗ *infrastructure*	0.0961 (1.09)	0.0991 (1.49)	0.0017 (1.28)

续表

变量	邻近距离 (4)	地理距离 (5)	经济距离 (6)
$W*funds$	0.1316 (0.79)	0.2606 (0.66)	0.0761 (0.39)
$W*ume$	0.1253 (1.07)	0.1431 (0.56)	0.0451 (0.28)
ρ_2	0.0942*** (2.69)	0.0836*** (3.43)	0.2623** (2.63)
$sigma2\_e$	0.0041*** (7.29)	0.0038*** (6.73)	0.0426*** (11.56)
Adj_R^2	0.744	0.6277	0.6987
N	270	270	270
直接效应：数字金融	0.4717*** (2.84)	0.1520*** (3.29)	0.2682** (2.15)
间接效应：数字金融	0.3417*** (2.92)	0.2418* (1.73)	0.2587* (1.90)
总效应：数字金融	0.8134*** (4.77)	0.3938*** (2.59)	0.5269** (2.55)

备注：***、**和*分别表示在1%、5%和10%水平上显著；括号中的数值为t统计量。

根据估计结果可知，首先，在产品化阶段，不管是空间邻近距离矩阵还是空间地理距离矩阵和空间经济距离矩阵，作为空间权重矩阵的空间相关系数（ρ_2）均在5%显著性水平下显著为正，这说明各区域之间产品化阶段技术创新水平在空间上存在显著正相关，即产品化阶段技术创新水平高的区域聚集在一起，低的区域聚集在一起。

其次，从各变量的系数估计值来看，在三种空间权重矩阵下数字金融系数估计值均在10%显著性水平下显著为正，这说明数字金融发展显著提升了各区域产品化阶段技术创新水平，这一结论与第五章的回归估计结果保持一致。在三种空间权重矩阵下数字金融的空间交互项（$W*df\_aggregate$）的系数估计值分别为 0.4363、0.2413 以及 0.2618，且通过了 10% 显著性水平检验，表明本区域数字金融会影响周边其他地区或关联地区产品化阶段技术创新水平，即数字金融对产品化阶段技术创新水平的提升作用具有空间溢出效应。对于控制变量的空间交互项，教育水平的空间交互项（$W*edu$）的系数估计值均在 10% 显著性水平下显著为正，表明本区域教育水平对周边其他区域或关联区域产品化阶段技术创新水平具有促进作用；城市化水平的空间交互项（$W*urbanization$）的系数估计值在 10% 显著性水平下显著为负，说明本区域城市化水平对周边其他区域或关联区域产品化技术创新水平具有抑制作用；其他控制变量的空间交互项未通过 10% 显著性水平检验，说明本区域经济增长速度、传统金融发展水平、产业结构基础设施、经费投入以及实业景气程度对周边其他区域或关联区域产品化阶段技术创新水平的影响不明显。

此外，表 9-6 中报告了数字金融对产品化阶段技术创新水平影响的直接效应、间接效应以及总效应，无论何种空间权重矩阵下数字金融对产品化阶段技术创新水平的直接效应均在 10% 的显著性水平下显著为正，间接效应（空间溢出效应）在 10% 的显著性水平下显著为正，总效应在 5% 的显著性水平下显著为正，这说明本区域数字金融发展不仅会提升本区域产品化阶段技术创新水平，还会促进周边区域或关联区域产品化阶段技术创新水平，即数字金融对产品化阶段技术创新的影响具有空间溢出效应。数字金融在促进本区域产品化阶段技术创新水平的同时，可以依托新兴技术加速金融资源的跨区域流动和打破居民消费的时空限制，对关联区域产品化阶段技术创新活动起到刺激作用，产生显著的辐射带动作用。

三、产业化阶段的空间杜宾模型实证结果分析

表 9-7 报告的是中国数字金融对产业化阶段技术创新水平的空间效应。为了保证估计结果的稳健性，模型（7）（8）和（9）分别采用邻近距离、地理距离和经济距离构建空间权重矩阵。估计结果显示三种空间权重矩阵下的空间相关系数值（ρ_3）分别为 0.1259、0.1720 和 0.0519，且均通过了 5% 显著性水平检验，这说明各区域产业化阶段技术创新水平在空间上存在显著正相关，与前文空间相关性分析的结论基本保持一致。

从各变量的系数估计值和显著性水平来看,三种空间权重矩阵下数字金融的系数估计值均在5%显著性水平下显著为正,表明数字金融显著促进了产业化阶段技术创新水平,这一结论与第六章的回归估计结果保持一致,控制变量的估计结果也基本与第六章的回归估计结果保持一致。三种空间权重矩阵下数字金融的空间交互项($W*df\_aggregate$)的系数估计值均在10%显著性水平下显著为正,表明本区域数字金融的快速发展对周边其他区域或关联区域全要素生产率增长率具有显著正向促进作用,即提升了其他区域产业化阶段技术创新水平。对于控制变量的空间交互项,城市化水平的空间交互项($W*urbanization$)的系数估计值在10%显著性水平下显著为负,说明本区域城市化水平对周边区域或关联区域产业化阶段技术创新水平具有抑制作用;其他控制变量的空间交互项未通过10%显著性水平检验,说明本地区其他控制变量对周边地区或关联地区产业化阶段技术创新水平的影响不明显。

另外,根据表9-7中直接效应、间接效应以及总效应的估计结果来看,三种空间权重矩阵下数字金融对产业化阶段技术创新水平的直接效应、间接效应(空间溢出效应)以及总效应均在5%的显著性水平下显著为正,这说明数字金融在提升本区域全要素生产率增长率的同时,使得区域间的金融资源流动更快、金融资源配置更加高效,对周边区域或关联区域的全要素生产率增长率也起到了促进作用,具有明显的辐射带动效应。

表9-7 产业化阶段的空间杜宾模型估计结果

变量	邻近距离 (7)	地理距离 (8)	经济距离 (9)
$df\_aggregate$	0.0681*** (5.74)	0.0497*** (3.91)	0.0350** (2.31)
hum	0.1275*** (4.18)	0.1572*** (5.42)	0.1838*** (5.96)
$capital$	-0.0182*** (-4.29)	-0.0186*** (-4.38)	-0.0170*** (-4.07)
rd	-0.0519*** (-7.02)	-0.486*** (-6.38)	-0.0438*** (-6.09)

续表

变量	邻近距离 (7)	地理距离 (8)	经济距离 (9)
stru	0.7025*** (4.73)	0.5654*** (4.15)	0.5199*** (3.73)
gov	0.1585*** (2.78)	0.0929* (1.68)	0.1424*** (2.65)
urbanization	0.5190*** (6.38)	0.4435*** (4.96)	0.5061*** (5.99)
open	0.1313 (0.40)	0.0967 (0.61)	0.0510 (0.30)
market	0.0104** (2.31)	0.0066** (2.15)	0.0098*** (3.21)
$W*df\_aggregate$	0.0230* (1.93)	0.0376*** (3.88)	0.0354*** (2.89)
$W*hum$	0.0014** (2.01)	0.0421 (1.45)	0.0220 (1.53)
$W*capital$	−0.0117 (−1.01)	0.0094 (0.44)	−0.004 (−0.31)
$W*rd$	0.0120 (1.02)	0.0241 (0.56)	0.0194 (1.08)
$W*stru$	−0.0580 (−1.16)	−0.2060 (−1.30)	−0.2805 (−0.91)
$W*gov$	0.2750** (2.02)	0.0774 (0.33)	0.1226 (1.03)
$W*urbanization$	−0.0642* (−1.73)	−0.9120** (−2.05)	−0.8687*** (−5.17)
$W*open$	0.4828 (1.41)	0.1627 (1.28)	0.1249 (1.39)

续表

变量	邻近距离 (7)	地理距离 (8)	经济距离 (9)
$W*market$	0.0011 (0.16)	0.0077 (0.48)	0.0014 (0.20)
ρ_3	0.1259** (2.36)	0.1720** (2.10)	0.0519** (2.54)
$sigma2\_e$	0.0002*** (11.60)	0.003 (11.61)	0.0002 (11.62)
Adj_R^2	0.2373	0.2243	0.4254
N	270	270	270
直接效应：数字金融	0.0686*** (5.53)	0.0487*** (3.75)	0.0341** (2.20)
间接效应：数字金融	0.0281** (2.03)	0.0387*** (3.45)	0.0352*** (2.75)
总效应：数字金融	0.0967*** (3.02)	0.0864*** (2.99)	0.0693*** (2.84)

备注：***、**和*分别表示在1%、5%和10%水平上显著；括号中的数值为t统计量。

第十章

结论与政策启示

第一节 主要结论

数字金融作为一种新金融服务，依托大数据、区块链、人工智能以及云计算等新兴技术与金融业深度融合发展，不仅拓宽了金融服务渠道，改变了居民消费习惯，还提高了金融服务质量和资源配置效率，势必会对区域技术创新活动的各个阶段产生影响。本书基于区域技术创新过程，将区域技术创新活动分为研发阶段、产品化阶段和产业化阶段，主要运用2011—2019年中国各省（自治区、直辖市）的相关数据，探讨了数字金融总体发展水平以及各维度数字金融对不同阶段区域技术创新水平的影响效应和影响过程，主要得出了以下结论。

第一，数字金融对研发阶段区域技术创新水平具有显著的正向促进作用，且这种激励效应存在地区差异性。总的来说，数字金融发展不仅拓展了区域金融供给，还提高了金融服务质量和效率，可以通过缓解区域信贷约束，进而提升研发阶段技术创新水平。从数字金融发展的各个维度来看，数字金融覆盖广度指数、数字金融使用深度指数以及数字金融数字化程度指数对研发阶段技术创新的影响均显著为正，但数字金融使用深度对区域研发创新的促进作用要大于数字金融覆盖广度和数字化程度对区域研发创新的促进作用，其原因在于相比之下，数字金融使用深度更能体现区域内市场主体使用数字金融服务的情况，对区域研发创新的促进作用更明显。此外，与东部和中部地区相比，西部地区金融资源匮乏较为严重，数字金融的出现为西部地区市场主体获取金融资源提供了可能，缓解西部地区信贷约束的作用更为明显，对研发阶段技术创新的正向促进作用也更加明显。

第二，数字金融对产品化阶段区域技术创新水平的提升作用具有持续性，且这种激励效应存在地区差异性。总的来说，数字金融可以通过缓解区域信贷约束、扩大居民消费规模和促进居民消费升级等渠道，提高研发成果的转化率，提升产品化阶段区域技术创新水平；并且这种影响具有一定的持续性，主要是因为数字金融数字化程度的提升激发了居民的消费欲望，改变了居民的消费行为，使得居民消费行为形成习惯，进而使得数字金融对产品化阶段区域技术创新水平的激励效应具有持续性。从数字金融的各个维度来看，数字金融使用深度对产品化阶段区域技术创新的促进作用要大于数字金融覆盖广度和数字化程度。此外，与中、西部地区相比，东部地区制度环境、金融生态环境以及人力资本具有优势，能够更好地激发数字金融促进研发成果转化的优势，推动产品化阶段区域技术创新水平的提升。

第三，数字金融有利于产业化阶段区域技术创新水平的提升，且这种激励效应存在地区差异性。总的来说，数字金融能够通过缓解区域信贷约束和优化区域信贷资源配置，促进区域全要素生产率的增长，即推动产业化阶段区域技术创新水平的提升。从数字金融的各个维度来看，数字金融覆盖广度、数字金融使用深度以及数字金融数字化程度对产业化阶段区域技术创新的影响均显著为正，但数字金融数字化程度对产业化阶段区域技术创新水平的促进作用更为明显，这说明数字金融数字化程度更能优化配置区域内金融资源，提高区域内金融资源配置效率，对区域内产业化阶段技术创新水平的促进作用更明显。此外，东部地区和沿海地区的科技创新水平更高、相应基础设施建设更加完善，能够更好地激发数字金融服务的优势，强化数字金融促进产业化阶段技术创新的激励效应。

第四，受区域金融监管水平不同的影响，数字金融对各阶段区域技术创新的驱动作用存在显著差异。金融监管水平越高，数字金融对各阶段区域技术创新的驱动作用越明显；金融监管水平越低，数字金融对各阶段区域技术创新的驱动作用越小，甚至不显著。

第五，数字金融的发展情况和各阶段技术创新水平在空间上呈现明显的高高聚集和低低聚集的现象。在研发阶段，数字金融对技术创新水平的影响并不存在空间溢出效应，这与研发阶段技术创新具有的特点相关，研发阶段技术创新活动的产出是技术价值，并未转化为经济价值，不能进行经济效应的扩散，难以产生空间溢出效应；另外，研发人员是开展研发活动的必备要素，各地区研发创新人员存在差异性，使得数字金融对研发阶段技术创新的空间溢出效应并不明显。在产品化阶段和产业化阶段，数字金融对技术创新水平的影响存在明显的空间溢出效应，即本区域数字金融可以推动周边区域或关联区域产品化阶段和产业化阶段技术创新水平的提升。

第二节 政策启示

综上分析，数字金融在中国快速发展，作为高效低成本的新金融服务模式，推动了各个阶段区域技术创新水平的提升。但数字金融影响各阶段技术创新的路径是不同的，各地区数字金融影响技术创新水平的效应也存在差异性。在充分研究中国数字金融发展对研发阶段、产品化阶段以及产业化阶段区域技术创新影响的基础上，本书根据研究的主要结论，为中国数字金融发展更好地服务于区域技术创新，提出以下几点政策启示。

第一，积极构建数字金融产业生态体系。顺应互联网和信息科技蓬勃发展趋势，要加快大数据、云计算、人工智能、区块链、物联网等新基建布局，不断完善数字金融基础设施，为数字金融全面发展奠定坚实技术基础。围绕服务实体经济和科技创新要求，大力培育数字金融产业主体，支持金融机构、网络平台、科技公司等各类主体合作赋能和转型发展，加强关键共性技术攻关和成果转化，明确数字金融发展方向和重点，培育一批数字金融领域的领军企业、冠军企业。积极拓展数字金融场景应用，面向公众端、企业端、产业端、政府端搭建完善数字金融服务平台和应用场景，促进供给与需求、研发与应用、服务与技术双向赋能。注重完善法律法规、风险投资、创业孵化、人才培训等配套服务体系，着力形成共创、共享、共赢的高水平数字金融产业集群和生态布局。

第二，加大支持研发阶段创新的数字金融服务供给。促进"政府—数字金融—企业"联动、投贷结合，充分发挥政府投资引导基金的引导作用，探索设立研发创新支持基金，推进各类财政性引导基金联合社会资本，加大对高新技术企业、瞪羚企业和科技型企业的研发支持力度。鼓励数字金融主体设立科技型分支机构，对符合条件的研发项目提供免质押贷款服务，有针对性地设计低利率和长周期的数字金融产品，开展"科技贷""科技保"和股权质押贷款等业务。积极推广"保贷联动"新险种，重点支持专利保险、首台（套）保险、科技企业研发责任保险、关键研发设备保险等险种，分散企业研发创新风险。

第三，加大支持产品化阶段创新的数字金融服务供给。结合科技成果转化"小试""中试"等不同阶段对投融资需求方式和规模的差异，积极创新数字金融服务产品和方式，构建政府投资、风险投资、信贷融资等多层次的金融支持体系，推进新产品开发。探索"数字化创新券"补助政策，引导有创新服务需求的中小企业、创新创业团队等提出创新券申请，并用申请到的创新券向高校、科研院所或企业等创新服务提供机构购买科技服务或抵扣购买科技服务的部分成本。加快数字征信平台建设，重点完善对科技创新企业、小微企业等的信用评价和发展潜力分析，并实时动态调整企业的信用等级，优化信贷融资服务，引导信贷资金流向具有发展潜力的技术创新主体。大力发展科技成果转化投融资中介机构，建立数字化信息沟通平台，提供政策信息、项目评估、贷款咨询、资金投向等咨询服务，及时将具有发展潜力的项目推介给数字金融机构。

第四，加大支持产业化阶段创新的数字金融服务供给。以数字供应链金融探寻解决产业融资的新途径，基于产业链数字化和金融大数据的融合，使数据创造信用成为可能，进而使金融机构更全面深入地把握和精准服务整个产业链特别是链上中小企业。精准设计激励相容机制，以数字金融为核心推动金融资源优化配置，创新和完善结构性金融产品和服务，促进新技术产业化规模化应用，围绕创新链和产业链打造资金链，形成金融、科技和产业良性循环。探索建立数字金融增加小微企业贷款投放的长效机制，引导数字金融机构加大对小微企业、民营企业、制造业的信贷支持，增强金融普惠性。

第五，鼓励全社会广泛使用数字金融产品。数字金融服务让社会终端用户始终处于联网状态，使金融科技、保险科技能更有效地服务人民群众的衣食住行和生老病养，以消费升级引领供给创新，支持区域创新活动和新产品研发。提高数字金融的数字化程度，激发居民消费需求。数字金融的数字支付功能大大便利化了居民的消费，不仅刺激了居民消费欲望，还改变了居民消费行为习惯，推动了研发成果的顺利转化。加大科技赋能数字支付服务的力度，可以利用大数据、人工智能、云计算等新兴技术优化支付方式，极大地便利化消费支付。搭建数字金融服务平台，提供数字金融综合性服务，制定相关优惠政策，鼓励居民和企业广泛使用数字金融产品。维护网络交易秩序，规范数字金融交易行为，保障交易各方主体合法权益，推动数字金融高质量发展。

第六，完善数字金融监管长效机制。数字金融是一把"双刃剑"，应坚持鼓励创新、风险可控和金融安全相统一，应顺应数字化转型大趋势，不拘泥于现有监管形式和做法，创造性地运用新的监管手段控制数字金融风险，以达到鼓励创新、控制风险、维护安全的目的。强化审慎管理，避免"一放就乱、一管就死"的困境，例如，按实际风险承担相应的资本充足率，考虑到风险非线性特征，可以对金融科技公司提出额外的逆周期风险缓冲资本要求。强化行为监管特别是基于算法的行为监管，可将金融监管要求、社会伦理和反垄断审查等嵌入行为监控中，建立分级分类的监管体系。大力发展监管科技、金融的数字化，也需要监管规则的数字化和标准化、监管手段的数字化和智能化，例如，可探索实施沙盒监管机制，设定数字金融发展的安全区间，确保数字金融在安全区间为区域技术创新活动提供服务。

第七，推动数字金融在区域之间协调发展。应当加大对中、西部地区数字金融发展的扶持力度，完善中、西部地区数字金融服务体系，引导数字金融相关要素向中、西部流动，搭建东、中、西部数字金融发展的合作交流平台，促进数字金融在各区域之间协调发展，发挥数字金融的空间集聚效应，推动区域技术创新。

参考文献

（按作者首字拼音顺序排序）

中文文献

著作

［1］北京大学数字金融研究中心课题组.数字金融的力量：为实体经济赋能［M］.北京：中国人民大学出版社，2018.

［2］曹薇.区域技术创新影响因素、网络特征及空间效应研究［M］.北京：知识产权出版社，2018.

［3］傅家骥.技术创新学［M］.北京：清华大学出版社，1998.

［4］邵云飞，唐小我，詹坤，等.区域技术创新的形成机理与运行机制研究［M］.北京：科学出版社，2021.

［5］王小鲁，樊纲，胡李鹏.中国分省份市场化指数报告（2018）［M］.北京：社会科学文献出版社，2019.

［6］寻晶晶.我国区域技术创新绩效的空间差异及影响因素研究［D］.长沙：湖南大学，2014.

［7］尹世杰.消费经济学［M］.北京：高等教育出版社，2007.

论文

［1］董屹宇.风险资本、公司治理与企业技术创新［D］.太原：山西财

经大学，2019.

[2] 姬广林. 中国金融发展对技术创新影响的实证分析 [D]. 长春：吉林大学，2017.

[3] 姜倩倩. 产业政策、公司治理与技术创新 [D]. 武汉：中南财经政法大学，2019.

[4] 宋晓薇. 环境规制下金融资源空间配置对区域技术创新的作用机制研究 [D]. 南昌：江西财经大学，2017.

[5] 王馨桐. 数字金融缓解我国中小企业融资约束研究 [D]. 哈尔滨：哈尔滨商业大学，2019.

[6] 张莉. 政府扶持对中小企业技术创新的影响研究 [D]. 哈尔滨：哈尔滨工程大学，2019.

[7] 张子峰. 公司治理对企业 R&D 投入的影响研究 [D]. 南京：南开大学，2010.

期刊

[1] 产健，许正中. 消费结构升级、政府支持与区域科技创新能力：空间视角下的分析 [J]. 科技进步与对策，2020，37（18）.

[2] 陈劲，陈钰芬. 企业技术创新绩效评价指标体系研究 [J]. 科学学与科学技术管理，2006（3）.

[3] 陈淑云，陶云清. "互联网+"、普惠金融与技术创新：影响机制及经验证据 [J]. 科技进步与对策，2019，36（4）.

[4] 单豪杰. 中国资本存量 K 的再估算：1952~2006 年 [J]. 数量经济技术经济研究，2008（10）.

[5] 杜传忠，张远. "新基建"背景下数字金融的区域创新效应 [J]. 财经科学，2020（5）.

[6] 杜勇，谢瑾，陈建英. CEO 金融背景与实体企业金融化 [J]. 中国工业经济，2019（5）.

[7] 封思贤，宋秋韵. 数字金融发展对我国居民生活质量的影响研究 [J]. 经济与管理评论，2021，37（1）.

[8] 冯之浚. 国家创新系统研究纲要 [J]. 科学学研究，1999（3）.

[9] 傅家骥. 中国技术创新理论研究 [J]. 政策与管理, 2001 (12).

[10] 巩鑫, 唐文琳. 数字金融、空间溢出与大众创业 [J]. 统计与信息论坛, 2021, 36 (5).

[11] 郭峰, 熊云军. 中国数字普惠金融的测度及其影响研究：一个文献综述 [J]. 金融评论, 2021, 13 (6).

[12] 郭峰, 王靖一, 王芳, 等. 测度中国数字普惠金融发展：指数编制与空间特征 [J]. 经济学（季刊）, 2020, 19 (4).

[13] 何宗樾, 宋旭光. 数字金融发展如何影响居民消费 [J]. 财贸经济, 2020, 41 (8).

[14] 何宗樾, 张勋, 万广华. 数字金融、数字鸿沟与多维贫困 [J]. 统计研究, 2020, 37 (10).

[15] 贺茂斌, 杨晓维. 数字普惠金融、碳排放与全要素生产率 [J]. 金融论坛, 2021, 26 (2).

[16] 侯层, 李北伟. 金融科技是否提高了全要素生产率——来自北京大学数字普惠金融指数的经验证据 [J]. 财经科学, 2020 (12).

[17] 胡恒强, 范从来, 杜晴. 融资结构、融资约束与企业创新投入 [J]. 中国经济问题, 2020 (1).

[18] 黄浩. 数字金融生态系统的形成与挑战——来自中国的经验 [J]. 经济学家, 2018 (4).

[19] 黄凯南, 郝祥如. 数字金融是否促进了居民消费升级？[J]. 山东社会科学, 2021 (1).

[20] 黄漫宇, 曾凡惠. 数字普惠金融对创业活跃度的空间溢出效应分析 [J]. 软科学, 2021, 35 (2).

[21] 黄益平, 黄卓. 中国的数字金融发展：现在与未来 [J]. 经济学（季刊）, 2018, 17 (4).

[22] 黄益平, 陶坤玉. 中国的数字金融革命：发展、影响与监管启示 [J]. 国际经济评论, 2019 (6).

[23] 惠献波. 数字普惠金融发展与城市全要素生产率——来自 278 个城市的经验证据 [J]. 投资研究, 2021, 40 (1).

[24] 江红莉, 蒋鹏程. 数字金融能提升企业全要素生产率吗？——来自

中国上市公司的经验证据［J］．上海财经大学学报，2021，23（3）．

［25］鞠晓生，卢荻，虞义华．融资约束、营运资本管理与企业创新可持续性［J］．经济研究，2013，48（1）．

［26］李春涛，闫续文，宋敏，杨威．金融科技与企业创新——新三板上市公司的证据［J］．中国工业经济，2020（1）．

［27］李建军，韩珣．普惠金融、收入分配和贫困减缓——推进效率和公平的政策框架选择［J］．金融研究，2019（3）．

［28］李晓龙，冉光和．数字金融发展如何影响技术创新质量？［J］．现代经济探讨，2021（9）．

［29］梁榜，张建华．中国城市数字普惠金融发展的空间集聚及收敛性研究［J］．财经论丛，2020（1）．

［30］刘和东，陈文潇．高新技术企业创新系统"黑箱"解构及效率评价［J］．科技进步与对策，2019，36（3）．

［31］刘佳鑫，李莎．"双循环"背景下数字金融发展与区域创新水平提升［J］．经济问题，2021（6）．

［32］刘澜飚，沈鑫，郭步超．互联网金融发展及其对传统金融模式的影响探讨［J］．经济学动态，2013（8）．

［33］刘孟飞，王琦．金融科技对商业银行绩效的影响——理论与实证研究［J］．金融论坛，2021，26（3）．

［34］刘树林，姜新蓬，余谦．中国高技术产业技术创新三阶段特征及其演变［J］．数量经济技术经济研究，2015，32（7）．

［35］刘政，杨先明．非正规金融促进了本土企业产品创新吗？——来自中国制造业的证据［J］．经济学动态，2017（8）．

［36］柳卸林．技术创新经济学的发展［J］．数量经济技术经济研究，1993（4）．

［37］聂秀华，江萍，郑晓佳，等．数字金融与区域技术创新水平研究［J］．金融研究，2021（3）．

［38］聂秀华．数字金融促进中小企业技术创新的路径与异质性研究［J］．西部论坛，2020，30（4）．

［39］潘爽，叶德珠，叶显．数字金融普惠了吗——来自城市创新的经验

证据[J]. 经济学家, 2021 (3).

[40] 齐庆祝, 李莹. 企业技术创新阶段性融资模式设计与案例分析[J]. 科技进步与对策, 2013, 30 (14).

[41] 钱海章, 陶云清, 等. 中国数字金融发展与经济增长的理论与实证[J]. 数量经济技术经济研究, 2020, 37 (6).

[42] 钱雪松, 唐英伦, 方胜. 担保物权制度改革降低了企业债务融资成本吗?——来自中国《物权法》自然实验的经验证据[J]. 金融研究, 2019 (7).

[43] 邱志刚, 罗煜, 江颖, 等. 金融科技会颠覆传统金融吗?——大数据信贷的经济解释[J]. 国际金融研究, 2020 (8).

[44] 沈悦, 郭品. 互联网金融、技术溢出与商业银行全要素生产率[J]. 金融研究, 2015 (3).

[45] 盛天翔, 范从来. 金融科技、最优银行业市场结构与小微企业信贷供给[J]. 金融研究, 2020 (6).

[46] 石光, 宋芳秀. 新一轮金融科技创新的主要特征、风险与发展对策[J]. 经济纵横, 2020 (12).

[47] 宋敏, 周鹏, 司海涛. 金融科技与企业全要素生产率——"赋能"和信贷配给的视角[J]. 中国工业经济, 2021 (4).

[48] 苏敬勤, 马欢欢, 张帅. 中小制造企业技术创新能力演化机理研究[J]. 科学学研究, 2020, 38 (10).

[49] 唐松, 赖晓冰, 黄锐. 金融科技创新如何影响全要素生产率：促进还是抑制?——理论分析框架与区域实践[J]. 中国软科学, 2019 (7).

[50] 唐松, 伍旭川, 祝佳. 数字金融与企业技术创新——结构特征、机制识别与金融监管下的效应差异[J]. 管理世界, 2020, 36 (5).

[51] 田新民, 张志强. 金融科技、资源配置效率与经济增长——基于中国金融科技门槛作用的分析[J]. 统计与信息论坛, 2020, 35 (7).

[52] 万佳彧, 周勤, 武小菲. 数字金融发展与区域创新绩效差距[J]. 经济经纬, 2023, 40 (2).

[53] 汪亚楠, 徐枫, 郑乐凯. 数字金融能驱动城市创新吗?[J]. 证券市场导报, 2020 (7).

[54] 王春晖. 区域异质性、产业集聚与人力资本积累: 中国区域面板数据的实证 [J]. 经济经纬, 2019, 36 (1).

[55] 王道平, 刘琳琳. 数字金融、金融错配与企业全要素生产率——基于融资约束视角的分析 [J]. 金融论坛, 2021, 26 (8).

[56] 王栋, 赵志宏. 金融科技发展对区域创新绩效的作用研究 [J]. 科学学研究, 2019, 37 (1).

[57] 王靖宇, 刘红霞, 王彪华, 等. 外部融资依赖与企业创新——基于延付银行高管薪酬的自然实验 [J]. 软科学, 2020, 34 (2).

[58] 王诗卉, 谢绚丽. 经济压力还是社会压力: 数字金融发展与商业银行数字化创新 [J]. 经济学家, 2021 (1).

[59] 王淑英, 常乐. 创新投入、政府支持与区域创新——基于创新价值链的视角 [J]. 科技管理研究, 2020, 40 (12).

[60] 王小鲁, 樊纲. 中国地区差距的变动趋势和影响因素 [J]. 经济研究, 2004 (1).

[61] 王小燕, 张俊英, 王醒男. 金融科技、企业生命周期与技术创新——异质性特征、机制检验与政府监管绩效评估 [J]. 金融经济学研究, 2019, 34 (5).

[62] 王馨. 互联网金融助解"长尾"小微企业融资难问题研究 [J]. 金融研究, 2015 (9).

[63] 王欣, 姚洪兴. 国际 R&D 对区域技术创新的非线性溢出效应——基于长三角数据的 PSTR 模型分析 [J]. 国际经贸探索, 2017, 33 (1).

[64] 王修华, 赵亚雄. 数字金融发展是否存在马太效应?——贫困户与非贫困户的经验比较 [J]. 金融研究, 2020 (7).

[65] 王永水, 朱平芳. 中国经济增长中的人力资本门槛效应研究 [J]. 统计研究, 2016, 33 (1).

[66] 王昱, 成力为, 安贝. 金融发展对企业创新投资的边界影响——基于 HECKIT 模型的规模与效率门槛研究 [J]. 科学学研究, 2017, 35 (1).

[67] 温忠麟, 叶宝娟. 中介效应分析: 方法和模型发展 [J]. 心理科学进展, 2014, 22 (5).

[68] 吴庆田, 朱映晓. 数字普惠金融对企业技术创新的影响研究——阶

段性机制识别与异质性分析 [J]. 工业技术经济, 2021, 40 (3).

[69] 吴涛. 技术创新风险的几个基本特征及风险管理对策 [J]. 科学管理研究, 2000 (1).

[70] 肖叶, 邱磊, 刘小兵. 地方政府竞争、财政支出偏向与区域技术创新 [J]. 经济管理, 2019, 41 (7).

[71] 谢平, 邹传伟, 刘海二. 互联网金融的基础理论 [J]. 金融研究, 2015 (8).

[72] 谢小平. 消费结构升级与技术进步 [J]. 南方经济, 2018 (7).

[73] 谢雪燕, 朱晓阳. 数字金融与中小企业技术创新——来自新三板企业的证据 [J]. 国际金融研究, 2021 (1).

[74] 熊健, 张晔, 董晓林. 金融科技对商业银行经营绩效的影响: 挤出效应还是技术溢出效应? [J]. 经济评论, 2021 (3).

[75] 徐飞. 银行信贷与企业创新困境 [J]. 中国工业经济, 2019 (1).

[76] 杨东. 监管科技: 金融科技的监管挑战与维度建构 [J]. 中国社会科学, 2018 (5).

[77] 杨帆, 王满仓. 融资结构、信息技术与创新能力: 数理分析与实证检验 [J]. 中国科技论坛, 2021 (1).

[78] 杨天宇, 陈明玉. 消费升级对产业迈向中高端的带动作用: 理论逻辑和经验证据 [J]. 经济学家, 2018 (11).

[79] 杨伟明, 粟麟, 孙瑞立, 等. 数字金融是否促进了消费升级?——基于面板数据的证据 [J]. 国际金融研究, 2021 (4).

[80] 易行健, 周利. 数字普惠金融发展是否显著影响了居民消费——来自中国家庭的微观证据 [J]. 金融研究, 2018 (11).

[81] 尹世杰. 关于"家庭经济"一些值得研究的问题 [J]. 经济评论, 2007 (1).

[82] 尹志超, 公雪, 郭沛瑶. 移动支付对创业的影响——来自中国家庭金融调查的微观证据 [J]. 中国工业经济, 2019a (3).

[83] 尹志超, 公雪, 潘北啸. 移动支付对家庭货币需求的影响——来自中国家庭金融调查的微观证据 [J]. 金融研究, 2019b (10).

[84] 余泳泽, 刘大勇. 我国区域创新效率的空间外溢效应与价值链外溢

效应——创新价值链视角下的多维空间面板模型研究 [J]. 管理世界, 2013 (7).

[85] 余泳泽, 宣烨, 沈扬扬. 金融集聚对工业效率提升的空间外溢效应 [J]. 世界经济, 2013, 36 (2).

[86] 余泳泽. 异质性视角下中国省际全要素生产率再估算: 1978—2012 [J]. 经济学 (季刊), 2017, 16 (3).

[87] 张勋, 万广华, 张佳佳, 等. 数字经济、普惠金融与包容性增长 [J]. 经济研究, 2019, 54 (8).

[88] 张勋, 杨桐, 汪晨, 等. 数字金融发展与居民消费增长: 理论与中国实践 [J]. 管理世界, 2020, 36 (11).

[89] 张焱. 数字经济、溢出效应与全要素生产率提升 [J]. 贵州社会科学, 2021 (3).

[90] 赵保国, 盖念. 互联网消费金融对国内居民消费结构的影响——基于VAR模型的实证研究 [J]. 中央财经大学学报, 2020 (3).

[91] 郑万腾, 赵红岩, 范宏. 数字金融发展对区域创新的激励效应研究 [J]. 科研管理, 2021, 42 (4).

[92] 郑雅心. 数字普惠金融是否可以提高区域创新产出?——基于我国省际面板数据的实证研究 [J]. 经济问题, 2020 (10).

[93] 朱太辉, 陈璐. Fintech 的潜在风险与监管应对研究 [J]. 金融监管研究, 2016 (7): 18-32.

[94] 庄旭东, 王仁曾. 数字金融能促进产业创新成果转化吗 [J]. 现代经济探讨, 2021 (6).

英文文献

著作

[1] Kumbhakar S C, Lovell C A K. Stochastic frontier analysis [M]. Cambridge: Cambridge university press, 2003: 10-58.

[2] Davis L, North D. Institutional change and American economic growth [M]. Cambridge: Cambridge University Press, 2011.

[3] Enos J L. Invention and innovation in the petroleum refining industry [M]. Princeton: Princeton University Press, 1962: 299-322.

[4] Freeman C. The economics of industrial innovation [M]. Cambridge: Cambridge University Press, 1982: 01-03.

[5] Mansfield E. Managerial economics: Theory, applications, and cases [M]. New York: WW Norton, 1999: 28-77.

[6] Munsfield E. Industrial Research and Technology Innovation: An econometrics analysis [M]. New York: Norton, 1968.

[7] Schumpeter J A. Business Cycles [M]. Cambridge: Cambridge University Press, 1939: 63-87.

[8] Schmookler J H G. Patents, invention, and economic change: Data and selected essays [M]. Cambridge: Harvard University Press, 1972.

期刊

[1] Abu Amuna Y M, Abu Naser S S, Al Shobaki M J, et al. Fintech: creative innovation for entrepreneurs [J]. International Journal of Academic Accounting, Finance & Management Research, 2019, 3 (3).

[2] Acharya V, Xu Z. Financial dependence and innovation: The case of public versus private firms [J]. Journal of Financial Economics, 2017, 124 (2).

[3] Aghion P, Van Reenen J, Zingales L. Innovation and institutional ownership [J]. American Economic Review, 2013, 103 (1).

[4] Arizala F, Cavallo E, Galindo A. Financial development and TFP growth: Cross-country and industry-level evidence [J]. Applied Financial Economics, 2013, 23 (6).

[5] Audretsch D B, Feldman M P. R&D spillovers and the geography of innovation and production [J]. The American Economic Review, 1996, 86 (3).

[6] Berman A, Cano-Kollmann M, Mudambi R. Innovation and entrepreneurial ecosystems: fintech in the financial services industry [J]. Review of Managerial Science, 2021: 1-20.

[7] Bernstein B, Singh P J. An integrated innovation process model based on

practices of Australian biotechnology firms [J]. Technovation, 2006, 26 (5-6).

[8] Brown J R, Martinsson G, Petersen B C. Law, stock markets, and innovation [J]. The Journal of Finance, 2013, 68 (4).

[9] Caggese A, Cuñat V. Financing constraints, firm dynamics, export decisions, and aggregate productivity [J]. Review of Economic Dynamics, 2013, 16 (1).

[10] Campbell J Y, Mankiw N G. The response of consumption to income: a cross-country investigation [J]. European Economic Review, 1991, 35 (4).

[11] Castellani D, Piva M, Schubert T, et al. R&D and Productivity in the US and the EU: Sectoral Specificities and Differences in the Crisis [J]. Technological Forecasting and Social Change, 2019, 138: 279-291.

[12] Caves R E. International corporations: The industrial economics of foreign investment [J]. Economica, 1971, 38 (149).

[13] Chakraborty S, Ray T. The development and structure of financial systems [J]. Journal of Economic Dynamics and Control, 2007, 31 (9).

[14] Chen H, Yoon S S. Does technology innovation in finance alleviate financing constraints and reduce debt-financing costs? Evidence from China [J]. Asia Pacific Business Review, 2021 (1).

[15] Cook P, Uranga M G, Etxebarria, G. Regional innovation systems: Institutional and organisational dimensions [J]. Research Policy, 1997, 26 (4-5).

[16] Czarnitzki D, Lopes-Bento C. Innovation subsidies: Does the funding source matter for innovation intensity and performance? Empirical evidence from Germany [J]. Industry and Innovation, 2014, 21 (5).

[17] Demertzis M, Merler S, Wolff G B. Capital Markets Union and the fintech opportunity [J]. Journal of Financial Regulation, 2018, 4 (1).

[18] Diamond D W. Financial intermediation and delegated monitoring [J]. The Review of Economic Studies, 1984, 51 (3).

[19] Drasch B J, Schweizer A, Urbach N. Integrating the 'Troublemakers': A taxonomy for cooperation between banks and fintechs [J]. Journal of Economics and

Business, 2018, 100 (11-12).

[20] Freeman C. The Economics of Industrial Innovation [J]. Social Science Electronic Publishing, 1997, 7 (2).

[21] Frost J, Gambacorta L, Huang Y, et al. BigTech and the changing structure of financial intermediation [J]. Economic Policy, 2019, 34 (100).

[22] Fu J, Liu Y, Chen R, et al. Trade openness, internet finance development and banking sector development in China [J]. Economic Modelling, 2019, 91.

[23] Fuster A, Plosser M, Schnabl P, et al. The role of technology in mortgage lending [J]. The Review of Financial Studies, 2019, 32 (5).

[24] Goldfarb A, Tucker C. Digital economics [J]. Journal of Economic Literature, 2019, 57 (1).

[25] Goldstein I, Jiang W, Karolyi G A. To FinTech and Beyond [J]. The Review of Financial Studies, 2019, 32 (5).

[26] Gross D B, Souleles N S. An empirical analysis of personal bankruptcy and delinquency [J]. The Review of Financial Studies, 2002, 15 (1).

[27] Hansen M T, Birkinshaw J. The Innovation Value Chain [J]. Harvard Business Review, 2007, 85 (6).

[28] Hasan M M, LU Y J, Khan S. Promoting China's inclusive finance through digital financial services [J]. Global Business Review, 2020 (6).

[29] Hsieh C T, Klenow P J. Misallocation and manufacturing TFP in China and India [J]. The Quarterly Journal of Economics, 2009, 124 (4).

[30] Hsu P H, Tian X, Xu Y. Financial development and innovation: Cross-country evidence [J]. Journal of Financial Economics, 2014, 112 (1).

[31] Hud M, Hussinger K. The impact of R&D subsidies during the crisis [J]. Research Policy, 2015, 44 (10).

[32] Jagtiani J, Lemieux C. Do fintech lenders penetrate areas that are underserved by traditional banks? [J]. Journal of Economics and Business, 2018, 100 (6).

[33] Kaplan S N, Zingales L. Do investment-cash flow sensitivities provide

useful measures of financing constraints? [J]. The Quarterly Journal of Economics, 1997, 112 (1).

[34] Laeven L, Levine R, Michalopoulos S. Financial innovation and endogenous growth [J]. Journal of Financial Intermediation, 2015, 24 (1).

[35] Lagna A, Ravishankar M N. Making the world a better place with fintech research [J]. Information Systems Journal, 2022, 32 (1).

[36] Lee I, Shin Y J. Fintech: Ecosystem, business models, investment decisions, and challenges [J]. Business Horizons, 2018, 61 (1).

[37] Leland H E, Pyle D H. Informational asymmetries, financial structure, and financial intermediation [J]. The Journal of Finance, 1977, 32 (2).

[38] Li J, Wu Y, Xiao J J. The impact of digital finance on household consumption: Evidence from China [J]. Economic Modelling, 2020, 86: 317-326.

[39] Lu L. Promoting SME finance in the context of the fintech revolution: A case study of the UK's practice and regulation [J]. Banking and Finance Law Review, 2018, 33 (3).

[40] Lynn G S, Morone J G, Paulson A S, Marketing and discontinuous innovation: the probe and learn process [J]. California Management Review, 1996, 38 (3).

[41] Marquis D G. The anatomy of successful innovation [J]. Innovation Magazine, 1969, 1 (7).

[42] Mehmood R, Hunjra A I, Chani M I. The impact of corporate diversification and financial structure on firm performance: evidence from South Asian countries [J]. Journal of Risk and Financial Management, 2019, 12 (1).

[43] Nelson R R, Winter S G. The Schumpeterian tradeoff revisited [J]. The American Economic Review, 1982, 72 (1).

[44] Ozili P K. Impact of digital finance on financial inclusion and stability [J]. Borsa Istanbul Review, 2018, 18 (4).

[45] Philippon T. The FinTech Opportunity [J]. NBER Working Papers22476, 2016.

[46] Pollari I. The rise of Fintech opportunities and challenges [J]. JASSA:

The Journal of the Securities Institute of Australia, 2016 (3).

[47] Restuccia D, Rogerson R. Misallocation and productivity [J]. Review of Economic Dynamics, 2013, 16 (1).

[48] Ryu H S. What makes users willing or hesitant to use Fintech?: the moderating effect of user type [J]. Industrial Management & Data Systems, 2018, 118 (3).

[49] Scherer F M. Firm size, market structure, opportunity, and the output of patented inventions [J]. The American Economic Review, 1965, 55 (5).

[50] Shi Y, Gong L, Chen J. The effect of financing on firm innovation: Multiple case studies on chinese manufacturing enterprises [J]. Emerging Markets Finance and Trade, 2019, 55 (4).

[51] Solow R M. A contribution to the theory of economic growth [J]. The Quarterly Journal of Economics, 1956, 70 (1).

[52] Solow R M. Technical change and the aggregate production function [J]. The Review of Economics and Statistics, 1957, 39 (3).

[53] Soman D, Cheema A. The effect of credit on spending decisions: The role of the credit limit and credibility [J]. Marketing Science, 2002, 21 (1).

[54] Stoneman P, Diederen P. Technology diffusion and public policy [J]. The Economic Journal, 1994, 104 (425).

[55] Wang K, Tsai S B, Du X, et al. Internet Finance, Green Finance, and Sustainability [J]. Sustainability, 2019, 11 (14), 3836.

[56] Wang Q, Yang J, Chiu Y, et al. The impact of digital finance on financial efficiency [J]. Managerial and Decision Economics, 2020, 41 (7).

[57] Wonglimpiyarat J. FinTech banking industry: a systemic approach [J]. Foresight, 2017, 19 (6).

[58] Xie P, Zou C W, Liu H E. The fundamentals of internet finance and its policy implications in China [J]. China Economic Journal, 2016, 9 (3).

[59] Zeng M, Reinartz W. Beyond online search: The road to profitability [J]. California Management Review, 2003, 45 (2).